新型农业
经营主体下的支农金融服务研究

XINXING NONGYE JINGYING ZHUTIXIA DE ZHINONG JINRONG FUWU YANJIU

祁瑞雄 ◎ 著

吉林大学出版社

图书在版编目(CIP)数据

新型农业经营主体下的支农金融服务研究 / 祁瑞雄著.-- 吉林大学出版社，2022.11
ISBN 978-7-5768-1216-9

Ⅰ.①新… Ⅱ.①祁… Ⅲ.①农村金融－商业服务－研究－中国 Ⅳ.①F832.35

中国版本图书馆 CIP 数据核字(2022)第 227637 号

书　　名	新型农业经营主体下的支农金融服务研究
	XINXINGNONGYEJINGYINGZHUTIXIA DE ZHINONGJINRONGFUWU YANJIU
作　　者	祁瑞雄　著
策划编辑	张维波
责任编辑	王宁宁
责任校对	闫竞文
装帧设计	繁华教育
出版发行	吉林大学出版社
社　　址	长春市人民大街 4059 号
邮政编码	130021
发行电话	0431-89580028/29/21
网　　址	http://www.jlup.com.cn
电子邮箱	jldxcbs@sina.com
印　　刷	定州启航印刷有限公司
开　　本	787×1092　1/16
印　　张	12.5
字　　数	254 千字
版　　次	2022 年 11 月　第 1 版
印　　次	2023 年 1 月　第 1 次
书　　号	ISBN 978-7-5768-1216-9
定　　价	78.00 元

版权所有　翻印必究

前　　言

　　新型农业经营主体(种养大户、家庭农场、专业合作社和农业产业化龙头企业)是现代农业的微观基础,农村金融改革是解决新型农业经营主体融资瓶颈的根本途径,其核心在于产权制度改革。某些地区的农村金融改革试点的项目已经取得相对成功的效果,如何突破原有产权制度的约束,对农村金融改革进行顶层设计与多元化产权制度安排,是深化全国农村金融改革的重大课题。

　　目前新型农业主体发展迅速,但面临资金瓶颈制约,在有关金融改革试点中有待取得实质性突破。由于国家社科基金项目新型农村经营主体培育下农村金融产权制度创新研究的支持,我们成员在相关负责人的带动下,对新型农业经营主题培育下农村金融产权制度展开深入研究。现将相关研究成果编撰成论文集,希望可以为全国农村金融改革提供理论参考。

　　农村金融改革与中国整体经济改革是紧密联系在一起的,它从来就不是独立存在的行动或策略。从工业化战略、城市化战略、国有企业改制,再到社会主义新农村建设战略、新型城镇化战略,农村金融市场的角色也因之调整,农村金融机构的作用也从为城市化与工业化战略尽可能多地融资逐渐调整为为"三农"发展服务。

　　但是农业银行等传统正规金融机构对农村金融市场长达约30年的储蓄虹吸效应使得农村资金几近枯竭,农村金融抑制普遍而深重。无论多么强调"三农"地位以及发展"三农"的重要性,但直到社会主义新农村建设和新型城镇化战略出台后,"三农"成为战略本身而不是为其他战略服务的工具,农村资金才有了留在农村市场的可能。

　　中国银行业监督管理委员会出台相关政策,为了解决农村地区银行业金融机构网点覆盖率低、金融供给不足、竞争不充分等问题,主张适度调整和放宽农村地区银行业金融机构准入政策,降低准入门槛,强化监管约束,加大政策支持,促进农村地区形成投资多元、种类多样、覆盖全面、治理又活、服务高效的银行业金融服务体系,以更好地改进和提高农村金融服务,支持社会主义新农村建设。

这一准入政策的放宽首先是因为不同类型农村金融机构注册资本金要求出现差异,对于设置不同的机构规定了不同额度的注册资本金,但更重要的原因是允许自然人投资村镇银行、普通农户入股农村资金互助社。虽然有关文件没有允许自然人投资贷款公司,但是央行和银监会则明确允许自然人、企业法人和其他社会组织拥有投资入股的合法资格和参与管理的合法性地位。至此,农村资金才有了留在农村金融市场、发展农业经济和增加农民收入的具体运行机制,2020年政府消除农村贫困的目标才有了实现的助推力。

在政策设计层面,新型农村金融机构资本金构成和资金渠道虽有差异,但都以小额信贷作为经营模式。它们正是受到加拉·尤努斯所创建的格莱银行及其小额贷款模式启发,加上对中国民间借贷传统文化继承的结果,明确承载着与以往金融增量变革迥异的历史使命,政策层寄望这些称之为微型金融或小型金融的新型农村金融机构,以其全新的股权结构、治理机制和经营机制,实现填补农村金融服务空白、推进农村经济发展和改善农民收入等宏大目标。

从政策出台至今,新型农村金融机构从最初少量试点省份拓展到全国35个省市(含5个计划单列市),已经成长为农村金融市场体系的重要部分,自然人拥有村镇银行、农村资金互助社和小额贷款公司合法投资人资格的创举,颠覆了中国金融市场发展只有机构或企业法人才有投资资格的主流基调,也一改以往对民间资金堵的思路转而实施疏的方略,使得农村资金留在农村市场有了切实依托,发展农村经济的希望不再是只寄托于惠农政策引导与支农贷款政策监管。

但是,这样一个创新性金融增量,它在多大程度上真的不同于传统农村金融机构?它在多大程度上实现了对"三农"发展的金融支持?不同类型的新型金融机构之间在对农户贷款上是否存在差异?到底哪一类新型金融机构与农村市场最适合?不同来源渠道的资金对这些机构的商业性与政策性的影响是什么?如何观察和评价这些影响?农村金融市场失灵的本质在多次增量变革之后是否得到改变?

下一步农村金融改革是继续延续这一增量变革思路还是暂停一下？对这些增量变革做反思之后如何再走下一步？

　　基于对上述问题的考虑，综合以往成果，本书认为考量农村金融机构改革不能局限在农村金融供给增量改革上，还需要进一步考虑增量改革与农村金融市场失足、农户收入增长、农业经济发展、农村互联网金融发展等方面的关联度。

　　通过对新型农村金融机构基本情况前期的调查发现，无论是资金来源渠道不畅、政策支持不足，还是盈利能力薄弱，都在指向一个问题，即新型农村金融机构目标偏离现象比较普通，其目标客户群、贷款对象、贷款用途、贷款额度等与《村镇银行管理暂行规定》《农村资金互助社管理暂行规定》和《贷款公司管理暂行规定》等法律条文、政策初衷之间不符合现象日益突出。

　　因此，本书认为有必要对新型农村金融机构这一增量改革的发展成效做阶段性评估，然后再行确定农村金融市场下一步的改革方向。在具体内容设计上，不仅要对新型金融机构的财务可持续性与政策性目标兼顾程度做调查，还要对其目标客户群体或服务对象做结构化调查。

　　尽管我们的编写工作目标是追求完善，但由于时间仓促，加之编者水平有限，书中的错误和纰漏在所难免，恳请读者不吝赐教。

编　者

2022 年 3 月

目 录

第一章 农村产权改革下产生的新型农业经营主体 ············· 1
    第一节 农村产权改革与农村金融创新研究 ················· 1
    第二节 农村产权制度改革与资本市场创新研究 ············· 8
    第三节 新型农业金融可持续发展面临的潜在问题 ··········· 20

第二章 新型农业经营主体与乡村振兴战略下的支农金融服务体系改革 ··· 30
    第一节 乡村振兴战略总体战略部署和阶段性目标 ··········· 30
    第二节 乡村振兴战略中支农金融服务的工作目标和基本原则 ··· 33
    第三节 新型农业经营主体支农金融服务普惠金融机遇与改革 ··· 34
    第四节 乡村振兴战略下农村经济发展与农村金融变革问题研究 ··· 41
    第五节 乡村振兴战略下农村金融体系深化改革研究 ········· 50

第三章 新型农业经营主体下支农金融服务市场改革的方向 ······· 62
    第一节 农村实体金融的发展隐忧 ····················· 62
    第二节 支农金融服务增量式改革思路的颠覆 ············· 74
    第三节 支农金融服务市场的下一步改革 ················ 78
    第四节 深化农村金融体系中银行机构改革激发市场主体活力 ··· 87

第四章 新型农业经营主体下城乡一体化发展中的多层次支农金融服务体系建设 ··· 91
    第一节 构建多层次金融服务体系加快社会主义新农村建设 ····· 91
    第二节 新型农业经营主体下新农村建设与重构农村金融体系的关系研究 ··· 97
    第三节 新型农业经营主体下构建全方位多层次的支农惠农金融服务体系 ··· 101

　　　　第四节　新型农业经营主体下网格化营销系统构建的多层次金融服务体系……………………………………………………… 104
　　　　第五节　基于农村金融需求转型的多层次农村金融服务体系创新 … 106
　　　　第六节　农村金融发展中的支农金融体系问题与对策……………… 109

第五章　新型农业经营主体下借贷博弈关系中的新型支农金融服务机构监管 … 115
　　　　第一节　支农金融机构中农村信用社贷款程序的场景再现………… 115
　　　　第二节　支农金融服务市场借贷关系博弈及其影响因素…………… 122
　　　　第三节　新型支农金融服务机构、农户与监管之间的多元博弈 …… 130
　　　　第四节　借贷关系多元博弈中的贷款业务员及其管控……………… 141

第六章　新型农业经营主体下支农金融服务机制………………………… 162
　　　　第一节　新型农业经营主体下构建多元投入保障机制……………… 162
　　　　第二节　新型农业经营主体下建立健全金融惠农长效机制支持乡村振兴………………………………………………………………… 165
　　　　第三节　新型农业经营主体下金融风险生成机制与控制模式研究 … 174
　　　　第四节　新型农业经营主体下支农支小再贷款的机构内部传导机制 … 178
　　　　第五节　农村产业融合中金融利益联结机制的差别化构建研究…… 183

参考文献………………………………………………………………………… 189

第一章 农村产权改革下产生的新型农业经营主体

第一节 农村产权改革与农村金融创新研究

改革农村集体产权制度，除了加强对农村集体资产的产权保护，探索农村集体所有制的有效实现形式，还要创新农村集体经济运行机制。按照经济社会发展规律，经济社会发展到一定阶段最为关键的是产权制度的确定。中华人民共和国成立之后，经济社会经历了不同发展阶段，特别是，中国农业农村发展阶段更是脉络清晰。改革开放40年的发展过程，更是中国农业伴随着联产承包责任制改革，体现弱小变强大的过程。农业农村发展的今天，我们越发感到，要想让农业农村有更好的发展，需要有当年联产承包责任制一样的改革，来促进农业农村现代化建设，向着能够满足人们对美好生活需求的方向发展。农村集体经济产权制度的到来恰逢其时。通过此项改革，让农村集体经济更加强大，让广大农村集体经济组织成员能够分享改革成果，让广大农村更加富裕美丽。

一、农村集体产权制度改革的内容与内涵

（一）农村集体产权制度改革相关内容

改革农村集体产权制度，组织实施好改革试点，必须首先搞清楚什么是农村集体经济。农村集体经济是集体成员利用集体所有的资源要素，通过合作与联合，实现共同发展的一种经济形态，是社会主义公有制经济的重要形式。

1. 保障农民集体经济组织成员权利

这是改革试点的重要基础。重点是探索界定农村集体经济组织成员身份的具体办法；建立健全集体经济组织成员登记备案机制；依法保障集体经济组织成员享有的土地承包经营权、宅基地使用权、集体收益分配权，落实好农民对集体经济活动的民主管理权利。

2. 积极发展农民股份合作

这是改革试点的重要目的。要按照归属清晰、权责明确、保护严格、流转顺畅的现代产权制度要求，从实际出发，进行农村集体产权股份合作制改革。对于土地等资源性资产，重点是抓紧抓实土地承包经营权确权登记颁证工作，稳定农村土地承包关系，在充分尊重承包农户意愿的前提下，探索发展土地股份合作等多种形式。对于经营性资产，重点是明晰集体产权归属，将资产折股量化到集体经济组织成员，探索发展农民股份合作。对于非经营性资产，重点是探索集体统一运营管理的有效机制，更好地为集体经济组织成员及社区居民提供公益性服务。鼓励在试点中从实际出发，探索发展股份合作的不同形式和途径。

（二）农村集体产权制度改革内涵

农村集体产权制度改革就是要通过改革，实现中国农村集体资产总量的不断增加，并成为农村发展和农民共同富裕的重要物质基础。在工业化、城镇化加快推进中，农村经济结构、社会结构正在发生深刻变化，农村集体资产产权归属不清晰、权责不明确、保护不严格等问题日益突出，侵蚀了农村集体所有制的基础，影响了农村社会的稳定，改革农村集体产权制度势在必行。

积极发展农民股份合作、赋予农民对集体资产股份权能改革，是我们党提出的明确任务，是农村集体经济的重大创新制度，这对于维护农民的合法利益，巩固完善农村基本经营制度，具有深远的影响。同时，这项改革也十分复杂，涉及了亿万农民的切身利益，涉及诸多法律政策的修改完善。加之，中国农村情况千差万别，我们还需要进行试点，通过试点探索新路子和新办法。

发展农民股份合作、赋予农民对集体资产股份权能改革。搞好这项改革，一项重要基础工作是保障农民集体经济组织成员权利，探索集体所有制有效实现形式，发展壮大集体经济。同时，保障农民集体经济组织成员权利。这是改革试点的重要基础。重点是探索界定农村集体经济组织成员身份的具体办法；建立健全集体经济组织成员登记备案机制；依法保障集体经济组织成员享有的土地承包经营权、宅基地使用权、集体收益分配权，落实好农民对集体经济活动的民主管理权利。积极发展农民股份合作，是改革试点的重要目的。要按照归属清晰、权责明确、保护严格、流转顺畅的现代产权制度要求，从实际出发，进行农村集体产权股份合作制改革。对于土地等资源性资产，重点是抓紧抓实土地承包经营权确权登记颁证工作，稳定农村土地承包关系，在充分尊重承包农户意愿的前提下，探索发展土地股份合作等多种形式。对于经营性资产，重点是明晰集体产权归属，将资产折股量化到集体经济组织成员，探索发展农民股份合作。对于非经营性资产，重点是探索集体统一运营管理的有效机制，更好地为集体经济组织成员及社区居民提供公益性服务。鼓励在试点中从实际出发，探索发展股份合作的不同形式和途径。

二、新时代农村金融改革发展的实践经验与趋势概述

首先，金融制度是一项具有较高基础性的经济制度。近年来随着我国经济环境的不断建设，现代化的农村改革也存在一定的变化。目前，我国的整个社会环境中呈现农业向现代化农业转变的新阶段，其主要目的是尽可能推进农村金融的交易、市场建设，这对于我国农村要素的资源配置来说十分重要，这也是现代化农村发展的一个必然趋势。中国农村的金融在发展过程中涉及的内容较为复杂，其中包含土地所有权、家庭承包权和土地经营权等不同类型的权利模式，在进行实际的工作过程中，我国的农村环境总体来说存在明显权属不清的情况，这种现象在其他的国家中并不广泛存在，所以我国在进行农村环境的改革时，需要建立更为完善的管理体系，并且目前市场上的可借鉴内容较少，中国农村金融在进行市场建设时涉及较多的中国元素，并不能够直接借鉴现有的各种管理体系，这就导致我国目前农村金融改革市场的建设还处于初步发展的阶段。

随着社会的不断发展和现代环境的转变，我国的相关工作人员在进行工作时，已经逐渐建立了以中国农村金融为基础的管理核心，通过一系列的探索与研究，目前我国国内成都、武汉、上海、北京以及杭州都在进行农村改革时具备了一定的雏形，并且建立了完整的农村金融改革市场，其中的管理质量良好，并不容易出现相关的管理问题，而在两年以来的运行背景下出现的金融改革事故和纠纷的例数也控制在百例以内。这对于全国范围内开展农村金融改革市场，提供了良好的基本实验前景。

三、农村产权制度改革与农村金融创新问题探析

实现城乡经济均衡发展是党和政府一直关注的重要问题，在第十九次人民代表大会中，党中央领导集体提出农村经济发展的重要性，因此推进农村经济建设，促进农村经济发展是实现中华民族伟大复兴中国梦中的重要环节之一。而为了更好地建设社会主义新农村，我国政府采取了各种措施深化农村金融体制改革，主要包括对鼓励农村金融机构的发展并放宽其准入条件，发展农村信用社及

村镇银行以及小型贷款公司，使得农村新型金融机构得到良好的发展，并完善农村信用社内的管理结构，拓展业务范围，使得农村经济发展有足够的资金支持，实现农村金融发展的良性循环，从根本上改变农村经济落后的局面。

但是上述措施在改变农村经济方面发挥的作用依然有限，这主要是由于农村产权制度的限制以及农业在经济市场上的弱势地位，我国的农村产权制度存在一系列问题如产权的归属不明确以及产权的转让过程不流畅等，使得在发展农村经济时融资难度提升。因此促进农村产权制度改革势在必行，在改革的基础上能够充分挖掘农村经济发展的巨大潜力，从而为农村经济发展提供资金支持，实现农村信贷资金在农村经济建设上的有效利用和良性循环。

（一）我国农村产权制度存在的主要问题

1. 农村土地产权归属不明晰

农村的产权制度的核心便是土地，而我国土地的所有权归集体所有，这在我国法律上有着明确的规定，但是这一概念过于模糊，我国法律《物权法》规定土地所有权的行使者为村集体经济组织或者村民委员会、乡镇集体经济组织以及村民小组、乡镇集体经济代表层层行使，因此究竟何为集体，并没有明确的表述，这样就必然导致农村土地归属权的不明确，看似任何一个村镇集体都可以有效代表农村土地的产权却不能保证权利的有效实行，这样的产权制度就极有可能导致农村地区在土地归属权上出现各种争议与摩擦，不利于农村经济的稳定持续发展，摩擦不断也不利于农村经济改革。

2. 农村土地使用权抵押受法律制约

我国的农村土地使用权主要包括土地的承包经营权、宅基地使用权以及集体建设用地的使用权，而《物权法》规定农村的耕地、宅基地以及集体土地使用权等不能够被抵押。这就使得农村土地的使用权在抵押过程中受到法律的制约与限制，在农村经济发展中只能够进行荒地经营权的抵押或者乡村企业厂房抵押，但是这两类土地在抵押过程中依旧存在各种问题，首先在农村土地中，荒地以及乡村企业厂房本身占据的比例很小，并且证书也没有做到合乎规范。与此同时，既然法律规定宅基地等不能够被抵押，这就导致农民在办理贷款等业务时无法经宅基地上建造的房屋、私有住宅进行抵押，而很多农民能够抵押的只有这些私有住宅，这种土地使用权的凝固型使得农村土地蕴含很多财产权的同时无法帮助农民实现经济融资，使得农民想要改变现状进行经济融资时困难重重。

3. 农村产权流转制度不健全

农村产权的流转不顺畅也制约着农村金融改革的推进，首先，农村产权的价值本身具备不可评估性,很难通过传统的方法对其进行明确的价值评估,这主要是由于农村土地因地理位置价值浮动较大,且农产品的价格也受到季节、气候等的因素影响,这使得农村产权价值一直在波动过程中。其次,农村物权在进行抵押登记时存在各种制约因素,虽然我国法律已经做出了明确规定表示农村荒地承包权以及在建工程等可以在融资过程中作为抵押,但是政府以及银行部门基本不处理动态资产的抵押登记,尤其是在农村基层地区,更是难以实现动态资产登记,这也使得农村产权流转不畅。最后,农村本身的产权流转市场就相当匮乏,大部分农村地区还没有建立起土地承包经营权、经济作物等流转的概念也没有相应的市场,这就使得农村产权在流转过程中存在信息不对称、资源配置效率低的问题,且无法真正体现农村产权的实际价值。

4. 农村产权制度风险防范意识较弱

我们国家的经济发展存在不平衡的状况,尤其是城市与农村之间,无论是经济市场制度的健全性还是融资制度的完善,农村地区都还有很长的路要走,而且在我国农村地区基本不存在保险业务,没有建立起完善的风险防范以及风险解决机制。这就使得农村地区的个体经营户很难承担农业产业化发展中存在的市场风险以及在农作物生长期间遇到的自然灾害等,农民没有保险理念使得农村的产权得不到有效保障,也使得农民在进行融资抵押时很难将农产品以及经济作物等作为动态资产进行抵押,限制了农民的融资活动。

(二)促进农村产权制度改革,实现农村金融创新

1. 农村土地制度的深化改革

农村发展以及产权制度的核心都是土地,因此在农村金融创新中必须重视农村土地制度的改革。值得注意的是在土地制度改革中要特别注意土地制度与当地经济发展的兼容性,对于东南沿海以及发达农村地区的经济发展而言,传统的土地制度明显不再适应当地农业产业化发展、规模化经营的发展趋势,传统的土地制度必须要进行改革以适应经济发展,但是对于我国一些经济相对落后地区的土地制度而言,传统的家庭联产承包制度有存在的必要性。因此在实行我国土地制度改革时需要根据不同地区的不同经济发展情况进行,不能以偏概全。对于经济相对发达的农村地区,要改变传统的零星分散的农业生产方式,转变为土地股份合作制,以适应农村产业化发展的需求。在土地改革中既要考虑到农民的切身利益,能够有效解决固有的土地纠纷推进农村经济建设,还要拓宽土地经营权对农村经济的发展促进,解决农民在经济融资中的困局。

2. 实现农村产权流转的顺畅性

我国法律对农村土地所有权当中可以作为抵押的部分做出了明确规定，这是为了确保农民基本的生活需求，也是保护农村土地资源的要求。但是这一制度需要与时俱进，需要认识到当前农村经济发展已经取得了相当显著的成绩，如很多农村家庭的经济状况得到了改善，也不止拥有一套私有住宅，因此，在融资过程中将其中一套用作抵押完全可以，为私宅抵押权的改变需要提上议程。同时政府应当在规定用途方面进行土地资源的保护，适当放宽对农村土地使用权抵押的法律限制，以使得农民在融资中有合适的选择贷款等，这也是农村金融改革的措施之一。

3. 构建完善的农村产权流转制度

政府应当发挥主导作用，建立更加完善和体系化的产权流转的制度，对农村土地产权流转进行基本办理，还需改变传统农村金融模式中整体性低、信息不对称的局面，使农村发展的生产要素实现有效分配，促进农村经济的高效发展，保证农村融资水平的提升。

4. 增强农业风险防范水平

农业发展的影响因素有很多，不仅有市场的变化地理因素导致的土地产权价值以及农产品价格的变化，还有不可抗的自然灾害更是会给农民带来毁灭性打击，因此，需要在农村开展保险业务，建立统一性农业保险公司为我国农村地区提供保险服务，使得农民的经济发展得到保障，进行经济融资时也能够作为抵押，实现金融创新。

综上所述，随着我国经济的不断发展，农村经济也取得了显著的成绩，但是农村产权制度成为限制农村经济发展的重要因素，为了更好地实现农村金融创新，促进农村经济发展，就需要进行农村产权制度改革，使得农业产业化发展模式更加健全，适应市场需求。

四、农村金融服务体系创新的路径选择

(一)大力发展合作性金融，夯实其主导功能

农村金融体制改革后，虽然我国农村合作性金融机构都已经建立起"三会一层"的法人治理架构，但是多数农村合作性金融机构并未形成决策与监督、激励与约束的机制，存在着潜在的"治理风险"。同时，各省联社与基层行(社)的股权配置与控制权配置问题并没有完全理顺，还不完全符合产权明晰的要求。长期困

扰农村合作性金融发展的风险、体制、机制和队伍建设等深层次矛盾和问题还未能从根本上得到解决，这就造成农村合作金融组织的金融服务职能得不到充分发挥。我们应该以发展的眼光来认识和解决当前中国农村合作性金融所面临的问题。

(二) 全面拓展政策性金融，加强其引导功能

无论是从农村信用社的具体经营情况看，还是从市场细分和目标人群定位后农村信用社的改革方向来看，欠发达地区大量的政策性金融需求亟待满足。如果简单将这一重大任务推给民间金融和合作金融，既不负责任，也是不现实的。

政策性金融几乎存在于所有国家和地区，运用政策性金融手段对农业支持与保护也是国际惯例。在现实的经济金融运行中，政策性金融是为补充、完善商业性金融机制中的某些缺陷或不足而存在的，尽管无法取代商业性金融的基础性、主导性地位，但它的辅助性作用是不可替代的。应该指出的是，如果从农村尤其是欠发达地区来看，政策性金融在欠发达地区应该起的是主导性而不是辅助性作用。

(三) 重新寻找商业性金融与市场的切入点，提升其支持功能

《关于国有独资商业银行分支机构改革方案》出台后，工行、中行、建行开始大规模撤并县以下营业网点，而随着商业化改革进程的加快，农业银行作为国有商业银行，市场定位发生了重大变化，业务的重点也开始从农村转向城市，从农业转向工商业。国有商业银行重点撤并县以下分支机构，并上收县级机构贷款权限。中国农业银行也不例外，其机构网点正逐步从农村收缩，设在乡镇的分支机构被大量撤并。国有商业银行从县域及农村收缩的事实，一方面说明了农村经济的不均衡性、农业的弱质性和"三农"的复杂性抑制了商业性金融支持农村经济的动力；但是另一方面也说明了简单的撤并网点或收缩业务是一种战略短视，至少是一种忽视了农村金融的广阔市场和巨大潜力的权宜之策。事实上，农村的经济主体如中小企业、个体工商户、经营型农户等都是值得商业性金融机构开发的客户群体，农业产业化、县域工业化和城镇化等都是值得商业性金融机构拓展的业务领域。在明确信贷投放重点、创新金融服务方式的前提下，即使是农业这种弱质产业，商业性金融机构也完全可以在控制风险的基础上提高效益。法国农业信贷银行就是在支持国内外农业产业化和现代化，为农业、农村、农民提供系列化的金融服务中发展壮大而成为世界第三大商业银行的，其经验值得我们借鉴。为了吸引更多的社会资金投向农村，改善农村金融服务状况，我们必须重新寻找商

业性金融与农村金融市场的切入点,提升商业性金融对农村经济的支持力度。

(四)规范和引导非正规金融发展,发挥其辅助功能

放开对民间非正规金融(包括各种形式的基金会、互助会、民间借贷等)的限制,承认非正规金融的合法地位,允许非正规金融的发展,并逐步将非正规金融纳入金融监管的范畴中去。这不仅将直接扩大针对"三农"和农村经济的金融服务供给,而且由于更多的金融机构加入农村金融市场,将会从根本上解决农村金融市场的单一垄断局面,形成不同金融机构、组织之间的良性竞争,从而改善农村金融机构提供金融服务的质量。另外需要指出的是,与正规金融相比,非正规金融的经营较少受到政府干预的影响,因而,相对正规金融机构而言它们更能有效地发挥"支农"作用。

(五)建立多层次农业保险体系,促进其催化功能

农村发展离不开农村金融的支持,而农村保险是农村金融的重要组成部分。没有农村保险的快速发展,农村信贷、农村担保、农村期货都难以发展起来,也就不可能有农村经济的快速增长。我国农业保险的改革和发展历程呈现典型的倒U型发展轨迹,历史经验告诉我们,不能依靠单一的商业化经营,需要政策性农业保险的补充。尤其是农业保险市场处于刚刚起步的阶段,存在农业保险规模小、农民的参保意识薄弱、保险费率过高、农险资金配置效率低等问题,政府引导和政策支持显得尤为关键。而从风险特征看,农业自身具有较高的系统性风险。一方面发生频率相对较高;另一方面,一旦发生则损失非常巨大,会导致很多农户遭灾和多家农险公司遭到重大损失,甚至破产。基于此,建立灾害应对机制,分散灾害风险,提高农业保险的抵御洪涝、干旱、台风、雪灾以及重大疫情等灾害保险的能力,确保农业保险公司对受灾农户的赔付能力,这是整个农业保险体系有效运转的重要基础。因此,发展农村保险事业。健全政策性农业保险制度,加快建立同业再保险和灾害保险分散机制,是保证农村金融保险体制稳健高效运行的必要条件。

第二节 农村产权制度改革与资本市场创新研究

实践出真知,各地的实践为土地制度创新积累了经验。通过研读成都市的农村土地产权制度改革,重庆对"土地新政"的探索,广东、江苏、安徽等地对农村集体建设用地流转的探索,浙江嘉兴土地承包经营权换社会保障的改革,我们得

到了很多启发。

一、农业生产发展中的诸多问题则与土地制度相联系

事实证明，当前农业生产和农村发展中存在的诸多现实问题和深层次的矛盾，无一不和现行的土地制度及传统的基本经营制度联系在一起。

首先，是我们以前常提到的一些问题，如土地经营中的短期行为、投入不足、耕地减少、地力下降、环境破坏、土地纠纷、流转不规范、管理难度大、农业兼业化、农民老龄化、农村空心化等，都与现行土地制度有关。其次，关于耕地保护问题，我们不仅要坚守亩耕地红线，更应关注亩耕地质量，无论亩耕地的数量与质量都与土地制度有关。再者，如何培育农户的市场主体，如何完善城乡统一的市场体系，如何发挥市场机制配置资源的基础作用，如何健全中国特色社会主义市场农业的法律法规和制度，这些都与土地制度有关。同时还要看到，目前，虽然农村土地流转、家庭农场和专业合作社发展的势头很好，但缺少土地产权的法规制度保障。

二、土地产权制度改革是土地经营制度、管理制度改革的前提

土地制度的核心是产权制度，它决定了土地经营制度和管理制度。土地权能的界定和分配决定了土地经营体制、经营主体行为，决定了土地征收与征用的成本与方法，决定了土地的规划与利用。一直以来，我国对土地经营制度与土地管理制度的探索就没有停止过，所以也就出现了各式各样的土地流转形式，诞生了大量的新型农业经营主体，制定了土地征收的补偿办法。围绕着土地流转、建设用地入市、宅基地退出等工作，产生了为数不多的典型和模式。但是，受制于所有制理论的束缚，我国在产权制度上的探索显得步履艰难，土地产权制度改革总是回避问题绕道走，所以也就产生了形形色色的试点，没有规范统一的、能被大量复制的模式。

理论与实践证明，土地产权制度改革是土地经营制度、管理制度改革的前提，没有土地产权制度的改革，土地经营制度和管理制度的改革只能是修修补补，只能是绕道走和回避问题，改革形成的制度也缺乏权威性。

三、农田土地制度创新的时代性已经很突出

深化农村改革，搞好制度创新不仅是中央一号文件的题中之意，也是加快城

镇化建设和实现农业现代化的关键所在,更是当前基层普遍关注的问题。当务之急是不失时机地推动农村集体用地(包括集体建设用地、承包地和宅基地)的产权改革。

第一,土地制度创新工作不仅有利于全面加强和改善农村土地管理工作,而且更有利于强化耕地保护工作,保障和促进农业可持续发展。因为,围绕土地制度尤其是产权制度进行的改革,必然会发挥市场机制配置农村土地资源的基础作用,市场机制会盘活土地存量,减少土地增量,节约用地,提高土地利用率。

第二,土地制度创新工作不仅有利于增加政府土地收益,而且可以提高农民收入(包括劳务收入和财产性收入)。因为,土地制度创新必然会强调土地的资产化、土地产权的股份化、土地收益分配的公平化,这样制度下的农村土地既是资源,发挥了保障功能,同时也是资产,发挥了经营功能。农民会因为土地经营而产生资产性收益,政府会因为土地经营产生的税收而增加财政收入。

第三,土地制度创新工作不仅有利于新农村和小城镇建设,而且有利于加快城镇化进程,走社会主义中国特色的社会主义城镇化道路。因为,土地制度创新必然伴随土地产权交易,这增强了农村发展的活力,从制度上解决了统筹城乡发展"钱从哪里来,人到哪里去"的问题。

第四,土地制度创新工作不仅有利于构建城乡统一的土地市场,而且有利于从根本上打破城乡二元结构,促进一体化发展,实现"四化"同步。因为,土地制度创新的任务之一就是统一城乡土地管理的体制机制,实现同地同权同价。

四、农村土地制度创新还需要研究诸多问题

农村土地制度创新试点中要研究的问题也有很多,这些问题主要包括:承包地、建设用地的土地产权划分和权能延伸问题,现有农村集体土地和资产的清理问题,清理后明晰产权的确权发证问题,农村土地进入市场的交易平台和中介服务体系建设问题,制定工商、税收、金融、农业等管理服务的相关政策问题,农村基本经营制度的完善和基层组织建设问题;城乡社会保障体系的统筹、完善和提高问题;小城镇和新农村的建设规划问题,修订完善相关法律法规问题;改革中需要解决的思想认识问题和保持社会稳定问题等。

上述问题有些是制度问题,不是依靠办法能够解决的。所以,在土地问题上要分清哪些是制度问题,哪些是政策问题、法律问题、办法问题。

五、市场经济视阈下农村金融改革的思考

农业是国民经济基础,当前农村经济发展中存在"金融弱化"现象,市场经济改革使商业金融不愿涉足农村领域,金融资源本质上"嫌贫爱富",从不发达地区吸储,向发达地区放贷,资金大都流向比较效益高的非农部门和发达地区,农村成为金融领域最不受待见的地区。中央一号文件提出加快农村金融制度创新,鼓励探索改革,在明确底线的前提下,支持地方先行先试,尊重农民群众实践创造。

（一）农村金融环境现状

1. 政策性金融品种单一

农业发展银行是中国农业领域的唯一一家政策性银行,主要面向粮食收储企业、农业产业化龙头企业等企业客户提供融资服务,不向个人提供金融服务,基本上体现了"农"字宗旨。随着市场化进程推进,国家全面放开粮油市场,农业发展银行失去了开展业务原有的基础,业务单一问题凸显,贷款规模不断下降。之后业务范围拓展到农村基础设施建设贷款、农业综合开发贷款和农业生产资料贷款,目前通过贷款还可以支持现代产业园区建设和推进新型城镇化建设,但是政策性金融服务与农村金融需求多样化的矛盾依旧巨大。农业政策性保险方面,范围局限于大宗农产品保险和特色农产品保险等业务,保险责任为自然灾害、重大疫病和意外事故等,大宗农作物种植保险的保障金额较低,无法满足土地规模经营户对提高保额降低风险的迫切需求,而特色农业保险品种较少,不能满足种养殖户规模经营的实际生产需要。

2. 农村商业金融离农现象明显

在金融体制改革过程中,中国四大国有商业银行陆续撤并县市范围内最基层的经营网点,大幅度精简员工和从业人员,县级以下金融机构网点的减少带来农村业务的减少,即使留在农村的金融机构,信贷重点也放在城市,存在"离农脱农"的倾向,导致村镇经济难以获得足够的金融支持,农村经济发展迟缓。高风险高成本低收益使商业性金融全面退出农村金融市场,部分农村地区变成金融服务空白区,农村经济成为无源之水,无力扩大再生产。

3. 农村合作金融快速商业化发展

随着市场经济、统筹城乡发展的带动,合作互助金融组织、信用合作社商业化改革趋势加快,一些地区的农村信用社采取以省、市为单位组建农村信用社法

人的改革模式。互助性金融等新型合作金融不断发展壮大,村镇银行商业化步伐不断加快。

4. 农村民间融资供需两旺

在农村,乡土人情表现在人们之间的资金互助,乡亲邻里之间很容易借到一定量的资金,来解决住宅建设、医疗和生产所需,农村民间借贷是农民解决资金困难的主要渠道。《中国农村金融发展报告》显示,农村民间借贷参与率非常高,民间借贷活动非常旺盛。农户向正规金融机构贷款困难,相比之下,民间融资便利,借贷双方依据协商确定贷款条件,没有成文的规章制度。民间融资监管基本依靠道德的约束,这种源于乡土关系的、自发的供给,属于非正式的制度供给,缺乏法律规范,处于金融监管的空白区,存在较大的风险隐患。

(二)影响农村金融发展的因素分析

1. 农村金融风险大

农业生产经营具有特殊性,农村金融服务面临着更大、更复杂的风险,既有自然风险、政策调整的风险,还有市场带来的经济性风险。农业生产周期长,受自然环境影响大,自然灾害、疫病等可能导致农业生产全军覆没,这是与其他产业风险最大的不同,随着农产品大量上市,价格波动剧烈,虽然通过农产品期货市场可以规避一部分风险,但是个体农户无法参与其中。受农村金融环境、金融基础设施投入不当等因素影响,与城市回报率相比,农村金融资本回报率偏低,因为农村金融成本高,违约率高,风险高,高风险需要高回报率,提高农村贷款利率就无可厚非,高利率与农业天然弱质性成为不可调和的矛盾。

2. 农村金融市场环境失衡

农村金融市场环境直接影响农村金融效率,金融网点少,贷款额度小,业务品种少,农民贷款满足度更小,交易成本高,农民合理的金融需求无法得到满足,农村金融没有规模效应,分配给基层的贷款额度小,使得农村基层网点基本失去了金融业务创新产品的能力和因地制宜自由开展业务的能力,各个网点只限于收储,成为农村里一个个金融抽水机器。农村除了缺失商业银行机构,在农村金融结构体系中还缺少基金、信托等证券业、商业保险业、租赁、信用担保、抵押等中介机构,结构单一带来金融商品和服务种类单一、一元化、单层次、覆盖小的金融组织格局造成农村金融难以持续,资源配置效率低下。

3. 城乡利率扭曲

现行的城乡二元经济格局,农村经济处于落后地位,在农村支持城市、以牺牲农业促进工业的政策指引下,存在城乡工农"剪刀差",政府对农村金融体系和金融活动过多干预,对农村利率进行严格管制,致使城乡利率发生扭曲,通过这种利率不能真实准确地反映资金市场供求关系,既造成了农村融资渠道堵塞和资金成本的扭曲,削弱了农村市场对金融的吸引力,无法聚集金融资源,又降低了金融效率,使农村金融处在停滞不发展的境地。需要改变政府对农村金融利率管制,从根本上解决农村金融抑制问题,增强市场配置资源的能力。

4. 农村土地产权障碍

产权是经济所有制关系的法律表现形式,它包括财产的所有权、占有权、支配权、使用权、收益权和处置权。中国土地制度是农村土地集体所有制,家庭联产承包经营,农民只拥有所承包集体土地的经营权,对承包土地没有所有权,也无法自由买卖、抵押和处置。农民宅基地也存在同样的问题,宅基地是集体土地分配得来,地上建筑虽然归农民所有,但是政府不颁发房屋产权证书。一家一户的农民从商业银行借贷时,农民手中握有财产,却提供不了银行需要的法定的抵押品,集体也无法用集体土地和集体资产做担保。

5. 农村金融监管难

银监会把金融监管重点放在城市,对农村金融监管不足,所辖区域内只设置办事处,没有独立的监管主体资格。由于人员有限,对各类新型农村金融不能进行有效监管,监管资源捉襟见肘;监管对象地域分散,农村金融监管的成本巨大,金融监管的效率低下;监管方式上,自上而下的强制性监管偏重于运动式、整顿式、事后处置式监管,忽视了金融机构的自律体系建设和社会监督,缺乏动态性的金融监管机制;同时,对新型农村金融监管缺少法律依据,只限于对金融机构的准入监管,对利率及合规性的业务监管还没有明确的规定。

六、完善农村金融改革的建议

党的十八届三中全会提出"让发展成果更多更公平惠及全体人民",这决定了深化农村金融改革的基本导向:发展普惠金融,鼓励农村金融创新,丰富农村金融市场层次和产品,让市场在金融资源配置中发挥决定性作用。

(一)强化政策性金融支持,落实惠农政策

1. 增加基础设施投资和金融网点设置

要提高农村金融服务水平,硬件建设投入必不可少,硬件设施齐备,才可以开展各种金融服务。金融基础设施同农业基础设施一样具有公共产品的性质,网

线铺设和数据交换维护成本高，商业性金融机构不愿意在这些领域投资，新兴的村镇银行、农业互助社、农村经济合作社等又无力承担，这项任务可以由政策性金融机构承担，作为政府投资项目，改善农村支付体系的硬件环境。

2. 增加资本金，提高资金供给

政策性金融投放在国家农业政策导向下，加大向农村地区注入资金，按照不同地区农业发展重点，支持当地优势农业产业化发展，提高财政支农资金数量，通过发行金融债券和中央银行再贷款等形式保障资金供给充足。按照中央有关要求和国家有关政策，通过市场发行政策性金融债券和组织存款，筹集社会资金回流反哺农业农村，支持新农村建设。

(二)制度创新，营造金融环境

1. 土地制度创新

对承包地赋予用益权、流转权和抵押、担保权等金融功能，需要对农村土地确权，明确集体土地所有权，颁发集体土地证和土地使用权证。对宅基地赋予住房财产权，抵押、担保、转让等金融功能可以增加农民财产性收入，体现了对农民个人以土地为核心的金融权利的赋予。政府建立专门的农村房地产产权的交易平台和土地流转平台，对交易双方设置准入门槛，既避免土地流转非农化趋势，保障粮食安全，又确保农民房屋产权的资本属性，可以抵押和提供担保，盘活了农民财产。

2. 设立农村商业贷款再担保制度和抵押品回购制度

通过政府设立财政专项基金进行再担保和抵押品回购，能进一步降低金融机构风险，避免农民失地和无家可归的情况发生。用财税手段，给予农村金融业务低税收和低存款准备金率等优惠措施，鼓励商业银行回归农村。在农村金融良性发展趋势下，完善的农村信用体系建立之后，发放农户信用贷款、联保贷款等。

3. 产品创新，适应农村金融市场

针对农户金融需求多样化的现实，农村商业银行可建立"金融超市"，使服务手法多样化，更加贴近客户。发展适合农村需要、种类丰富、价格合理的微型金融产品，办理个人资产业务、中间业务和负债业务，减少工作环节，缩短工作时间，使客户潜在的金融需求能及时转化为现实的有效需求。帮助低收入农民家庭以及创业的农民维持生活、发展生产所需的融通资金，发展农村经济。灵活制定贷款抵押品规定，即满足农户经营资金需要，又最大限度保证贷款安全回收和利息收益，农村商业金融机构应根据不同情况，积极创新，开发出多样性的信贷方式，满足不同类型农户的借贷需求，这样才能做到农村经济与金融发展良性循环。

4. 吸引民间资本，完善农村金融市场

开放和创新农村金融市场，放低市场准入门槛，允许民间资本设立新型金融企业，增加农村金融供给，成为对农村提供金融服务的重要渠道，用市场满足市场，完成资源的最优配置。利用农村非正式金融机制的优势，如农民资金互助社、小额贷款公司和村镇银行等新型农村金融机构各自明确市场定位，提供便利灵活的微小型贷款服务。放宽农村民营金融机构的融资渠道，探索国有商业银行与新型农村金融机构之间的垂直合作，商业银行利用新型金融机构的网点延伸其市场，新型金融机构利用商业银行的资金，保证资金供应，使新型金融机构变成商业银行的转贷平台，达到双赢。在支持新型农村金融机构发展过程中，政府也应在财税政策、保险政策方面提供优惠，这从另一方面也体现出惠农政策。

5. 加强金融监管，保障农村金融市场稳定

加强农村金融监管可以使金融安全运行，更是维护社会稳定，适应新形势的需要。建议出台村镇银行等各类新型金融机构相关监管法规，制定具体的监管办法和实施细则等，以增强其可操作性，使金融监管机构提高监管效率和有效性，更好地实现农村金融服务可获得性和金融发展的可持续性目标。在股权结构、最低注册资本、资本充足率、存款准备金和利率控制、经营范围等方面采取差异化政策，如控制不良贷款比例，不同类型的机构实行不同的控制指标。在监管方式上还应实现单一的自上而下监管向多元化动态监管转变，推进农村金融监管的信息化、电子化、网络化建设，构建高效畅通的监管技术平台，全面推行非现场监管报表资料信息化管理，实现金融监管指标电算化，时刻关注、控制、防范和化解金融机构的风险，做到对金融风险的事前防范。

七、农村土地制度改革理论创新

总结中国改革开放 40 多年的经验，其中一条就是注重理论创新对改革实践的指导作用。随着改革开放由起步到全面发展，一系列重要的理论成果不断在实践中产生，又对实践产生深刻的引导作用，如通过真理标准的大讨论，贯彻落实解放思想、实事求是的思想路线，思想大解放带动了改革开放大发展等。今天的农村土地制度改革同样需要在理论上进行创新。

(一)农村土地产权理论创新

1. 从所有制理论到产权理论

所有制问题是生产关系的基础,是社会经济发展的特征。所有制结构只有适应生产力发展水平,才能促进社会生产力的发展,这是马克思主义的基本原理。我国农村土地产权制度的政策设计及实施基本上是围绕着土地使用制度来安排的,对于所有权的界定与归属,无论是理论还是实践大多是绕着走,少数探讨者的改革设计方案也大多是在传统集体所有制的圈子内"打转转",或者说是对传统集体所有制的修修补补而已。这种情况的出现,并非人们认为所有制的改革与完善不重要,而是这一问题不仅在经济上而且更在政治上过于"敏感"。从经济学的意义上讲,农业领域所利用的土地更接近"私有物品"的性质,在这个领域如果实行传统的公有制,其效率必是低下的,国内外的实践都证明了这一点。长期以来,局限于对所有制理论"非公即私"的理解,我国农村土地制度一直强调集体所有制,改革在碰到这个问题的时候不是停下来就是绕道走,因此产生了很多名不副实的制度设计。

产权是经济所有制关系的法律表现形式,它包括财产的所有权、占有权、支配权、使用权、收益权和处置权。在市场经济条件下,产权的属性主要表现为产权具有经济实体性、产权具有可分离性、产权具有流动独立性。以法权形式体现所有制关系的产权制度要比单纯的所有制制度更适合市场经济,因为产权制度更易巩固和规范商品经济中的财产关系,约束人的经济行为,维护商品经济秩序。

土地制度改革的理论指导从所有制理论转到产权理论,强调使用权、收益权等权利,这更符合我国改革的市场化方向,有利于土地市场的建立,有利于农民利益的保护,更有利于减少土地制度改革的阻力。

2. 土地功能从资源走向资产

土地产权理论使农村土地彰显出作为生产要素的商品属性和资产属性,要把集体土地作为商品和资产,运用市场机制来经营,可以考虑引入股份制改造现行土地集体产权制度。

土地的功能从资源走向资产,从保障功能走向更多的市场功能后,人口增减与土地分配由挂钩走向脱钩,但与土地的收益权挂钩。土地功能由资源走向资产,需要注重对农民土地权益的保护。我国在长期的实践中形成了单一控股制思维,使得在征收、征用土地时,缺乏产权管理,不重视对产权的保护。只要符合国家利益,为了公共利益和社会利益,产权者都必须做出牺牲,今后要纠正这种思维惯性。

（二）保护与规范农民土地权利并举

土地产权制度的建立赋予了农民一定的土地权利，今后的农村土地制度改革应保护与规范农民的这种土地权利。

1. **保护农民土地权利**

农民的土地权利按照现行法律和文件，相关的表述主要有"农民享有土地承包经营权，任何组织和个人不得侵犯""现有土地承包关系要保持稳定并长久不变""坚持和完善农村基本经营制度，依法保障和维护农民土地承包经营权、宅基地使用权、集体收益分配权""土地流转不得搞强迫命令，确保不损害农民权益"等。

上述权利有的务虚，有的务实，但都强调了权利保护的理念，提出了完善和保护土地权能的要求，这为今后的土地制度改革作了界定。

2. **规范农民土地权利**

同时，也应注意到，农民土地权利也不是无限制的，保护农民土地权利不等于放纵有些人滥用权力，在当前土地流转和宅基地拆迁中出现的"钉子户"已说明了这个问题的存在。除了"不得改变土地的用途，农地不能改成非农业""不破坏农业综合生产能力"外，现行制度对农民权利的边界限制并不清晰，今后的农村土地制度改革需要在这方面有所突破。

（三）农村土地经营理论创新

农村土地经营理论创新的核心内容是农业经营主体培育和土地市场培育。

至于农业经营主体培育，这与农业经营制度创新的目标相联系，其中一个目标就是培养职业农民。除此之外，主体培育的内容还包括新型农业经营体系的构建。这一点在国家政府报告已有明确指示，即"发展农民专业合作和股份合作，培育新型经营主体，发展多种形式规模经营，构建集约化、专业化、组织化、社会化相结合的新型农业经营体系"。

土地市场培育的主要内容是建立健全土地承包经营权流转市场，至于相关的理论创新，在土地经营制度创新目标中已有涉及。这里需要再作补充的是，市场培育与主体培育是一体的，主体培育能够推动市场培育，反之亦是。中央一号文件中也有明确描述，即"坚持依法自愿有偿原则，引导农村土地承包经营权有序流转，鼓励和支持承包土地向专业大户、家庭农场、农民合作社流转，发展多种形式的适度规模经营"。

(四)农村土地管理理论创新

对于土地管理制度,党的各级会议已对此作了总体性规定,即健全严格规范的农村土地管理制度,按照产权明晰、用途管制、节约集约、严格管理的原则,进一步完善农村土地管理制度。按照各级会议的表述,土地管理制度应当包括产权明晰、用途管制、节约集约、严格管理四个方面。除产权理论在产权制度中已有阐述外,其他三方面的理论创新并不多,主要是思想和理念问题。基于解决问题的需要,发展农村土地管理理论主要表现为管理理念从依赖土地政策转向依靠土地制度。

从根本上解决中国的"三农"问题,不仅要靠政策,更要靠制度。因此,政府要转变职能,简政放权,还权于农民,尽快实现由土地政策向土地制度的转变。

随着农村社会主义市场经济的发展,必须积极推进政治体制改革,不断促进政府职能的转变,改进农村工作的领导方式和方法。按照"小政府,大社会"的原则,在加强宏观调控和依法行政的同时,让权于市场,放权于基层,还权于农民。无论是树立正确的政绩观,还是转变政府职能,发展农业和创新农地管理制度都需要我们注重制度建设,减少土地政策的不稳定性。

与从依赖土地政策转向依靠土地制度理念相一致的是,土地管理手段从行政行为转向制度管控。制度管控会减少行政行为的随意性和多变性,会减少长官意志,农村土地管理中的诸多问题与缺少制度建设分不开。当前,需要进行制度规范的内容很多,如农村宅基地制度、征地制度等。

(五)农村土地产权制度创新

现代产权制度是权责利高度统一的制度,其基本特征是归属清晰、权责明确、保护严格、流转顺畅。建立现代产权制度是市场经济存在和发展的基础,是完善基本经济制度的内在要求。农村土地制度创新的核心就是产权制度创新,当前农村土地制度运行中出现的一些矛盾和问题都直接或间接地涉及产权问题。建立健全农村土地现代产权制度,是实现农村经济社会有序运行的重要制度保障。

1. 土地承包制框架内"一变三不变一调整"

"一变",即变土地"有时限"的承包为长久承包,并用详备的法律法规予以配套和确认,使"长久承包"有保障。

"三不变",即土地集体所有制性质不变,家庭经营主体地位不变,土地使用的农业用途不变。

"一调整",即在稳定现有土地承包格局下进行微调,积极稳妥处理过去多年遗留下来的土地使用严重不公问题。

2. 赋予农民完整、长久而有保障的承包经营

农民的土地承包权可由多项具体权利组成，即土地经营权、收益权、转让权、出租权，还可以扩展到入股权、继承权。事实上，在有些地方农民已经有了这六项权利，但受到承包期限的限制，权利的完整性在权利的内容和权利的行使时间方面都难以实现。借助土地承包关系"长久不变"，农民具有完整、长久而有保障的承包经营权就会成为现实。这样的土地承包权使农民有了土地用于农业用途的全部权利，成了完整的资产和独立的商品，具备市场交换的产权条件。因此，完整、长久而有保障的承包经营权也会让农民把土地看成是自己的。

3. 推动、规范土地使用有序流转

土地流转由来已久，但土地流转市场却一直没有迅速发展起来，这除了与土地流转交易频率低、农地市场供给主体少等原因外，还有一个重要原因就是农地流转的中介组织发展和管理服务水平低。就目前而言，建议尽快建立农民承包土地使用权规范流转的市场价格评估体系，也就是政府设立农村土地承包经营权流转市场价格评估机构，建立评估体系的工作平台，作为公益性机构服务于农村土地承包经营流转及流转双方，促进公平交易。随着土地流转进程的加快，要逐步实现评估方式执行统一标准，确定土地等级和基准地价。

另外，在制度规范上，流转土地的产权必须明确，产权不清、"四至"界限存在争议的，不能擅自流转。坚持土地使用权流转的广泛性和开放性，土地流转受让对象在区域、行业、身份的限制不应太多。流转合同必须规范完备，对土地权属、面积、类型、"四至"界限以及流转年限、起止时间，流转双方的权利、义务、利益分配，流转后的开发、经营、监督、违约责任等内容必须有明确依据。

在市场主体培育上，除了推动土地流转服务中心建设外，还要培育在有些地方已出现的托田所、土地银行等主体。

4. 保障农用地承包经营长久不变

各级会议明确指出了"赋予农民更加充分而有保障的土地承包经营权，现有土地承包关系要稳定并长久不变"，改变了以前"确保农村土地承包关系长期稳定""赋予农民长期而有保障的土地使用权"的提法。实现土地承包关系长久不变的建议主要包括如下内容。

一是完善和准备相关法律法规。"长久"显然是针对现行的30年土地承包期来说的，肯定是长于30年，甚至长于70年，但是具体在法律上怎么表述，这需要国家立法。

二是要搞好农村土地确权、登记、颁证制度。确权登记和颁证是一项基础性工作。中央一号文件提出了"全面开展农村土地确权登记颁证工作"。健全农村土地承包经营权登记制度，强化对农村耕地、林地等各类土地承包经营权的物权保护。用5年时间基本完成农村土地承包经营确权登记颁证工作，妥善解决农户承包地块面积不准、"四至"不清等问题。加快包括农村宅基地在内的农村集体土地所有权和建设用地使用权地籍调查，尽快完成确权登记颁证工作。

三是要建立农村土地产权交易市场，给土地产权供求方主体提供有序规范的交易平台，确保"长久不变"的土地使用权可交易。制定禁止收回承包地的法律法规，土地需求主要靠新的就业和市场转让进行调节。

四是建立承包地长久继承权的人口增减调节机制，切断人口增减与土地调整的联系。历史上土地继承权就是人口增减的调节机制，先入土地给后人，用它调节新生人口对土地的需求。土地承包关系"长久不变"赋予土地继承权，并要将它变成法律，只有这样才能根治因人口增减造成的土地调整。

五是修改国家征地补偿标准和办法，变按30年补偿为按长久补偿。

第三节 新型农业金融可持续发展面临的潜在问题

随着中国农村经济的不断发展，以农业龙头企业、种养大户、农民专业合作社、家庭农场等为代表的新型农业经营主体，已逐渐成为现代农业发展的主力军，并有力地促进了农业增产、农民增收和农村繁荣。但是，由于新型农业经营主体自身发展不健全、政府制度不完善、金融支持门槛较高等因素造成新型农业经营主体多样化，金融需求与可得金融供给之间存在巨大矛盾。我们分析了新型农业经营主体发展过程中融资难的主要原因以及面临的潜在问题，并对如何破解以上问题，助力新型农业经营主体的发展壮大，提出了可行性建议。

一、新型农业经营主体发展现状

1. 新型农业经营主体的概念

新型农业经营主体，顾名思义是相对于旧的农业经营主体而言，旧的农业经营主体实际上就是人们通常所说的分散的、低效的小农经营模式，而新型农业经营主体的主要特征是"四化"，即集约化、组织化、专业化和社会化，所以新的农业经营主体一般经营规模较大、物质装备条件和经营管理能力都较强，劳动生产、土地产出和资源利用率也得以大幅提高。

2. 新型农业经营主体的组织形式

当前，农业龙头企业、农民专业合作社、种养大户和家庭农场已成为新型农业经营主体的主要代表。主要围绕当地主导型产业或特色化产品开展生产经营活动，覆盖粮食种植、果蔬种植、畜牧养殖、水产养殖等多个行业；大型规模农业龙头企业中省级及以上重点龙头企业辐射带动农户万余户。种养大户、家庭农场、专业合作社和龙头企业之间互补融合，协作发展，又衍生出"合作社＋农户""合作社＋基地＋农户""龙头企业＋合作社＋农户""龙头企业＋合作社＋基地＋农户"等多种类型，符合当地实际需要和产业特色的混合性、多元化经营模式和经营组织形式，发展速度也是日新月异。

3. 新型农业经营主体的金融需求现状

新型农业经营主体是农业经济发展到一定阶段的自然产物，随着这些新型农业经营主体发展壮大和不断成熟，与之相适应的各类市场服务也会应运而生，在这个过程中，金融服务是不可或缺的一环。据调查，当前大部分新型农业经营主体的主要生产经营资金来源于自身，只有当自有资金不足时才通过银行贷款或民间借贷渠道获取。同时，因自然灾害、重大突发疫情等风险对农业生产有重大影响，因此大部分的新型农业经营主体对农业保险表现出强烈的需求意愿。

二、制约新型农业经营主体金融支持的瓶颈因素

1. 自身发展不健全，总体发展水平不高

受多种因素影响，新型农业经营主体自身发展不甚完善。一是经营运行不够规范，管理相对粗放。目前，种养大户和家庭农场等主体大多是家庭式管理，内部机制不健全，缺少长远发展规划。

二是财务管理和市场运作不规范。大多数新型农业经营主体会计制度不健全，缺少正规的财务报表，财务信息的透明度和真实性较差，不利于外界尤其是金融机构掌握其真实的发展状况。

三是经营证照不规范。新型农业经营主体设立门槛相对较低，虽然农民专业合作社需要在工商行政部门进行注册登记，但很大一部分只是办理了工商登记，没有办理法人登记、税务登记等，未申领贷款卡，缺乏完善的经营手续等情况大量存在。因为各种证照不全，后期通过银行等渠道融资时极易遇到阻碍。

2. 有效抵质押物缺乏，信贷支持受限

一是土地抵押难。目前各地产权交易体系不完善，尤其是农村缺乏专业土地评估机构、流转中介机构和抵押登记机构，造成土地经营权评估难、流转难、变现难，相应造成了融资过程中的抵押难。

二是可抵押物价值低。新型农业经营主体一般经营初期资金需求量较大，而且呈现投入集中，产出周期长等特点。

同时，农业产成品一般都是农产品、活体畜禽等，未经销售难以变现，且相对价值较低，难以用于抵押。虽然农用机具、大棚等客观上存在价值，但几乎都没有经过权属界定，也因单位价值低或不易保管等因素，金融机构一般不作为有效抵质押物。

3. 金融环境建设不完善，难以满足新型农业经营主体发展需求

尽管当前涉农金融机构逐渐增多，服务体系、机制建设不断完善，但是仍明显落后于农村经济和新型农业经营主体的发展步伐，农村金融服务体系缺乏层次性，供需和结构矛盾突出。

一是金融机构针对新型农业经营主体的信贷产品较少。传统农户贷款一般低于几万元，最多不超过几十万元，期限为1年，但是新型农业经营主体已经形成规模，资金需求额度大、周期长，单独一年的生产利润率可能很低甚至为负，而3~5年将会逐渐均衡利润水平，若采用"短贷长用"，容易在某段资金周转不畅时出现拖欠问题，因此存在供需矛盾。

二是金融供体较少。在农村，农村信用社的认可度相对较高，而农行、邮蓄及其他村镇银行或小额贷款公司等受网点数量、经营规模等限制，对新型农业经营主体发展支持相对薄弱。

三是金融主体创新不足。新型农业经营主体发展日渐多元化，特色化金融需求增多，客观上要求金融机构在准入门槛、产品设计、信贷政策和风险管理等方面进行特色化创新，但是大部分涉农机构对新型农业经营主体认识不深，研究不足，同时由于金融监管政策与经营主体需求之间存在不协调性，造成金融机构对产品和服务的创新动力不强。

4. 农业保险覆盖率低，影响金融机构放贷积极性

农业是弱势产业，易受自然灾害、价格波动的影响，存在较大的自然风险和市场风险，尤其是新型农业经营主体投资周期长，投资规模大，遭遇风险的概率更高。但是现行的农业保险品种少，覆盖率较低。

首先，针对农业的商业性保险品种较少，相对农业生产的规模，保障力度明显不足。

其次，政策性保险覆盖面太低，根本无法满足农业生产的多样性需求。同时，现行的政策性保险额度普遍较低，难以覆盖农业生产的投资成本，更无法满足新型农业经营主体对风险的防御需求。无保险支持的情况下，一旦遭遇重大疫情或自然灾害，新型农业经营主体基本无力独自承担损失。如果存在借贷关系，风险最终会转向信贷供体，所以在保险机制不健全的情况下，金融机构向新型农业经营主体提供信贷支持的积极性大打折扣。

三、助推新型农业经营主体发展的建议及措施

1. 新型农业经营主体内部自强，提高综合水平

打铁还需自身硬，新型农业经营主体要想获得金融供体的大力支持，必须要强健自身水平。

首先，要提高自身的管理和营运能力，建立完善的规章制度和财务制度，向正规法人企业经营模式靠拢，以获得金融供体的认可。

其次，要从降低风险方面下功夫，通过引进先进人才，配备先进设备等方面，提高管理的有效性，提升风险的防控能力，增强自身抵御市场风险的能力。

第三，树立品牌化经营理念，在实现产业化、规模化的基础上，逐渐做出特色，树立口碑，形成品牌，通过有效的市场宣传，突出品牌化带动效应，逐渐做大做强，实现自身良好的发展状态，给予金融机构更多的投资信心。

2. 提高政府引导作用，打造适宜发展的外部环境

农业生产关乎国家安全，政府部门要积极作为，通过完善相关政策，大力引导和扶持新型农业经营主体发展。

一是积极推进农村土地经营权抵押事项，尽快解决农村土地经营权及房屋等财产权属的确权、登记、办证问题，积极建立土地及其他财产权流转抵押平台，逐步破解新型农业经营主体抵押难的问题。

二是充分发挥财政引导作用，建立多方资本参与的担保公司或组织，鼓励新型农业经营主体开展信用互助或成立协会式担保团体等互助性担保组织，深度缓解新型农业经营主体融资担保难的问题。

三是从政府层面，增设多样性专项扶持资金，以贴息、补助、奖励等多种形式加大对新型农业经营主体的扶持和鼓励。落实农业用地政策，合理安排好新型

农业经营主体的扩建、新建项目用地，优化执行各项费用；落实税费优惠政策，为新型农业主体在办理证照、纳税申报等方面开辟绿色通道，并加大指导力度。

3. 提升金融机构服务能力，适应新型农业主体发展需求

一是不断丰富金融产品和金融服务模式。金融机构要根据新型农业经营主体的快速发展节奏，主动改进传统信贷思维模式，尽快探索开辟土地经营权、农村财产权等不动产权及农机设备、活体畜禽等动产的抵押新模式。根据各地区，农业产业化特点，创新区域式贷款品种，改善新型农业经营主体抵押担保难的局面。

二是不断提高服务质量。根据新型农业经营主体生产周期，适当改进贷款期限、提高贷款额度。在审贷过程中，要尽量简化贷款手续，提高审批效率，或设置专门服务的绿色通道，逐渐突破现行农贷不能满足新型农业主体发展的资金瓶颈。

三是大力发展抱团式金融服务。从支持新型农业经营主体的单项目服务，转变为向上下游客户提供综合金融的多项目服务，通过提供链接式服务，降低供应链上某一环节的风险，同时提高农业金融服务的集约化水平。

4. 完善农村信用体系建设，优化农村金融生态环境

一是加快建立信息交流和共享平台。大力推进"信用户""信用村""信用乡（镇）"建设工作，在此基础上，由政府相关部门牵头建立农户或农业企业信息数据库，逐步探索将新型农业经营主体数据纳入数据库规范管理。

二是建立新型农业经营主体信用评价平台。参照现行企业信用登记模式，将新型农业经营主体同步纳入人民银行征信系统，逐步建立健全规范化的信用评级技术和流程，实现各经营主体信用评估覆盖面。

三是加大信用的正向激励和逆向惩戒机制力度。综合运用法律法规和舆论监督等手段，加大对逃废金融债务的监管处罚力度，对"守信典范"与"失信典型"延长公示期，提高信用违约成本，营造重信用、讲诚信的社会风气，促进农村金融生态环境良好发展。

新型农业经营主体是现代农业发展的主方向，但是要想形成良性发展环境，金融支持的作用不言而喻。同样，新型农业经营主体作为"三农"经济发展的新生事物，前景无可限量，是各家金融机构竞相争夺的蓝海资源。因此，要实现金融机构与新型农业经营主体之间的良性互动，不仅要求金融机构政策支持、大力创新满足多样化的融资需求，还需要新型农业经营主体不断加强自身管理、提高运行质量，同时，也要财政、税务、保险、金融监管等各部门相互协调、合力出台相关扶持政策，完善信用体系建设，提高风险保障力度，不断优化农村金融环境，为金融支农搭建平台，为新型农业经营主体稳健快速发展提供良好外部环境。

四、新型农业金融可持续发展遇到的潜在问题

对金融机构特别是农村信贷金融机构可持续发展问题的关注起源于对小额信贷组织或者微型金融机构可持续发展问题的探讨。国外学者认为可持续性是衡量小额信贷机构的标准之一，是指机构可以长期为投资于小额信贷的资本带来市场回报率，而不需要政府的补贴或者不时的资本注入。有学者表示小额信贷机构的可持续性是指小额信贷机构不需要外部提供特别资助的条件下实现自我生存和发展的能力，可分为操作可持续性和经济可持续性两个层次。从总体上看，国外学者对小额信贷机构可持续发展的研究焦点均着眼于财务可持续性。所谓财务可持续意味着小额信贷机构的全部收入，即小额信贷业务的利息收入和其他收费收入，即能够覆盖机构运营的所有成本，能够在不依靠政府补贴或者慈善捐赠的条件下自负盈亏，进而实现机构的生存与可持续性发展。

这个在今天看来显而易见的结论却走了不少弯路才得到。之前，不少发展中国家和国际组织试图为低收入群体提供基本金融服务，但始终没有寻找到兼顾财务可持续的方法，要么过于看重自身财务可持续性而忽略政策目标，要么过于追求政策性目标而忽略了自身盈利能力的建设，前者因为偏离了政策初衷而失去政府支持，后者因为财务无法实现独立、受政府过多干预、最终因资助资金难以到位而难以为继。最近，在反思之前小额信贷机构发展问题基础上，对小额信贷机构出资主体与资金来源重新进行探讨，努力探寻兼顾机构自身财务可持续性和为低收入群体提供金融服务，随后出现了一批像孟加拉乡村银行、印度尼西亚人民银行的农村信贷部、玻利维亚阳光银行、泰国农业与农村合作社银行、国际社区资助基金会、信贷联盟等小额信贷机构或小额信贷项目，除了政府出资外，更多地出现非政府组织参与出资和具体运营管理趋势。

得益于此，小额信贷金融机构不再是政府干预为低收入群体提供金融服务特别是贷款支持，而是以盈利目标或追求自身财务可持续性为前提，制定出规范化、制度化的信用评估、贷款方式、贷款金额、贷款期限、利率水平等具体操作规程，核心任务是如何为低收入群体提供信贷服务的同时保证还贷率，以

及信贷收入能够覆盖成本。初步探索到如何平衡兼顾自身盈利目标与政府政策目标的小额信贷金融机构开始寻求更多样化的资金来源渠道，确保自身的可持续性发展。

毫无疑问，盈利能力与财务可持续性是小额信贷金融机构可持续发展的基础与核心目标，若不考虑这一前提单纯强调小额信贷金融机构为低收入群体提供基本金融服务、为贫困地区提供资金支持则是缘木求鱼，必重蹈早年的覆辙。银监发文出台之后，村镇银行、农村资金互助社和小额信贷公司等一批新型农村金融机构在四川、甘肃、宁夏、湖北、吉林各省及内蒙古自治区等试点省市甫一出现，就面临为"三农"服务等政策性任务与可持续性的平衡问题。

国内学者的共同结论是：新型农村金融机构可持续的概念包括财务可持续与组织可持续，前者是指机构在不需要外部提供特别资助的条件下就能实现自我生存与发展的能力，后者是指机构在从业人员管理方面可以独立运作，以财务可持续为基本前提。此外，机构业务目标群体选择的可持续性与适宜外部环境的可持续性也是需要考量的因素，具体表现为机构规模、业务结构、经营区域、风险可控程度、经营效益、创新能力、客户关系管理等指标。

随着新型农村金融机构不断拓展，其可持续发展问题日益受到关注，村镇银行、资金互助社与小额贷款公司在资金来源渠道、业务拓展能力、财务能力、为"三农"服务等方面的分化日益明显，它们显示出来的问题有助于厘清下一步农村金融市场与金融体制改革方向与路径。

目前，学术界普遍认为新型农村金融机构与农村信用社、农村合作银行或农村商业银行相比，更加适合"三农"发展需要，更有助于缓解农村贫困，应当给予它们更多的外部支持，包括降低准入门槛、提供更多政策优惠吸引民间资金和境外资金到农村地区设立村镇银行等信贷类金融机构，以满足"三农"发展的金融需求。新型农村金融机构自身也必须强化管理运营能力，在微观层面努力实现可持续发展，例如，通过减少贷款手续、创新贷款产品等方式积极服务"三农"，加强客户关系管理，既有助于提升自身盈利能力，还能增加农村金融市场供给的外部效应。有学者建构DEA法的超效率模型对4家典型村镇银行经营效率做比较分析之后进一步验证了上述观点。

然而，当村镇银行等新一轮农村金融增量改革持续不断推进之际，以往农村金融市场供应不足的问题已经得到了很大缓解，农村金融市场失灵的本质就不再是单纯的供给不足及其所致的资金配置效率低下，而是变得更加复杂。一方面农

第一章 农村产权改革下产生的新型农业经营主体

村金融机构数量急剧增加,农村金融市场竞争性增强;另一方面农民对新型农村金融机构的认知程度得到改善,农村金融市场的主要矛盾从金融供给不足转变成农村金融监管不足的问题。为了确保新型农村金融机构能够实现政策目标、避免其享有各种政策优惠红利的同时规避监管,迫切需要创新农村金融监管模式。例如,周孟亮等从博弈论视角出发,建构针对新型农村金融机构的联动监管模式,防范金融风险,以便夯实新型农村金融机构可持续发展基石。

通过对最近与新型农村金融机构可持续发展有关的样本文献梳理表明:不同类型的新型金融机构可持续性发展的影响因素各不相同,村镇银行更多受到财政货币政策优惠程度、当地经济发展水平、融资渠道、人力资源素质和监管模式的影响;农村资金互助社则受资金渠道、监管方式和优惠政策影响;贷款公司趋利性比较强,组织文化、从业人员素质和政府监管对之影响比较大。

综合来看,以村镇银行为主体构成的新型农村金融机构可持续发展受到内部因素和外部环境因素的综合影响。内部因素包括融资渠道、融资规模、组织管理、成本控制、组织文化、人力资源素质、信贷产品与贷款风险控制能力等;外部因素涉及经营区域经济发展水平、市场竞争程度、涉税政策优惠、货币金融政策扶持、支农再贷款规模、支付结算渠道、市场信用体系、农业保险制度、利率市场化水平与农村借贷文化传统等。不同类型的新型农村信贷金融机构可持续发展面临的潜在问题虽有所差异,但以下一些问题则是相同或相似的。

其一,市场准入门槛过低、注册资本金较少。这一调整虽然短期内有助于增加农村金融市场供给总量,但是不能否认,新型金融机构的资金和规模不足意味着其防范和抵御风险能力较差,进而给农村金融市场带来风险。

其二,缺乏规范的法人治理结构。各类新型农村信贷金融机构规模不大,为了节约管理成本和沟通成本,其重心是在拓展业务和客户维护,股东会、董事会与监事会,要么形同虚设要么干脆就没有。这种情形在短期内不会对金融机构发展造成麻烦,但从长远看,有效制衡机制的缺乏会引发内部人控制问题。

其三,吸储能力强弱,融资渠道狭窄。新型农村金融机构资金来源构成包括股本金、从其他银行业金融机构融入资金、社会储蓄或社员存款、社会捐赠资金等。即使是可以吸收公众存款的村镇银行也因为成立时间短、资金规模小、经营网点与覆盖度较小、宣传力度有限等原因,公众对其认知度与信任度均不够,村镇银行在吸收储蓄时会受到农村居民和小微企业闲置资金匮乏的客观限制,又要面临农村信用社等传统农村金融机构的有力竞争。按照规定,农村资金互助社只能吸收社员存款,社员存款规模直接与当地经济发展水平、农户收入水平相关,通常农村资金互助社设立地点是在地理较远、交通不便的农村地区,其存款来源显然不足。与农村信用社等金融机构相比,新型农村金融机构还缺乏国家信用团队担保,也不能发行金融债券或企业债券。

其四,缺乏资金议价能力,信贷产品创新与管理能力尚未显现。新型农村金融机构缺乏根据运营成本、资金融入成本和客户个体信用状况确定资金价格的能力,也缺乏对资金合理价格的判断能力,最后不得不实行与当地其他金融机构一样的存贷款利率。虽然一直强调新型农村金融机构的最大优势是了解所在区域的金融需求,能根据农村金融市场主体需求及其特征设计开发适合的信贷产品和其他金融服务,但其前提是完成了对市场和客户信息与需求的调查,且需要较为完善的内控制度和贷款管理方法配合。

其五,人力资源综合素质问题影响业务拓展。从调查来看,新型农村金融机构从业人员构成比较复杂,有的是从其他金融机构跳槽过来的信贷员,有的曾经是保险销售员或其他行业销售人员,受过系统金融专业知识训练和信贷技能培训的人员较少,又很难招聘到高素质的专业人才。人力资源综合素质直接影响着机构信贷业务拓展和贷款风险控制水平。众所周知,落后地区农户普遍缺乏用于抵押担保的财产,在将农户拥有的土地承包经营权、林权等转化为抵押权之前,设计适应农户经济条件和需求的信贷产品、评估农户信用与相应的资金价格才是确保信贷资金按时回收的关键,但现有人力资源能力不足以承担起这些任务。

其六,支付结算渠道不通畅直接制约新型农村金融机构发展。农村资金互助社、村镇银行尚未进入全国支付清算系统,既不能承担票据开具、银行汇兑和发行银行卡等基本功能,也不能提供通存通兑、同业拆借业务,更不能给储户或社员提供异地取款业务。与农村信用社、农村商业银行、邮政储蓄银行相比,新型农村金融机构非常不便利,对公众吸引力比较薄弱。

其七,政策支持力度不足与监管滞后并存。新型农村金融机构是普惠制金融体系的重要构成部分,在其发展初期提供财政补贴、优惠政策与其他资金支持,这将有助于他们更好地为农户或低收入群体提供金融服务,促进"三农"发展。然而,在税收减免、存款准备金率、支农再贷款扶持等方面,政策支持力度显然不足。例如,村镇银行存款准备金率比照当地农村信用社执行,资金互助社并没有被纳入支农再贷款支持范围。对新型农村金融机构的监管也存在滞后,一方面缺乏规范的合作金融法律法规,另一方面监管部门缺乏动力促进民营资本参与村镇银行和农村资金互助社,对三类不同的新型农村金融机构实行统一的审慎监管方式,并不利于农村资金互助社的发展。

第二章 新型农业经营主体与乡村振兴战略下的支农金融服务体系改革

第一节 乡村振兴战略总体战略部署和阶段性目标

一、总体部署

乡村是一种典型的地域综合体，兼具社会、自然、经济三个方面的特征，并涵盖生活生产、文化生态等多种属性。同时，作为人类生存和活动的重要空间场所，乡村和城市相辅相成、相互依存。在社会主义现代化建设的新阶段，城乡发展不协调已经严重影响了社会稳定性，和共同富裕的社会主义目标背道而驰。所以，乡村振兴战略的实施具有一定的必要性和紧迫性，它不但有利于缓解现阶段的社会矛盾，还可以加速实现社会主义现代化建设目标，为早日实现中华民族伟大复兴的中国梦助力。由此可见，无论是在历史层面，还是在现实层面，乡村振兴战略都具有十分重要的意义。

乡村振兴战略是实现经济体系现代化转型的重要路径。作为经济体系的重要组成部分，农村经济对国民经济的发展和经济体系的现代化转型都具有十分重要的意义。按照党和国家的统一规划，产业建设将成为乡村振兴的切入点和关键点，通过供给侧的结构性改革，建立集生产、经营于一体的现代化产业体系，稳步推进多产业的深度融合。同时，不断优化农村经济发展导向，将体制导向作为农村经济发展的基本原则，从而构建具有核心竞争力和创新力的产业集群，为现代化经济体系的建设保驾护航。

乡村振兴战略是建设美丽中国的重要路径。作为生态涵养的主体，乡村是生态产品的主要提供者，在生态建设过程中发挥了重要作用，基于生态的乡村发展是乡村振兴的重要方向。乡村振兴必须兼顾环境保护和生态建设，将生态宜居作为其中的重中之重。历史上中华民族是典型的农耕文明，如今乡村振兴战略的实施，有利于优秀传统文化的传承和推广，将农耕文化传承下去，不断地巩固经济建设的根本和基础。乡村是社会治理的薄弱环节，也是社会治理的基础所在，实施乡村振兴战略，有利于建设良好的乡风文明，从而提升社会治理的有效性，实现社会治理格局的合理化。在社会主义现代化建设的当前阶段，乡村战略的实施具有重要的战略意义，是实现共同富裕目标的重要方式。农村经济的发展水平在很大程度上决定了广大农民群众的幸福感和获得感，和建设小康社会的进程息息相关，只有真正实现农民的生活富裕，才能达到乡村振兴的目标。

当前，切实解决"三农"问题对于我国社会主义现代化建设具有重要的意义。我国需要将农村发展置于优先地位，通过乡村振兴战略的全面实施，基于产业、生态、治理、文明等方面的具体要求，建立有利于乡村振兴和农村经济发展的政策机制，从根本上推动城乡融合发展，稳步实现政治、经济、文化、社会、生态的统筹建设，不断提升乡村治理能力，加速农村经济的现代化转型。当前，要坚持具有中国特色的乡村振兴建设方针，建设与农村地区实际情况相契合的多元化产业，在建设美丽新农村的同时，提升农民的社会地位，推动社会和谐发展。

二、乡村振兴战略下农村金融服务体系类型

（一）组织体系

在乡村振兴战略的实施过程中，要不断提升农村金融机构的专业化水平，建立复合型农村金融体系，帮助国内商业银行在广大农村地区深入开展普惠金融业务，通过建立金融专营机制，为解决"三农"问题提供专业化的金融服务。同时，从法律层面明确相关金融机构在乡村振兴战略实施过程中的定位，为金融机构的信贷服务提供信贷保障，指导相关金融机构将服务重心下移，进一步普及金融网点，加强渠道建设，为农村经济发展提供更多的金融支持。当前，国内农村地区应该坚定不移地促进农村信用社联社改革，维持农村信用合作社在数量和规模上的合理性。推进农村商业银行的法人治理工作，在乡村振兴战略的实施过程中，建立完善的金融合作体系，将基金、保险、证券、期货等现代金融工具引入农村经济发展领域，全面推动农村地区的金融体系改革。

（二）产品体系

建立完善的农村金融服务体系，优化相关的金融服务链条，不断加大农村地区金融改革的力度，创建更加健全的农村地区支付环境。同时，加强农村地区的金融试点建设，深化抵押贷款改革，建立健全两权抵押贷款机制，探索住房财产

权和土地经营权抵押的最佳路径。建立完善的信用信息共享平台，在金融产品体系的建设过程中，引入信用信息基础数据库，推出更加适合农村地区发展的信用类金融产品和服务。在农村集体产权制度深化改革的过程中，建立新型的融资模式，量化农村集体资产比例，为农业企业发展提供多元化的金融支持，推动农村地区资本市场的发展。加强服务模式改革和创新，在信息技术的支持下，推动普惠金融在广大农村地区深入开展，从而实现农村金融和科技金融的深度融合，提升农村金融的规范化水平。

（三）政策体系

在农村金融服务体系的建设过程中，推出更加完善的补贴、奖励、税收优惠等政策工具，以乡村振兴指导为核心导向，建立多面且深入的农村金融政策体系。在农村金融政策体系的建设过程中，必须坚持货币政策工具的引导作用，在建设方面，全面贯彻涉农贷款增量奖励制度，不断健全贴息贷款政策体系，全面减少农户和新型农业经营主体的融资成本。通过建设"三农"融资担保体系，不断完善农村金融风险缓释制度。突出国家融资担保基金在农村金融体系中的地位和作用，进一步加强担保融资的征信作用，在乡村振兴的建设过程中，引入更加多样的金融资源和金融渠道。建立健全金融服务评估考核机制，对金融机构的服务水平进行量化评价，并确定金融业务的扩展标准，确保不出现系统性风险，通过加强各级政府的监督指导作用，落实岗位责任制度，切实防范金融风险。

三、阶段性目标

按照党和国家的统一规划，我国在2020年建立了乡村振兴政策体系和制度框架，确立了更加完善的乡村振兴发展思路和方向。2022年，我国建立了相对完善的乡村振兴政策体系和制度框架，并初步建立现代化水平较高的农业体系，在确保国家粮食安全的基础上，全面发展绿色农业；建立多元化的产业体系，实现立体化的产业布局，推动乡村产业的良性发展，不断增加农民的人均收入；进一步提升基础设施的建设水平，建立相对完善的城乡一体化社会保障制度；持续优化农村地区的宜居环境，稳步推广美丽乡村的建设进程；基本建立完善的农村公共服务体系，持续提升公共服务水平；满足农民的精神文化需求，进一步传承和弘扬优秀的传统文化，进一步加强基层党组织建设，不断提升基层政府的治理能力，建立相对完善的乡村现代治理体系。基于区域特征，实施具有地方特色的乡村振兴策略，加速实现乡村振兴的阶段性目标。预期在2035年，我国的乡村振兴战略将取得决定性进展,农村经济将高速发展,现代化建设将初步实现。同时,从根本上解决农业的结构性问题,不断提升农民的就业质量,基本消除贫困现象,加速实现共同富裕的目标;基本实现公共服务的城乡均等化,持续完善城乡融合发展机制;不断提升乡风文明机制,建立完善的乡村治理体系;从根本上扭转农村的生态环境,实现美丽乡村的建设目标,建设更加宜居的乡村环境。预计在2050年,我国将全面实现乡村振兴目标,达到农民富、农村美、农业强的基本要求。

第二节 乡村振兴战略中支农金融服务的工作目标和基本原则

一、工作目标

根据党和国家的要求,我国的农村金融服务领域将实现以下几方面的目标。

(一)加大对农村经济发展的金融资源支持

实现涉农贷款余额的稳步提升,同时,在新型农业经营主体和农户贷款方面保持相对稳定的增速;不断完善和优化农村资本市场,通过股票、债券等资本市场水平的不断提升,建立和农村经济发展高度匹配的资本市场体系;进一步扩大农业保险的覆盖领域,并不断丰富农业保险险种。

(二)不断改善农村金融服务体系

在广大的农村地区,基本达到乡镇金融网点全面覆盖的目标,进一步在农村地区推广普惠金融;不断优化广大农村地区的支付环境,进一步普及移动支付、便捷取款等服务;稳步建设农村信用体系,不断改善融资增值机制,建立相对完善的农村融资体系。

(三)持续提升涉农金融机构的治理能力和水平

持续提升农村金融产品和服务质量,加强涉农贷款风险管理,将不良贷款率控制在相对合理的水平;不断提升涉农金融机构在乡村振兴战略实施过程中的地位和作用,为农村经济的发展提供资金保障和支持。

综上所述,我国将实现乡村振兴战略的中长期目标,即基本建立具有良性竞争、可持续性、覆盖范围广、层次丰富、风险较低、创新有序的农村现代金融体系，大幅提升金融服务水平和能力，从而为农村经济的发展提供更多的金融支持。后期，我国将全面建立相对完善的金融组织、产品及政策体系，同时，全面实现城乡金融服务的均等化和金融资源配置的合理化。

二、基本原则

（一）以市场化运作为导向

强调市场在金融资源配置中的主体作用，发挥其在金融资源配量中的导向作用以及对金融产品或者服务的定价作用。通过采取多种措施，不断减少涉农贷款成本，通过建立具有良性竞争秩序的市场化服务模式，不断提升农村金融服务的定价能力和市场竞争力。

（二）以机构改革为动力

坚持涉农金融机构的深化改革，进一步提高涉农金融机构的中长期信贷投放水平，建立差别化金融服务体系。同时，建立规范化的县级法人金融机构治理体系，提升金融机构的本地化服务水平，加速金融一体化建设，提升对农村经济发展的金融资源供给能力。

（三）以政策扶持为引导

建立相对完善的差异化监管体系，通过有效的货币支持政策，实现财政资金作用的最大化；建立相对完善的金融担保制度，分担农村金融风险；建立相对完善的信用服务体系，普及农业保险服务；丰富并完善农村金融资源的回流渠道，最大限度地减少农村金融市场信息的不对称性，从根本上改变农村金融高风险、低收益的现状。

（四）以防控风险为底线

涉农金融机构应该以乡村振兴为基本导向，在增加信贷投放的同时，加强风险防控，建立有效的风险管理机制，提升金融收益的合理性；建立相对完善的法人治理体系，关注贷款质量；完善市场化风险处置机制，增强涉农业务风险防控能力，提高金融服务乡村振兴的可持续性。

第三节 新型农业经营主体支农金融服务普惠金融机遇与改革

在当前阶段，基础差、底子薄依然是农村金融发展的基本现状，发展滞后的

第二章　新型农业经营主体与乡村振兴战略下的支农金融服务体系改革

问题在短期内很难得到根本转变,"三农"问题依然在很大程度上限制了社会经济的发展水平,农业农村依然是社会主义现代化建设的短板之一。这种问题体现在以下几个方面:农产品供求不平衡现象阶段性存在,农业供给质量整体水平依然较低,产业融合依然有待深化;农村的生产水平整体较低,缺乏市场竞争力,在各个领域缺乏高层次人才;在基础设施建设方面,农村的整体水平依然较低,在生态和环境方面存在比较严重的问题;农村地区在民生建设方面存在一定的滞后性,无论是在收入方面,还是在公共服务水平方面,城乡差距依然十分明显。我国的农村金融改革依然处于相对滞后的阶段,支农体系尚不完善,依然需要建立相对完善的农村金融支农机制,建立完善的基层治理体系;最后乡村治理依然存在较多的问题,治理能力依然有待提升。

一、新形势下支农金融服务普惠金融的机遇

在社会主义现代化建设的新阶段,普惠金融在农村地区的发展将存在五个方面的优势。

第一,社会主义制度优势和经济体制优势。例如,政府发布的普惠金融规划,并在全国金融工作会议上明确提出建立更加完善的普惠金融体系,加大对"三农"问题、小微企业的扶持力度,从政府的顶层设计和制度保证上为普惠金融提供了保障。

第二,农产品供给体系相对完善,普惠金融机构初步形成立体化层次。当前,除了传统的银行发行机构,各种新型的专业化信贷机构也持续普及,在农村普惠金融的发展过程中发挥了巨大作用。

目前,农村基本上实现了每个乡镇都有一个营业网点,每个行政村都有一定手段为农民提供金融服务,每个农户都有基本账户,也就是所谓的乡乡有机构,村村有服务,户户有账户。大多数农村已经实现了基础金融服务不出村,综合金融服务不出镇。

第三,我国在大数据、互联网等信息技术领域获得长足发展,互联网金融的发展水平较高。当前,金融机构在金融科技的助推下获得快速发展,基于大数据和互联网的线上融资已经成为重要的融资渠道。当前,小额信用贷款线上业务如火如荼,进一步促进了普惠金融在农村地区的发展。

互联网大数据也使得线上支付更为方便,中国数字普惠金融的广度和深度在国际上均比较领先。此外,金融支付的电子替代率非常高。因此,我们发展普惠

金融有很大的优势。

第四，财税和货币信贷政策不断完善。当前我国政府制定并出台了一系列金融普惠政策，通过差异化的监管策略，为金融机构在广大农村地区开展金融普惠业务提供了大量支持。

第五，中国经济结构正处于转型升级的关键阶段，经济质量保持了较高水平的提升。当前，我国经济正处于产业升级、供给侧改革的关键阶段，金融领域也需要进一步深化调整，去杠杆化的金融改革是我国规避金融风险的重要举措。

同时，在"三农"、小微企业以及创新领域则加大杠杆力度，从而将金融资源向农村地区转移，提升普惠金融的发展水平。

二、新形势下支农金融服务普惠金融的挑战

普惠金融对农村金融发展来说，既是一个大好机会，也对农村金融提出了更专业、更高的要求。

当前，推进普惠金融面临的困难主要体现在以下内容。第一，小部分农村金融机构偏离了支农支小的经营方向，喜欢傍大款、垒大户，导致经营效益下降，影响发展普惠金融的实力。第二，部分农村技能机构盈利模式单一，金融产品较少，种类较为单一。从收入结构上来看，目前的农信系统利息收入占比高达80%以上，而中间业务收入占比甚少，贷款依存度仍然太高，创新能力不足。第三，业务经营成本较大。一方面，大力扩大营业网点带来的固定资产增加、人员扩编、运维成本高等都给企业带来了较大的管理压力，偏远地区客户数量和业务量偏少，又无法产生足够的经济效益，业务经营成本较大，盈利空间极为有限，进而影响了普惠金融的可持续性；另一方面，当前银行业竞争非常激烈，银行的经营与金融产品的研发维护均需大量的人力成本和资金成本，普惠金融与银行天生远利的本性难以平衡。第四，业务发展风险较高，农商银行支持的涉农及小企业贷款小额分散，缺乏有效抵押、担保，加之目前农业保险和农村信贷担保体系的缺乏，农村商业银行承担了较高的业务发展风险，发展普惠金融的能力也会受限。

三、新形势下支农金融服务普惠金融存在的问题

（一）金融机构设置不合理

首先，随着社会经济的不断发展，商业银行不断改革发展，农村地区的商业

银行覆盖范围逐步缩小，农村的金融机构已经呈缩水状态。再加上金融机构对"三农"的扶持力度正逐年减弱，农村金融体系根本无法发挥其重要作用。其次，因为农村不同的客户群体有着不同的需求，导致金融机构若是全面提供完善的服务，就必须铺设大量的资源。但是所能取得的回报，并不能满足这一特点。这些差异以及困难导致了金融机构的撤离。最后，农村金融服务机构明显供不应求，农商银行在发展过程中所提供的业务保障过于单一，无法满足各个农民的经济发展需求，尤其是贷款方面。另外，农商银行是农村金融机构的代表，但是银行最根本的经营目标就是追逐利益，若是无法实现这一点，退出农村地区是农商银行的唯一选择。

（二）金融市场存在缺陷

农村的金融市场主要以信贷为主，但是农民所从事的生产服务所涉及的资金往往较小，更无法提供足够的保障。银行作为资金供给的主体，能够帮助农民解决一部分问题，但是在辅助其抵御社会风险方面，往往无法达到融资的要求。再加上农村农民的收入并不稳定，导致信贷机构建设十分缓慢，资金的获取是农民要解决的主要问题，尤其是相关服务行业，建设的时间较短，必然发展过于缓慢，虽然已经趋于完善，但是总体来说还处于摸索阶段，根本无法驾驭农村较为广阔的信贷市场。农村保险更是如此，农民对保险的意识较为淡薄，无法加深社会的市场广度与深度。保险业务无法开展，导致相关行业缺乏活力，抵御社会风险的能力也就更差如此恶性循环下去，一旦发生较大的自然灾害，就可能导致巨额的经济财产损失。

（三）管理效率较低

导致支农金融服务普惠金融管理效率低下的主要原因是监管的理念较为落后，监管体制尚未建立完善，金融所涉及的专业十分复杂，监督管理体制建立的过程中，很容易涉及法律法规。但是相关部门出台的法律法规尚不完善，对风险管理评估等管理效率仍然较差。

四、新形势下支农金融服务普惠金融的工作建议

怀惠民之心，承社会之责，解民众之需，达和谐之生，是农商银行在发展普惠金融中坚持的主要原则。相对于国内大型商业银行，农商银行在规模和资金方面存在一定的劣势，但其机构网点遍布农村阵地。为满足农民经济的金融需求，农商银行应当依托覆盖城乡的网点网络优势，不断提升金融产品和服务的丰富

度,不断完善金融服务体系,推动机构深化改革,加速实现金融产业的转型升级,为农村经济发展提供更高质量的金融服务。

(一)坚定不移地走普惠金融的道路

农商银行应该将普惠金融作为支持农村经济发展的基本思路,通过贯彻落实普惠金融理念,助力国家乡村振兴战略的实施;进一步巩固服务"三农"、服务小微的发展理念,将信贷原则集中在小额、流动、分散三个方面,充分利用自身服务网络覆盖广、农村金融服务经验丰富等优势,立足农村地区的发展特征,制定更加合理的小额信贷模式,从而提升自身在民生项目工程中的金融定位,不断为农村经济发展提供金融活力,满足农村经济发展对金融服务的要求,从而推动乡村振兴战略在广大农村地区的实施。

(二)建立相对完善的农村金融服务体系

当前,金融市场的竞争程度不断提升,农商银行应该明确自身优势,重点发展普惠金融业务,加大金融创新力度,建立可持续的信贷服务体系,提升金融创新能力。农商银行可从以下几个方面入手不断提升自身在农村地区金融产业中的竞争优势。首先,建立更加完善的信贷文化。农商银行应该加强内部文化建设,促使员工强化效率意识,建立更加高效的信贷服务文化,提高金融服务中全面贯彻落实灵活、快捷的金融准则,通过服务流程的优化,提升员工的办贷效率。其次,加强信贷服务机制的创新。在防控风险的基础上,不断提升金融产品的创新水平,向农村市场推出更具有区域特色的融资工具和融资方式。再次,加大对民生工程的支持力度。立足当前的普惠金融产品和服务体系,加大对农村创业、生源地助学贷款、农户小额信贷等领域的支持力度,全面践行金融机构的社会责任。最后,实现金融知识宣传的常态化。通过各种宣传推广媒介和渠道,建立长期增效、持续的宣传机制,加强对金融风险的宣传,提升广大农民的金融风险防范意识和能力。同时,组织开展相关活动,提高普惠金融在农村地区的普及率。农商银行应该加强对信贷产品的宣传力度,提升农商银行品牌在农村地区的普及。

(三)提升普惠金融的综合服务能力

在电子金融和互联网金融高速发展的背景下,传统金融服务已经无法满足农村客户对金融的要求,相对于各大商业银行在电子化建设方面的巨大优势,农商银行必须加强金融产品和服务的创新,更加积极地迎接互联网金融的挑战,以居

第二章 新型农业经营主体与乡村振兴战略下的支农金融服务体系改革 ❋❋

安思危的态度发展综合性农村金融服务,从而提升农村金融服务的整体水平。

(四)建立相对完善的金融风险防范和应对机制

在普惠金融的发展过程中,控制风险,实现金融服务的可持续性尤为重要。为实现上述目标,既需要政府加大监管力度,也需要农商银行自身提高风险防范能力。和城市金融相比,农村金融具有一定的特殊性,完全照搬城市金融的可行性较低。所以,农商银行必须结合农村地区的特征,加强金融产品和服务的创新,推出和农村经济发展更加契合的金融产品,在满足农村经济发展需求的同时,最大限度地减少金融风险,实现金融服务的持续性。为实现该目标,农商银行可以从以下几方面入手。首先,加强和本地客户的交流沟通,从各个渠道了解本地客户的真实情况,从而减少风险发生的可能性。其次,以大数据为基础,根据客户的交易记录,结合客户各方面的金融信息,通过量化评分,建立更加合理的信用评价指标体系,降低违约风险的发生概率。同时,农商银行应该在控制风险的前提下,提升金融产品和服务创新的灵活性,以满足农村地区经济发展的需求。再次,加强和政府部门的沟通交流,建立更加健全的信用担保体系,引导担保机构为农商银行提供担保服务,从而提高担保补偿机制的完善程度。最后就当前而言,我国普惠金融正处于发展的初级阶段,机遇和挑战并存,农村银行只有积极地迎接挑战,重点发展普惠金融,成为普惠金融的领军者,才能在乡村振兴过程中发挥更大的作用。

五、建立相关支农金融体系的思考

(一)建立更加完善的农业支持保护机制

在农村经济发展方面,我国提出了优化存量、增加总量、提升效能的发展原则。同时,将绿色发展和高质量发展作为农村经济发展的目标,推动农业补贴政策体系的完善和发展。根据我国"三农"的相关要求,切实保障农民的利益,全面推动农业的高质量发展,制定并出台相关政策,为农村经济发展提供政策保障;大力推动"绿箱政策"的发展,深化"黄箱政策"的调整,进一步突出市场机制在农村经济发展中的地位和作用。在政策贯彻落实过程中,基层政府应该全面贯彻落实小麦、稻谷等粮食作物的最低收购价格,加强对大豆、玉米等生产者的补贴。政府必须根据农村地区的具体情况,制定合理的担保机构业务考核机制,不断提升担保的有效性和普及率;建立健全农业保险政策,加强金融产品的创新,加强试点工作,推动玉米、小麦、稻谷等作物的收入保险和完全成本保险的试行;在试点区域，积极推广保险+期货模式，并提升大灾保险的试点运行；针对具有区域优势的特色农产品，执行以奖代补的政策，推动农村经济的良性发展；在解决"三农"问题的过程中，全面且深入贯彻落实金融支持服务，构建完善的约束机制和激励机制，在涉农贷款平均增速上保持一定的稳定性；建立完善的农村金融机构体系，提升"三农"金融服务水平；建立完善的绩效评定和考核机制，出台有效的激励办法；发挥差异化监管的积极作用，提高差异化准备金率政策的普及率，通过具体的措施，降低"三农"信贷担保服务门槛，建立长期信贷支持机制，提供稳定的金融支持；推动优势农产品期货期权产品的上市，建立具有区域特色的期货期权产品体系。

（二）强化"三农"优先的金融发展政策导向

基层政府和相关金融机构应该将四个优化作为基本政策导向，切实做好与"三农"相关的金融工作。在政府绩效考核方面，各级政府应该将"三农"问题作为重要考核内容，落实岗位责任制度。在"三农"领域建设方面，吸引更多优秀人才，将优势资源配置在基层一线，提升"三农"建设领导班子的专业化水平。在生产要素配置方面，加大对"三农"发展的支持力度，最大限度地消除生产要素流通的城乡壁垒，建立基于市场导向的要素交换机制，从根本上改变农村生产要素单向流出的现状，促进优势资源要素向广大农村地区转移。在财政保障和金融服务方面，将"三农"作为优先领域，提高"三农"资金在公共财政中的比重，不断增加"三农"发展的投入资金，在乡镇振兴方面引入更多的贷款资金。在农村地区的人居环境建设方面，各级地方政府应该积极引导债券资金的流入，从而加大基础设施和产业配套设施的建设力度。提升农村公共服务水平，建立城乡统一的公共服务标准，通过制度并轨，逐步实现政策公平。在顶层设计方面，进一步突出"三农"发展的地位，加速制订并出台具有针对性的指导意见，为"三农"问题的解决和农村经济的发展提供可操作的措施。

六、相关改革建议

（一）完善金融机构体系

依照国家标准，设立完善的金融体系。要依据农村市场发展的扩大和行情特点，为农村金融机构的市场格局提供较为合适的业务，保障信贷的动力。加快以资金链供给为基础着重开发国家农业扶持政策的落实，对农业特色产业进行发展。推动农业向高科技生产集中化方向发展。农业银行作为我国农业发展的重要储备力量，应积极地承担起农村发展的责任。就必须改革现有农村地区出现的撤离现象，可以以国家部门颁布的法律法规为契机，将营业网点覆盖到整个农村地区，满足农村市场的需求，推出合适的服务产品。虽然追逐利益是商业银行最根本的目标，但是鼓励农村进行信贷，并且资金的集结也是十分有必要的，以此来达到互惠互利的目标。

(二)提高金融体系的层次

我国的信贷市场正处于起步完善的阶段，信贷体系应该能够为农业提供更加有保障性的贷款，推动农村的经营与发展。而农村也可以凭借土地使用权作为借贷的抵押物，以此来应对社会风险，这样农村就可以有针对性地规避社会风险，加快自身的发展，促进各地农村金融机构的发展。其次保险市场的发展也是十分有必要的，通过不断深化金融体系的层次，推出更具有代表性的金融产品，比如更加适合农业生产的保险，保险能够使农村面临社会风险使抵抗能力更高，而且可以规避经济形势的不确定性。

(三)建立金融监管体系

虽然农村监管体系的建立十分困难，但是监管体系必不可少，对于排除金融体制发展的各种弊端有着重要的推动作用。首先，应该针对监管理念进行改善，农村与城市有着很大的区别，只有针对农村的特点进行有针对性的设计，才能做到公平公正合理，取缔非法的金融机构，促进合法的金融机构发展。其次，在统筹方面要与国家相关部门进行配合，是金融机构履行自身的责任与义务，为农村金融行业的发展构建一个良好的环境。

综上所述，农村金融体系的建设离不开金融体制改革，在不断深化改革的时代背景之下，通过农村金融体系层次的深化以及扩大覆盖范围能够有效地改善金融体系存在的问题。使得农村金融体系面对社会风险的抵抗能力大大增加，有效地帮助农村经济发展，为我国综合实力的提升打下坚实的基础。

第四节　乡村振兴战略下农村经济发展与农村金融变革问题研究

作为我国国民经济中的一个重要组成部分，农村经济的平稳发展对我国总体经济水平的提升有着十分关键的推动作用，也是我国全面建设小康社会过程中的重要一步。要想推动农村经济的快速发展，农村金融是较为关键的"助推剂"，因此也逐渐引起了相关部门的重视。本节主要围绕农村经济发展与农村金融变革的相关内容展开了研究讨论，具体内容如下。

一、农村经济发展与农村金融变革的关系

（一）农村经济发展对农村金融变革的影响

从所有制的角度出发，农村金融是一种以农村经济为依靠的产业形式，农村农产品等出售商品在整个生产及销售的部分环节，以及生产过程中的金融资源的分配等在一定程度上均受到农村经济所有制的制约。新的所有制结构的出现使得农村经济发展也发生了前所未有的变化，经济形态从原来的小农经济逐渐转变为社会化的农业生产。农业金融业步入了新的发展阶段，从而为农村经济的发展与农村金融的创造性发展提供了动力，使得金融产品也更加丰富多样。

从经济发展的角度出发，在经济社会发展的漫长过程中，每一个发展时期都有不同的金融需求。在中华人民共和国成立初期阶段，工业化生产发展成为我国致力于解决的一项重要内容，同时农业发展也在为工业发展助力。最近几年，我国相关部门也越来越重视"三农"问题，农村经济下的生产关系也逐步得到创新。

此外，随着经济体制的改革，农村金融也应当加快转型升级，农村金融结构也应不断优化，在之前的政策性金融的基础上出现以盈利为目的的商业化金融机构和农村新形式的金融机构。

（二）农村金融变革对农村经济发展的影响

由于农村地区经济并不发达，因此金融机构少之又少，且规模也较小，并不能提供充足的资金，导致贷款等方面存在一定的困难，农民无法及时获取信用贷款，很多乡镇级别的企业单位也因在生产经营的过程中缺少充足的资金支撑而纷纷倒闭。与此同时，农民也因缺少一定的投资途径而无法满足其自身的储蓄需求。推动农村金融的变革发展可以提供农民群众更多的投资途径，有利于满足农民群众自身的储蓄需求，加强农村的资金流通，促进农村经济的平稳、快速发展。

此外，农村金融机构也能够以其所具备的条件来满足农村经济发展的需要。一方面，金融机构可依据自身优势筹集闲置资金来弥补农村经济建设工作中资金短缺的地方，合理进行农村资金的分配；另一方面，金融机构应充分发挥出自身的周转调节作用，加强资金盈利方与资金短缺方之间的联系，避免因获取信息不对等而出现资金风险。金融机构还可以利用自身的经济优势节省不必要的交易和

信息成本,并对农村金融市场进行管控,从而促进农村经济的发展。

农村金融机构的服务对象通常是村民以及乡镇企业,然而要想提供满意的资金服务,则务必要保证资金充足,以尽可能满足不同服务对象的资金需求,提高资金的合理利用率,从而获取更多的经济效益。

优化升级农村金融体系,既能够使金融体系的运作越来越专业,同时也能够提供给农民群众越来越方便、周到的金融服务。此外,对农村经济发展过程中可能会出现的金融风险进行有效规避。

二、现阶段农村经济发展与农村金融变革出现的问题

(一)农村经济发展过程中出现的问题

(1)农民的整体收入水平逐渐呈缓慢递增趋势。出现这种情况的主要原因是国际经济发展所带来的巨大影响。从当前时代背景下的经济发展情况来看,要想单纯依赖提高粮食产量和抬高相应的农副产品的价格来增加农民的整体收入是十分艰巨的。一些国有企业结构的优化升级在一定程度上弱化了农村企业原本所占据的有利地位,在城市务工农民的下岗人数也逐年增多,使得其在城市的就业率大大降低,从而使得农民的收入水平也随之降低。

(2)随着我国科技和经济进步速度逐渐加快,农业作为经济发展的基础,现在也面临着严峻的局面。我国由于人口众多,并且由于我国各地的自然条件不同,农业劳动力短缺,粮食产量也并不乐观。

(3)农业在所有产业发展中处于劣势地位,且由于农副产品的培育及生长周期较长,出售价格并不高,从而使得农业生产虽投资较多,但效益却很低。这一问题也是当前农业经济发展过程中需首要解决的关键性问题。

(4)农民在农村经济发展过程中处于主体地位,但由于政府等相关部门在农村农业发展上的资金投入不够,从而影响了农村经济发展。负责农业生产的相关单位并未进行严格的市场调查,从而使得农业经济发展不符合当前市场经济发展需求,因此经济效益并不理想。此外,由于在资金上的限制和一些农民缺少信用,从而导致金融机构并不能够为农业发展提供充足的资金贷款,银行信贷的不良现象也较为严重。

(二)农村金融变革中出现的问题

(1)农村缺少多样化的融资渠道。现阶段农村能够采取的融资渠道只有农村信用社和农业银行,并且这两个金融机构在所提供的业务上也较少。这对农业资

金成本的投入造成了一定的阻碍,农民在农业生产所能够使用的政策性贷款十分短缺。

(2)农村金融机构的依赖度降低。由于当前时代背景下科学技术的发展,也使得农民群众逐渐依赖于网上银行、移动支付等新兴的金融工具。农民逐渐脱离银行的资金周转功能,渐渐地,网络快捷支付等方式成为农民进行资金周转的主要手段,农村银行也逐渐成为农民仅进行存取资金的场所。

(3)农村金融机构的管理办法并不适应农村经济的发展。农村金融机构在信贷管理方面比较严格,并且贷款流程较为繁杂,审核批准的时间也比较漫长,从而导致大多数农民更强倾向于民间借贷的方式。

三、我国农村经济发展和农村金融变革的有效实施策略

我国农业经济发展离不开农村金融体系的构建。因此需要不断加强农村金融体系改革,完善农村金融机构的相关配置,使其符合市场经济发展的要求,从而更加快速平稳地发展下去。

(一)提高粮食生产水平

粮食生产能力的提升离不开劳动力的加入以及土地利用的重要作用。挖掘粮食生产潜力是我国现在需要进行的工作,挖掘生产潜力主要是通过农业生产经营来实现,进行科学合理的生产经营,有利于促进劳动力与土地利用的有效提升。在这个过程中,政府及相关部门应做到改善农村劳动力的就业及户口问题,从而促进农业的经营发展。此外,应鼓励农村土地利用与其他经营项目进行多方面的经营合作,进一步推动农业生产发展,提高粮食生产水平和生产质量。

(二)加强农村金融体系改革

农村金融体系改革应面向所有农民群众,并侧重于农业生产,并且要依据现阶段"三农"的具体开展情况制定相应的农村金融改革方案。依据相关规定打造更加全面、周到的农村金融服务体系,加强对金融机构的监管,加强农村资金的流动,推动农村信贷等业务的发展。当然,农村金融体系改革不是简单地对农村金融机构进行整改,而是真正地站在农民群众的角度,维护农民群众的根本利益,为农民群众提供实质性的金融服务。此外,还要加强对农村金融服务方式的优化和创新,联系实际对农村金融服务方式进行创造性的完善,加强相关工作人员的服务意识,调动其工作积极性。

第二章　新型农业经营主体与乡村振兴战略下的支农金融服务体系改革

1. 深化农村信用社改革

在农村金融变革过程中，农村信用社也发挥着区别于其他农村金融机构的重要作用。然而长期以来，农村信用社作为农村金融机构之一，其所获得的效益并不理想，其发展过程中也面临着很多问题，如产权不明确，出现由内部人员进行操控的不良现象。还有一些农村信用社因其银企信贷业务的开展不理想，且造成了一定的损失，所以政府等相关部门对其该项业务的运作进行了强制性的干预，这对农村信用社在农村金融发展过程中的作用造成了一定的限制。因此，对农村信用社进行改革，加强其运营与管理环节的优化，是当前农村金融变革亟待解决的一项任务。

现阶段我国农村金融市场中最关键的问题就是竞争力有待提升，尤其是农村信用社这一金融机构的垄断，其使得农村金融效率不断降低。因此，必须要明确农村信用社在农村金融发展过程中的重要地位，并充分发挥其作用。应加强对农村金融机构和金融产品的创新优化，以完善其自身功能的欠缺，有效提升农村金融效率。当前背景下，在我国经济发展落后的农村地区，农村信用社在农村金融发展中应更侧重于合作金融模式的构建，并始终将维护农民群众的利益摆在首要位置。又由于我国各地区经济基础存在差异，因此在对各地区进行金融改革时应充分考虑到各个地区自身的特点，从而采取相应的改革对策。

在经济发展较快的地区，应首先侧重于对其商业化和股份制的改造，并通过良性竞争机制的构建来阻断农村信用社对农村金融市场垄断的局面。

建立并完善农村信用贷款业务，以改善农民群众的贷款问题，拓展服务业务，并加强对中间业务的发展，从而不断提升农村金融服务水平。

2. 加强农村发展银行的转型升级

农业发展银行是我国的一种政策性金融机构，其同时具备商业性与政策性。然而，在其发展过程中最突出的弊端在于缺少科学的奖惩制度，且其所带来的效益与其自身的政策性并不协调，资金获取渠道也较为狭窄。因此，在对农村发展银行进行改革的过程中，我国可以借鉴国外相关的优秀经验，并联系我国的实际发展情况，加强农村发展银行的转型升级。

要想实现农村发展银行的平稳发展，我国相关部门应加强对其的资金投入，给予其经济上的支持。不断拓展其业务范围，并加强对农村劳动力素质的培养和提升，不断完善农村基础设施建设。农村发展银行建设应与我国发展目标及产业结构目标相结合，加强信贷管理，并与商业性银行互相扶持、共同受益。加强对资金的合理配置，尤其是侧重于对农村经济生产环节的资金投入，不断提升农民的收入水平，以减小城乡之间的巨大差距。发挥政策性金融机构的作用，在国际市场上不断筹集成本较低的财政资金，以拓宽农村资金筹集的渠道，并学习国外优秀的经验，对我国中央银行进行有效的贷款，科学合理地筹集资金。

3. 改革农村商业银行，适应市场经济发展

我国农村商业银行是在我国农村金融体制改革过程中形成的，我国农村商业银行的发展道路也较为艰难。一些农村商业银行的服务业务较为单一，目标定位也不清晰，缺少多样化的盈利渠道，中介业务不能满足当前经济发展需要。因此，应对农村商业银行进行改革，使其适应市场经济发展的需求。首先，应明确农村商业银行在市场经济发展中的地位，并通过拓展其业务范围巩固其在市场竞争中的有利地位。其次，我国相关部门要充分发挥农村商业银行的资金优势，以推动"三农"工作的顺利开展。最后，国家应制定相应政策，将部分存款用于对农村经济发展的投资。此外，由于邮政储蓄在农村只实行存取款业务，不实行贷款业务，这使得存贷款上出现巨大差距，大大降低了支农的作用。因此应大力加强对邮政储蓄银行的改革，使其更多地服务于"三农"，以有效减少农村金融资源向外流通，避免农村金融出现供给不足的现象。

(三)完善金融机构的资源配置

推动农村金融的发展，还可通过完善金融机构的资源配置，如优化金融机构的功能、合理进行人员安排等；确立农村金融的战略性目标，同"三农"要求相协调；加深农民群众对金融机构资源配置的了解等。

(四)创新优化金融工具

随着农业生产的快速推进，农业相关的金融产品也逐渐发展的多种多样。要想真正发挥农村金融的作用，则需要不断创新优化金融工具，提供更加适合当前农业发展要求的金融产品。

现阶段的农村金融市场上出现的金融工具大都是存、贷款等金融产品，产品类型比较匮乏，且不能够满足当前农民和乡镇企业长久发展的目标需求。一方面农村金融所需要的更加方便、快捷的金融工具较为短缺。一是部分农村企业只能依靠企业债券的发放来进行企业融资等活动，以适应农村金融市场发展的需要。二是通过股权融资等形式，结合农村经济发展的具体情况，仅仅维护农民群众的股权成本。另一方面农民群众在及时了解金融相关信息以及资金等方面仍存在困难。因此金融机构需要加快完善自身金融服务体系，发展多样化的业务，设置农

第二章 新型农业经营主体与乡村振兴战略下的支农金融服务体系改革

村理财等咨询业务板块,加强对保险等金融理财产品的宣传推广。

此外,在不违背法律法规的基础上创新金融工具,可推出新型的用于抵押担保的物品,立足于实际情况来创造出相应的金融产品;也可以学习借鉴国外优秀的金融创新经验,同农业相关的机构相结合,共同推出创新型产品。农村金融机构应当研究创新出市场经济发展需要的先进的金融产品,从而为农民群众提供更加快捷、优质的服务。

(五)提升我国农村金融体系效率

现阶段我国农村金融的发展仍与农村经济发展水平有一定的差距,也就是说我国现阶段的农村金融效率亟待提高。通过具体的计量与分析,结合其实际的规模体系,农村金融在农村经济发展中并未充分发挥其作用,从而使得农村金融系统的功能不够完善。农村金融功能的有效发挥直接影响着其效率。因此提升我国农村金融体系效率对我国农村经济的发展十分关键,必须采取相应的措施加以实施。

创新是农村金融发展的最主要推动力,其能够不断提升农村金融服务水平。因此,应加快推动农村金融机构在农村金融服务方面的创新,设置支农服务板块,不断优化升级服务模式,提升服务质量。金融创新应立足于农村经济发展的实际,创新业务板块与类型,建立新型的金融机构。鼓励创新我国农村建立新型的中小型金融机构,如一些小额贷款机构,拓宽金融道路。因此我国在对农村金融体系进行改革的过程中,应致力于不断提高农村金融效率,不断开拓创新。

(六)完善农村金融制度

农村金融制度的不健全是导致我国农村金融效率始终得不到提升的最主要原因。我国农村金融的发展应事先明确产权制度,农村金融机构由于始终在产权问题上缺少明确的规章制度,从而使得其经营效率不高并不适应经济发展实际。此外,要充分发挥农村金融制度的作用,就要在维护自己利益的同时,始终将其围绕"三农"目的进行发展创新。避免其与农村金融相关的服务相分离。

当前市场经济竞争的日趋激烈也推动着农村经济体制和市场的变革。农村经济发展同农村金融变革有着较为紧密的联系,农村金融是推动农村经济快速发展过程中的一剂较为关键的助推剂,因此应引起重视。针对现阶段农村经济发展与农村金融变革出现的问题,相关部门应采取有效的解决策略,以推动农村经济的平稳发展。

四、在乡村振兴战略下把控农业金融新风向创造农村经济改革新成果

我国的农业近几年来一直呈现出一种平稳发展的趋势，我国农业经济在发展过程中仍旧存在着很多农产品质量安全的问题，以及农业的产品贸易不佳等问题，这些问题导致农业经济呈现出一种增收效益不佳的现象，对于这一农业发展现状我国必须要不断加强对其的重视程度，只有这样才能真正让我国农村经济得到更加快速的发展。在对农业经济进行改革的时候，还有一点是需要重点注意的，那就是农村金融体系的发展问题，其对农村经济的发展有着非常重要的作用，不仅能够推动农业现代化不断发展，同时也能够进一步促进农业供给侧的改革。

（一）农业与农村经济发展现状

1. 农业农村经济形势

在国家"十三五"规划之下，农村经济渐渐出现了"新东北"现象，因为在国际金融危机影响下的世界经济尚未完全复苏，而我国政策进入改革创新期间，我国农业与农村经济要保持平稳增长将面临巨大的压力和严峻的挑战。现阶段的我国粮食产量稳定在一定水平，同时农业农村经济平稳发展，城乡收入差距缩小，农民收入快速增长。

2. 农业农村经济稳定发展

在世界经济发展的大背景下，我国要想让农村经济实现改革和创新，就必须要建设一个农村发展的产业体系，只有这样我国的农业才能实现生产发展上的创新，还有就是必须要对农村经济的运营体系进行改革，只有这样我国的农村经济才能得到更长远的发展，才能让我国农业的生产力得到增强。在农村经济发展过程中还要不断加强供给侧改革，只有这样才能让我国农业发展的政策真正地实现创新，在对农业相关政策进行利用的时候，一定要做到科学、合理，只有这样这样我国农业和农村经济才能得到更好地发展。在进行农业改革的过程中，还有一个改变是非常大的，那就是农民这个职业发生了改变，农村农业教育体系的改进不仅让农民变得更加专业化，同时也让农民这个职业开始向着年轻化的方向发展，这也让农民这一群体的生活环境得到了提升，同时在现在我国农村医疗保险的不断发展，也让我国农村的建设开始向着更全面的方向发展。

第二章 新型农业经营主体与乡村振兴战略下的支农金融服务体系改革

(二)农业与农村经济问题及改革发展措施

1. 农业与农村经济的问题

近年来,我国致力于农业农村经济的供给侧改革,但农业与农村经济还存在资金供给不足、农业金融体系不完善、农业金融体系监管不到位、农业金融产品过少、新型农村建设信用力度不足。国民经济进入新常态,在世界经济的大环境影响下,农业市场的不稳定因素增多,而由于职业农民的合作性不高,导致农民群体组织化不成功,影响了规模化的程度,使得农产品收入稳定性差,风险增大,加之病虫害、自然灾害使农民增收持续下降,国家粮食收购政策也直接影响农民收入,因此,农民收入得不到提升,难以缩小城乡差距,我国农业与农村经济管理部门压力倍增。此外,因为虫病灾害多发导致绿色食品减少,农产品农药成分超高的现象也是重大问题。

2. 农业与农村经济发展措施

近几年来,我国为了更进一步促进农业经济的发展,出台了非常多的政策,我国的国有规模比较大的银行必须要设立相关的服务农村"三农"的惠普金融部门,来进一步强化我国农业金融的建设,让我国的农业金融开始逐渐向着规模化的发展。《政府工作报告》中强调发展多种模式的适度规模经营是中国特色农业现代化必由之路,所以首要考虑的是怎么实现农业的现代化、服务的规模化、种植机械化,目前应该支持发展现代农业化联合体,从政策性补贴、风险保险等方面支持农业产业化龙头企业,实现规模化。

其中,农业保险方面需要致力于农业供给侧改革创新为新兴农产品服务,还应以推进农村普惠金融发展为前提,达到健全"政府+银行+保险"合作的机制,也需要监管部门加强对保险机构的监管控制。

大力加强农业供给侧结构性改革政策施行力度,但加速农业供给侧结构性改革是一个漫长的过程,必须要妥当处理政府和市场两方的关系。

进行农业基地建设,推广"公司+基地+农户"的生产方式,环境建设用"有监测、操作有规程、生产有记录、产品有检验、上市有标识"的全方位标准化模式,同时制定"全国农业科技入户工程规划",实施技术专家责任制和科技示范户带头制,成立奖惩和淘汰体制,加强资金监管。

此外,农民专业合作社是农村经济发展的重要力量,所以其管理体制的完善也是必不可少的。

综上所述,随着我国农村经济现代化发展步伐的不断加快,我国农业经济存在的很多问题都得到了改善,我国现代农业经济逐渐开始向着新发展阶段迈进,农村经济发展的潜力是非常大的,特别是在"互联网"发展在农村不断深入发展的今天,我国农业发展逐渐走出了传统生产方式所带来的误区,同时我国对生产出来农产品的质量重视度也在不断加强,我国农产品的质量和安全在人们意识中也开始变得越来越重要,这也在一定程度上让我国的生态、社会、经济效益实现了和谐的统一。也让农产品产地的生产环境得到了改善,我们还要不断地促进农业金融的发展,只有这样才能让我国农业经济得到快速的发展。

第五节 乡村振兴战略下农村金融体系深化改革研究

党的十九大报告中提出的"实施乡村振兴战略",对新时代"三农"工作做出重要的战略部署。实施乡村振兴战略,必须首先满足农业和农村多样化金融需求。而深化农村金融体系改革,将推动更多金融资源流向农业和农村,为顺利实现乡村振兴战略目标提供有力保障。

一、交易成本视角下健全农村金融体系的效率分析

在实施乡村振兴战略的新时期,中国农村金融体系改革因其特殊性和复杂性受到社会各界的广泛关注。农村金融体系改革的成败直接影响到农业和农村经济发展,也决定着乡村振兴战略的目标任务能否顺利实现。健全农村金融体系,有利于优化农村金融机构产权结构和治理结构以及有效防范农村金融风险,进而降低交易成本并提高农村金融服务效率和质量。

(一)优化金融机构产权结构

科斯定理可以表述为:如果交易成本为零,无论对权利的初始界定如何,当事人都可以通过协商来改善资源配置从而实现帕累托最优。然而,在现实世界中,任何一项交易都必然存在交易成本,那么不同的初始权利配置就会产生不同的经济运行效率。因此,"规范的科斯定理"必然带来价值判断因素,即"建立合理的制度,使私人协议失败产生的损失最小",其中判断制度是否合理的标准,一是具有清晰明确的产权,二是能够降低交易成本。

作为农村金融的主力军和联系农民最好的金融纽带,农村信用社自从中华人民共和国成立以来,为农业、农民和农村经济发展做出了突出贡献。然而,在改革开放之初农村信用社本质上属于官办机构,只是国家银行的农村基层金融组

织，缺乏独立自主开展存贷业务的权利，在管理上也不具有真正意义上的独立自主权。

农村信用社这种官办性质使其自身具有"产权不清"的天然缺陷，给农村信用社降低交易成本、实现现代企业制度的组织绩效带来障碍。主要体现在：第一，各地农村信用社主要由省联社管理，而省联社是由省政府领导管理，其负责人是由省政府任命。省联社不仅拥有任命县级联社高管的人事任免权，而且也具有一定的经营管理权，例如大额贷款和财务开支均由省联社直接或间接审批。不难看出，地方政府对农村信用社有着间接的控制权，当政府既要求其实现政策目标，即以较低的利率向"三农"提供信贷资金以支持"三农"事业发展，又要求其实现经济目标，按照商业化原则进行经营，这样就会导致农村信用社在双重经营目标取舍中浪费一定的资源，产生因政策目标和经济目标相冲突的交易成本。第二，农村信用社的监管部门涉及中国人民银行、银监会（现已更名为"中国银行保险监督管理委员会"）、地方政府等多个机构，各个监管部门之间监管业务存在某些重合，这样当不同主体之间产生分歧时需要进行协商，而这也将耗费一定的资源。

现阶段，农村信用社通过增资扩股等方式扩大入股范围，因地制宜改制成股份制、股份合作制和合作制等不同组织形式和运行机制，不断优化产权结构，形成产权明晰、自主经营、自担风险、自我约束、自我发展的市场主体，降低各利益主体因相互扯皮而产生的交易成本。

（二）完善金融机构治理结构

著名的委托代理理论认为，随着现代企业规模的不断扩大，由于所有者在专业知识、企业经营管理、市场信息掌握等方面具有局限性，传统上所有者兼任经营者行为会阻碍企业的发展，此时将所有权与经营权分离是解决这类问题的有效方案。这意味着现代企业所有者需要寻找到合适的代理人去经营管理企业，将企业经营权让渡给代理人，其自身仍拥有企业所有权。然而，企业所有者和代理人属于不同的利益主体，并具有不同的效用函数，所以二者之间存在着潜在的激励不相容。而且代理人实际拥有的经营管理能力、知识水平以及努力程度这些私人信息很难被所有者掌握，而理性的代理人又有机会主义和偷懒动机，所以在所有者相对于代理人处于信息劣势的条件下，必然产生代理成本问题。因此，为了减少因委托代理而产生的代理成本，需要设计一套合理的制度安排来优化公司治理结构，提高企业的经营绩效。

二、乡村振兴背景下节约交易成本的农村金融体系改革建议

实施乡村振兴战略离不开资金支持,而完善农村金融体系改革,有利于提高农村金融供给效率和质量,满足农业和农村多样化资金需求,进而促进农村经济发展。因此,本文从现阶段我国农村金融体系改革中存在的交易成本及其影响因素出发,尝试提出节约交易成本的改革措施。

(一)推进农村金融体系改革应遵循的原则

1. 坚持长期性原则

现阶段,我国农村金融体系改革面临着诸多挑战和瓶颈,诸如农村金融市场相对缺乏活力、部分农村金融机构尚未实现真正意义上独立自主经营等问题,制约着农村经济进一步发展。农村金融体系改革中出现上述困境,反映出前期我国农村金融体系改革相关政策缺乏长远考虑,注重追求短期效益。在乡村振兴背景下,我国农村金融体系改革应在充分调研和总结前期改革经验的基础上制定出一套操作性强、符合农村金融现状的长期改革方案,并采取试点先行、分阶段实施等手段逐步实现改革目标,减少因政策制定者受有限理性制约而产生的不确定性,同时也制约了农村金融机构机会主义行为。

2. 坚持渐进改革原则

前期农村金融体系改革虽然存在诸多诟病,但也取得了一些成就为新时代健全农村金融体系提供了很多有益的启示,例如探索出建立起合作性金融、商业性金融、政策性金融相互协调的农村金融体系;鉴于农村信用社在产权和管理上存在缺陷,将其改制成农村商业银行等。上述取得的成果都是在前期农村金融体系改革实践中不断探索形成的,事实证明这些措施都提高了农村金融供给效率和质量。因此,乡村振兴背景下我国农村金融体系改革不应全盘否定前期成果,避免因触动部分参与主体利益受损时产生纠纷而增加谈判成本,要立足于现有基础,依据长期改革方案循序渐进,稳妥推进。

3. 坚持市场化原则

《中共中央国务院关于实施乡村振兴战略的意见》中提出"坚决破除体制机制弊端,使市场在资源配置中起决定性作用,更好发挥政府作用",这表明新时期我国农村金融体系改革要以遵循市场规律为前提,充分发挥市场机制在农村金融市场中资源配置作用。乡村振兴背景下农村金融体系改革要坚持以市场化为原则,激励农村金融机构通过优化治理、加强风险防控等措施提升自身竞争力,进

第二章 新型农业经营主体与乡村振兴战略下的支农金融服务体系改革

而提高服务农村经济发展的效率。

(二)健全农村金融体系的具体措施

1. 推进政府职能转变以促进产权明晰

在实施乡村振兴战略的新时期,政府应围绕增强农村金融机构活力和提高供给效率,对属于监管职责范围的事项要科学管理、决不缺位,同时对不属于监管职责范围的内容应交由金融机构自身管理、决不越权,促进农村金融机构产权明晰,从而降低因权责不清造成各方产生纠纷进行讨价还价而耗费的资源。随着农村信用社逐步改制成农村商业银行,地方政府应将属于其自身行使的人事任免权和经营管理权依法交由企业行使,主要监管农商行在业务操作上是否规范、风险是否有效防范等。同时,政府应改变行政化管理方式,逐步采取运用法制化、市场化的监管方式,强化事前规范制度、事中加强监控、事后强化问责监督模式。

推进政府职能转变,并不意味着政府在农村金融体系改革中的作用降低,而是重点转向宏观调整,推动金融资源合理布局。一方面,农业生产周期较长,受自然因素影响较大,使得农村经济活力相对低下,这意味着农业和农村对资金的吸引力也比较小,追求经济效益的商业性金融机构向农村提供信贷资金的意愿相对薄弱。这时就需要政府从服务于乡村振兴的长远利益考虑,为了到农村地区扎根的金融机构提供相应的优惠政策,推动资金继续向"三农"倾斜,从而为农业和农村经济社会发展提供多元化资金需求。另一方面,政府应利用现代化网络信息平台等手段不断提升政策的公开性和透明性,提高农村金融体系改革相关政策信息的传递效率,节约改革中的信息成本。同时构建完善的政府调控信息平台,为后续调控政策的实施和推进奠定基础。

2. 完善农村金融组织体系

判断农村金融组织体系是否科学合理,关键要看是否能够激活农村金融市场以及能否满足农业和农村经济发展多元化的金融需求,进而更好地服务于"三农"事业,加快实现农业农村现代化。从上述标准来看,我国农村金融体系仍然存在诸多薄弱环节,农村金融机构或组织对农村金融供给远远低于金融需求,尚未形成多层次、高效率、适度竞争的农村金融服务体系。因此,我国农村金融体系亟须进一步完善,提高农村金融服务水平和效率,更好地促进乡村振兴。具体来说,应重点做到以下几点。

第一,引导农村金融机构准确界定自身功能,减少因权责不清而产生的界定和实施产权成本。相关政府部门应积极引导不同类型农村金融机构对自身进行准确定位，避免其因机会主义而采取高息吸储等违规行为，同时也有利于发挥自身在农村信贷方面的独特优势，提高信贷效率。对于中国农业发展银行、国家开发银行等政策性金融机构可以在巩固原有中长期信贷基础上，不断创新金融服务方式，拓展政策性业务范围，尤其是农村建设急需但商业银行不愿经营的业务。由于商业银行以商业化为经营原则，对农业和农村提供金融服务意愿较低，可以通过对其向农村地区提供的信贷业务在税收等方面给予一定的优惠政策，鼓励其在农村地区落地扎根。对于农村合作性金融机构，由于其本身就充当农村金融主力军作用，并且其主要向农业和农村提供信贷支持，因此引导其在巩固原有业务范围基础上，继续拓展金融服务范围。针对正在发展的普惠金融，政府要引导其更多投向农业和农村，更好地服务于乡村振兴战略。

第二，积极推进农村金融供给主体多元化发展，提高农村金融体系有效性，节约改革过程中谈判和执行成本。目前，我国农村地区仍普遍存在金融供给不足、金融市场发展缓慢等问题，导致一些农村金融机构对外界环境发生变化时无法迅速做出适应性调整，监管机构为维护农村金融市场稳定必须出台相关的政策对各类主体进行协调，而为此需要耗费一定的社会资源。而已经成立的贷款公司、农村资金互助社、小额贷款公司、村镇银行等农村金融机构类型相对单一，明显无法完全适应日益发展的农村金融市场。因此，乡村振兴背景下我国农村金融体系改革可以积极探索粮食银行、土地银行、农产品期货市场等新兴组织形式，并提升各主体之间相互联合以及迅速适应环境变化的能力，增加农村金融组织整体有效性，降低政策实施中的谈判和执行成本。

第三，推动农村金融机构或组织合法化和规范化，防范农村金融机构因机会主义行为产生的金融风险。随着国家放宽农村金融准入条件，农村非正规金融机构迅速增加，正在成为我国农村金融体系中不可忽视的一股新锐力量，弥补了正规性金融机构对农村和农业发展信贷资金不足。目前农村非正规金融机构虽然在对农业和农村提供信贷支持上发挥积极作用，但始终没有合法地位。所以，需要加快推进农村非正规金融机构合法化进程，给予其长期存在农村金融市场的法律权利。同时也应注意到，农村非正规金融合法化道路之所以漫长曲折，主要因其自身的不稳定性和风险性。因此，在推进农村非正规金融机构合法化过程中应加强监督力度，通过建立严密的风险监管体系约束其机会主义行为从而将风险降到最低，确保农村金融市场秩序稳定。

3. 健全农村金融体系相关法律法规

我国前期农村金融体系改革之所以出现一波三折的情况，其中很重要的原因

第二章　新型农业经营主体与乡村振兴战略下的支农金融服务体系改革

就是与农村金融相关的法律法规体系不完善，对参与农村金融各市场主体之间权、责、利界定不清晰，致使改革政策执行起来容易产生纠纷，进而使得改革收效甚微。因此，在实施乡村振兴战略新时期，相关政府部门应从农村金融体系长远发展考虑，构建出一套科学合理、具有较强操作性的针对农村金融体系的法律法规体系，清晰界定各参与主体之间的权、责、利，降低改革过程中界定和实施产权成本。我国可以在结合《银行业监督管理法》《商业银行法》等已有金融法律的基础上，针对农村金融性质、农村金融机构法律地位、金融机构支农职责等相关内容以法律形式确定下来，维护农村金融秩序，激励农村金融机构提高金融供给效率和质量。同时，加大对违反农村金融相关法律法规行为的惩处力度，提高违约成本来约束农村金融机构不当行为，改善农村金融法制环境，保护各参与主体合法权益。

三、完善农村金融服务体系提升金融服务乡村振兴能力

实施乡村振兴战略是党的十九大做出的重大决策部署，它不仅是新时代做好"三农"工作的总抓手，也是金融业服务农村的根本遵循。这项长期而又艰巨任务的实现，需要投入大量的资金，而资金作为一种稀缺要素，对乡村振兴战略目标实现具有决定性的影响。围绕实现农业农村现代化的总目标，按照乡村振兴"五句话"的总要求，如何吸引更多金融资本投入乡村振兴，把更多金融资源配置到农村重点领域和薄弱环节，切实解决现实中农业农村投资主体"融资难""融资贵"，更好满足乡村振兴多样化、多层次的金融需求，是当前迫切需要解决的现实问题。笔者认为要尽快建立健全乡村振兴农村金融服务体系，完善农村金融资源回流机制，以此提升金融服务乡村振兴的能力和水平。具体来说要做好以下几方面工作。

（一）健全金融支农组织体系，提高金融服务乡村振兴能力

1. 鼓励支持政策性、开发性金融机构为乡村振兴提供中长期信贷

要明确国家政策性银行（国家开发银行、中国农业发展银行）在乡村振兴中的职责定位，加大开发性和政策性金融支持力度。特别是在粮食安全等重点领域发挥国家队的中坚骨干作用。国开行要充分发挥为国家战略服务的优势，利用市场运作、保本微利的特点，加大对乡村振兴的支持力度，培育农业农村经济增长新动力；农发行要围绕国家粮食安全做好金融服务，支持农业发展银行做好政策性粮食收储工作，结合粮食收储制度及价格形成机制的市场化改革，探索支持多元

市场主体进行市场化粮食收购的有效模式。同时，要以国家粮食生产功能区、重要农产品生产保护区和特色农产品优势区为重点，加大对高标准农田建设和农村土地整治的信贷支持力度，推进农业科技与资本有效对接，持续增加对现代种业提升、农业科技创新和成果转化的投入。抓紧出台普惠金融支持新型农业经营主体发展的政策举措，大力发展对新型农业经营主体信用贷、首贷业务。

2. 加快推进商业银行金融机构专业化服务"三农"体制机制建设

要进一步完善专业化的金融供给机制，特别是要完善中国农业银行、中国邮政储蓄银行"三农"金融事业部运营体系和机制。各级农业银行要强化面向"三农"、服务城乡的战略定位，加大对本县域内的信贷投放，逐步提高县域存贷比，确保县域贷款增速持续高于全行平均水平。邮政储蓄银行要坚持零售商业银行的战略定位，发挥好网点网络优势、资金优势和丰富的小额贷款专营经验，以小额贷款、零售金融服务为抓手，突出做好农业大户、新型经营主体、中小企业、建档立卡贫困户等小微普惠领域的金融服务。鼓励商业银行发行"三农"小微企业等专项金融债券。积极扩大农村普惠金融改革试点，开展农户和中小企业的信用等级评价，加快构建"银保担"风险共担、线上线下相结合的普惠金融服务体系，推出更多免抵押、免担保、低利率、可持续的普惠金融产品。城市商业银行和股份制商业银行结合自身职能定位和业务优势，围绕提升基础金融服务覆盖面、推动城乡资金融通等乡村振兴的重要环节，建立普惠农村金融事业部，突出重点，支持乡村振兴，打造综合化特色化乡村振兴金融服务体系。

3. 发挥农村信用社、农商行、村镇银行等中小金融机构支农主力军作用

要保持县域农村金融机构法人地位和数量总体稳定，其资金投放使用应以涉农业务为主，突出专业化服务功能，完善公司治理机制，提高县域农村金融机构经营的独立性和规范化水平。发挥农村信用合作社的基层覆盖力以及对农村闲散资金的集聚作用，继续推动农村信用社省联社改革，理顺农村信用社管理体制，强化农村信用社的独立法人地位，淡化农村信用社在人事、财务等方面的行政管理职能。完善村镇银行准入条件，创新中小银行和地方银行金融产品提供机制，培育新的发展模式，支持中小型银行优化网点渠道建设，下沉服务重心，形成多样化农村金融服务主体。农商行和村镇银行要坚持服务县域、支农支小的市场定位，村镇银行强化支农支小战略定力，向乡镇延伸服务触角，把防控风险放在更加重要的位置，提高涉农贷款风险管控能力。积极发挥小额贷款公司等其他机构服务乡村振兴的有益补充作用。积极探索新型农村合作金融发展的有效途径，稳妥开展农民合作社内部信用合作试点，加快对农村资金互助社的培育和扶持，给予农村合作金融组织合法地位，充分利用行业组织或社会中介的监管优势，引导农民合作金融健康有序发展，用活用足农村内部金融资源，激发农民发展的主体性和能动性。

4. 鼓励证券、基金、期货、债券等金融资源聚焦服务乡村振兴

充分发挥股票、证券、期货等非信贷机制在乡村振兴投入保障机制中的作用，拓宽乡村振兴融资来源，加大对多层次资本市场的支持力度，积极培育涉农上市公司，开拓直接融资渠道，鼓励支持符合条件的涉农企业在主板、中小板、创业板及新三板等上市，帮助涉农企业通过股票证券市场融资；鼓励中介机构降低涉农企业上市和再融资的中介费用。健全风险投资引导机制，支持引导风险投资、私募股权投资等参与乡村振兴；发挥期货市场价格发现和风险分散功能，完善农产品期货交易规则，加快推动农产品期货品种开发上市，运用期货价格信息引导农业经营者优化种植结构，丰富农产品期货品种，尽快推出大宗畜产品、经济作物等期货交易。创新债券市场融资工具和产品，鼓励商业银行发行乡村振兴专项金融债券，募集资金用于支持符合条件的项目建设；支持鼓励地方政府发行用于农村人居环境整治、高标准农田建设等领域的一般债券、试点发行项目融资和收益自平衡的专项债券，鼓励有条件的地区发起设立乡村振兴投资基金。

四、鼓励金融产品和服务方式创新，满足乡村各类经营主体的多样化融资需求

（一）创新农村金融产品

鼓励金融机构大力支持市场前景好、发展潜力大、具备一定规模、对农民增收有较强带动作用的企业，将服务链条与农业产业链对应并提升吻合度，探索小额贷款利率优惠定价机制和根据农业产业特点提供中长期贷款的办法，合理设置农业贷款期限，使其与农业生产周期相匹配。针对农业产业链中生产、销售、运输、扩大规模等各个节点进行有效服务；针对新型经营主体的长期大额信贷需求，设计中长期低息贷款产品；针对小额分散的信贷需求，灵活设置还款期限。鼓励金融机构加快创新"三农"绿色金融产品和服务，完善绿色信贷体系，通过发行绿色金融债券，筹集资金用于支持污染防治、清洁能源、节水、生态保护、绿色农业等领域建设，助力打好污染防治攻坚战。鼓励开发农户小额信用贷款模式。大力发展对新型农业经营主体的信用贷、首贷业务。

（二）创新农村贷款抵质押方式

拓宽农业农村抵质押物范围，稳妥有序推进农村承包土地经营权、农民住房财产权、林权抵押贷款试点工作。依法合规开展农村集体经营性建设用地使用权、农民房屋财产权、集体林权抵押融资，以及承包地经营权、集体资产股权等担保融资。推动企业厂房和大型农机具、温室大棚、养殖圈舍和活体畜禽抵押、动产质押和应收账款质押、农业保单融资等信贷业务，加快形成全方位、多元化的农村资产抵质押融资模式。

（三）拓宽涉农融资租赁业务范围

开发设计适合乡村经营主体的租赁贷款产品，充分发挥融资租赁方便快捷、期限灵活的优势，满足相关经营主体的长期、大额信贷需求。鼓励企业和农户通过融资租赁业务，解决农业大型机械、生产设备、加工设备购置更新资金不足问题。结合农村集体产权制度改革，探索利用量化的农村集体资产股权的融资方式，提高直接融资比重，支持农业企业依托多层次资本市场发展壮大。

（四）创新金融服务模式

实施互联网金融服务"三农"工程，推动新技术在农村金融领域的应用推广，促进金融科技与农村金融规范发展，充分发挥全国信用信息共享平台和金融信用信息基础数据库的作用，实现涉农信贷数据的积累和共享，运用大数据、区块链等技术，提高涉农信贷风险的识别、监控、预警和处置水平。通过客户信息整合和筛选，创新农村经营主体信用评价模式，在做好风险防范的前提下，逐步提升发放信用贷款的比重。加强企业与金融机构之间的信息交流，探索开发新型信用类金融支农产品和服务。鼓励"三农"互联网金融、网络众筹等数字金融技术为特定经营主体提供低成本的金融服务。引导持牌金融机构通过互联网和移动终端提供普惠金融服务，鼓励金融机构开发针对农村电商的专属贷款产品和小额支付结算功能，打通农村电商资金链条，推进金融服务的精准对接。

五、完善金融支农激励政策，优化农村地区的金融生态环境

（一）加大货币政策支持力度，完善涉农贷款财政奖补贴政策

加强金融机构对乡村振兴的支持，发挥好差别化存款准备金工具的正向激励作用，特别是要发挥再贷款、再贴现等货币政策工具的引导作用，加大再贷款、再贴现支持力度，根据乡村振兴资金需求合理确定再贷款的期限、额度和发放时

间，提高资金使用效率。同时，要加强再贷款台账管理和效果评估，确保支农再贷款资金全部用于农业，再贷款优惠利率政策有效传导至涉农经济实体。充分发挥财政资金的杠杆导向作用，为金融机构开展涉农信贷提供稳定的政策预期，延续并完善有关财政奖补优惠政策，进一步优化精准奖补措施。把乡村振兴作为信贷政策结构性调整的重要方向，抓紧研究制定金融机构服务乡村振兴的指导意见和考核评估管理办法。完善涉农贴息贷款政策，降低农户和新型农业经营主体的融资成本。落实农村金融机构定向费用补贴政策，发挥金融机构涉农贷款增量奖励政策的激励作用，引导县域金融机构将吸收的存款主要投放当地。落实金融机构向农户、小微企业发放小额贷款取得的利息收入免征增值税政策。制定与信用等级相对应的金融服务优惠政策。

（二）强化农村金融法律保障，改进农村金融差异化监管体系

继续完善农村金融改革试点相关法律政策，适应实体经济发展需求，调整和细化现有的农村金融法律体系，扩大农村金融立法的覆盖面，配合乡村振兴相关法律法规，研究推动农村金融立法工作，结合农村承包土地的经营权和农民住房财产权抵押贷款试点，推动农村土地承包法等法律法规修改完善，使农村承包土地的经营权和农民住房财产权抵押贷款业务有法可依。适当放宽"三农"专项金融债券的发行条件，对机构法人在县域的金融机构，适度扩大支农支小再贷款额度。完善信贷政策，适度提高涉农贷款不良容忍度，将涉农信贷业务纳入信贷政策导向评估体系，建立信贷风险补偿基金，强化涉农金融机构的正向激励机制、约束机制和补偿机制，增加涉农信贷供给。推进金融监管体制机制的创新，合理确定金融机构发起设立和业务拓展的准入门槛，理顺监管体制和协调机制，提高监管效率和精度，使新兴、合作金融组织的发展有法可依，有章可循，促进建立竞争有序、健康发展的农村金融市场。

（三）加强农村信用体系建设，全面提升农村地区支付服务水平

发挥互联网的作用，加快农村地区个人信用体系和移动支付体系建设，利用大数据建立更精准的农村金融信息管理系统。加快推进农村信用评级工作，建立农户信用评定机制。按照"政府主导、银行牵头、各方参与、服务社会"的整体思路，全面开展信用乡镇、信用村、信用户创建活动。积极推进农户、家庭农场、农民合作社、农业社会化服务组织、农业产业化龙头企业等电子信用档案建设，完善信用评价与共享机制，多渠道整合社会信用信息，发挥信用信息服务农村经济主体融资功能，强化部门间信息互联互通，促进农村地区信息、信用、信贷联

动。推行守信联合激励和失信联合惩戒机制，提高农村各类经济主体的信用意识，优化农村金融生态环境。大力推动移动支付等新兴支付方式在农村的普及与应用，引导移动支付便民工程向乡村延伸，支持各类支付服务主体到农村开展业务，积极推广符合农村农业农民需要的移动支付等新型支付产品。推动支付结算服务从服务农民生活向服务农业生产、农村生态有效延伸，支持助农取款服务与信息进村入户、农村电商、城乡社会保障等合作共建，提升服务点网络价值，促进农村支付服务环境可持续发展。

六、建立完善农业保险体系，持续提高农业保险的保障水平

（一）支持鼓励涉农保险产品创新

强化农业保险的保障功能，逐步扩大农业大灾保险、完全成本保险和收入保险试点范围。推进稻谷、小麦、玉米完全成本保险和收入保险试点，积极开展地方特色农产品保险以奖代补政策试点，优化"保险＋期货"试点模式。按照扩面、增品、提标的要求完善保险政策，进一步优化保险险种与费率结构。因地制宜，实行不同地域、不同风险系数、不同险种、不同费率的差异化农业保险政策，提高投保农户缴纳的保险费用和农业生产的风险匹配水平。探索"订单农业＋保险＋期货（权）"试点，推进农产品期货期权品种上市。

（二）扩大农业保险的覆盖面

落实农业保险大灾风险准备金制度，组建农业再保险公司，完善农业再保险体系。引导保险机构到农村地区设立基层服务网点，实现保险机构地市县级的全覆盖。针对乡村产业投入大、风险大、回报率低、盈利周期长，且不确定性因素较多，以及农业新业态发展正处于萌芽状态，适时动态调整政策性农业保险的险种，对拥有突出特色产业的地方开展特定险种保险，探索开展农业设施险（简易或钢结构大棚）政策性农业保险，大力发展生猪肉牛等畜产品养殖业保险。同时，加强与担保基金和涉农保险的有机结合，加强对信用评级结果的运用，在此基础上适度扩大信贷额度。

（三）合理确定财政补贴标准

建立健全农业保险保费补贴机制，加大财政补贴力度，拓宽财政补贴险种，合理确定农业经营主体承担的保费水平。结合保险标的重要程度、保险的政策目标，以及农户自身支付能力，适当给予农户保险补贴，逐步将保障水平从保物化

成本，提升至保产量或保收入，以各类农业经营主体增强抵御自然风险和市场风险的能力为依据设计不同的补贴标准，抓好农业保险保费补贴政策落实，督促保险机构及时足额理赔。鼓励地方政府通过设立财政支持的涉农信贷风险补偿基金等手段降低涉农资金的运营风险。

第三章　新型农业经营主体下支农金融服务市场改革的方向

为了推动农村金融市场的发展，政策监管层为"三农"战略目标的实现提供了资金支持，先后推出了基本政策扶持和辅助手段扶持。《国务院开展农村承包土地经营权和农民住房财产权抵押贷款试点的指导意见》有利于农民脱离土地束缚、并弥补了农村征信体系不足缺憾，农户融资难问题也因此得到很大缓解。辅助手段扶持则主要体现在鼓励电子商务、互联网金融在农村市场推进，京东、苏宁、阿里金融为代表的电商系金融和征信为代表的互联网金融系依托电信系统网络，成为农村金融市场上的重要补充供给。

农村金融市场结构显然已经发生很大变化，但征信短板依然存在；互联网金融、移动金融在尝试破解"三农"发展的融资难困境，虽然伴生的金融风险已经引发多起案件，但似乎还没有有效的监管措施。尽管如此，与10年前相比，农村金融市场失灵的本质已经逐渐从供给不足转向了供给不足和金融排斥并存，因此其治理方案不能仅限于增量改革。适时暂停增量改革，对存量金融机构发展现状与问题、农村金融市场监管目标、农村金融市场改革目标等问题做一些思考和判断，再确定下一步改革方向是一种充满智慧的举动。

第一节　农村实体金融的发展隐忧

金融市场是最容易遭受谣言影响的市场，特别是农村金融市场，因为农户整体文化水平和金融知识比较薄弱、财富积累速度比较缓慢，一旦有不利于其存款安全的消息或谣言出现，农户就会前往金融机构取出存款，在羊群效应之下，银行挤兑不可避免，在存款保险制度实施之前尤其如此。

国务院颁布实施的《存款保险条例（国务院令第660号）》明确规定：一旦银行发生兑付问题，存款账户存款由存款保险基金管理机构向存款人限额偿付，单户最高偿付限额是50万元，按此规定，99.7%的存款人都可以享受到全额赔付。

让普通公众认识到,在存款保险制度下,小银行也能够保障储户存款安全,彻底解决了困扰小型信贷金融机构多年的发展难题。不过,它没有从根本上解决谣言的滋生。

射阳县农商行因谣言发生挤兑风波与当地民间金融乱象存在直接关系。该行处在盐城环保产业园庆丰村,附近的盐东镇在以来发展出数十家担保公司、130多家融资公司,发展模式和生存手段就是高息揽储放贷。像射阳这种苏北县城,由于银行利息比较低,当地很多都是进行人对人的金融交易,因为可以获得高额的利益回报,很容易从农民那边以高利息吸入资金,然后再以高利贷放出去,不过一旦资金收不回来,负责人就跑路,这样的事情多了之后,也容易对正规银行储户产生心理压力。农村资金互助社这一类新型农村金融机构发展过程中面临类似问题,但结果要严重得多,且与存款保险制度没有任何关系。

一、利用原信贷员实施诈骗的典型案例

也许是宣传不够,也许是监管缺失,农户容易将贷款公司和小额贷款公司混淆,也难以分辨。农村资金互助社、农村信用合作社与其他各种专业合作(联)社,尤其是新型农村金融机构为了拓展市场发展出的联系人制度更是隐藏风险。

联系人(更多时候被称为信贷员)平时帮助收取村民存款、推荐贷款,确实有效降低了金融机构经营管理成本。不过,若相关金融机构对联系人缺少监督和管控,或者联系人本身都弄不清合作社与互助社的区别,那么直接经济利益受损的一定是普通农户,但也同时打碎了农户对农村金融机构的信任,给新型农村金融机构未来的市场开拓造成麻烦。

河北沧州南皮县寨子镇谷物种植专业合作社欺诈村民数千万元就是典型例子。

寨子镇在南皮县东南方30多公里外,下辖大庄子村、石庄村等10多个行政村,这些村子距离镇上也比较远,特别对许多老年人,存取钱都不方便,当时农村信用社就在各村找了信贷员,帮助村民处理存取款业务,很多老人不识字,甚至连自己的名字都不会写,更别说记密码签字等专业流程,村民在信贷员这里存取钱很方便,要存钱了他们到家里取,要取钱了就把钱送到家里,服务态度很好。所以大部分村民通过行里的信贷员,把积蓄存到镇上的农村信用社或农村商业银行。

原本一切运营良好,但南皮县寨子镇谷物种植专业合作社成立后,情势逐渐

发生了变化。该合作社法人代表格书生（以前是老师，后来当过校长）利用农民对信贷员的信任，发展自己的同学和亲戚做信贷员，帮助自己向村民宣传：这个合作社可以存钱，1万元1年能比存在银行多拿五六十元的利息，是国家允许的，正常营业好几年了，把钱存在这里和存在银行性质是一样的，利息还高一些，报酬是每1万元定期存款给50元提成。

有些信贷员如张某浩、陈某良等本身就是农村信用社信贷员，在村里信用度很高，所以徐书生的拉存款业务进展得很顺利。有些村民虽有怀疑，但也因为相信信贷员还是决定把钱存到徐书生的专业合作社。如村民张某明到张某浩家，让他帮忙把16000元钱存在信用社，但是张某浩劝他把钱存在合作社，并告诉"这是靠谱的，合作社有牌子，也有营业执照，等等"。基于同村人之间的信任，张某明认为合作社是公家单位，可以放心存钱，只要能随时存钱、随时取钱就行了，也图个方便。双方约定：16000元存期一年，利息960元。一年之后，张某明添上1040元，将本息18000元又存了一年，就这样一直到第三年，张某明在合作社共存了58000元。另外一个村民也是这样断断续续存到了85000元……先后有800多个农民在该合作社存了2600万元，其中大庄子村70%的农户都通过张某浩把钱存到该专业合作社，共计600多万元；石庄村有80%的农户在信贷员处存了700余万元；庞建庄村民一共存了55万元。多的20多万，少的1万多，很多村民直接把钱从其他银行取出来放在这里。

村民陆续需要用钱，比如某李姓村民心脏病发，安装支架急需用钱；有村民委给儿子娶媳妇办婚礼需要用钱，给信贷员说，回答都挺好可以，什么时候用什么时候给。不过，7月26日当信贷员给徐书生打电话要取钱的时候，却无法联系上徐书生，其专业合作社在寨子镇上的营业点也大门紧闭。9名信贷员立即到南皮县公安局经侦大队报警；7月27日，200多名寨子镇村民来到县政府，要求政府妥善处理此事；28日各村信贷员按政府要求带教村民到家子镇政府核实票据；29日镇政府要求信贷员们到县公安局经侦大队核实账目，一人一屋，分开问话，问询结束后信贷员均被刑事拘留。

此外，还有村民直接在徐书生处存放，收据凭证多种多样，但都不是正规的存款凭证，有的是借条上面盖有南皮县寨子农民专业合作社股金专用章，有的是《沧州市农民专业合作社社员证》《河北农合社寨子农合社入股凭条》（两种都写有社员姓名、股期、金额及利率，经办人是各行信贷员签名，只是入股凭条的入股二字被手写改成存款），有的是《沧州农合社定期股金凭证》（写有社员姓名、入股

第三章 新型农业经营主体下支农金融服务市场改革的方向

金额、日期、利息等信息，盖有南皮县寨子农民专业合作社股金专用章，经办人是各村信贷员，复核人处盖有徐书生私章）。

该案被定性为非法吸收公众存款案，涉及800多个农民2600万元，是村民娶儿媳、看病、养老的钱，有的是村民攒了几十年的全部家产，少则数千元，最多达75万余元。虽然信贷员说只知道往里面存钱，不知道钱去哪儿了，却也不能否认一个基本事实，即信贷员以前都为当地农村信用社工作，在村民中已经形成较高的信任度，当徐书生请这些信贷员出面招揽存款，无论给村民开具的是什么凭证，但在形式和特征上都是存款获取利息，金额上远远超越正常的民间借贷。

徐书生的专业合作社距离镇政府仅500米，政府相关部门却在长达7年的时间里，对该合作社非法吸收公众存款一无所知。尽管该合作社都没有按照规定报送的年度报告而被南皮县工商局列入经营异常名录，尽管之后因为无法联系再次被列入异常名录，都没有引起当地政府监管部门重视，直至案发。

因此，该案例是典型的监管不力所致，它证明现阶段的农村金融市场不是缺少资金，而是缺少将资金聚集起来转化为资本的有效途径，也证明已经无法单独使用。金融服务空白或供给不足来解决农村金融市场的类似问题。

若干年前孙大午企业无法从正规金融机构获得贷款扩张企业，不得以采用集资方式筹集资金，从而被定性为非法吸收公众存款；10多年过去了，同样是非法吸收存款却是因为专业合作社利用原农村金融机构信贷员信用度和公信力，以比正规金融机构更高的存款利息诱使农户存款。前者是典型的供给不足所致，后者则与监管不力有关。供给不足尚且可以通过增加金融机构数量填补金融服务空白来解决，但是因为农户无法甄别农村金融机构类型以致专业合作社鱼龙混杂地潜在风险则需要另寻他路，至少需要强化监管，其次新型农村金融机构应加强宣传，对信贷员加强管理。

二、过度商业化与监管不足的教训

在尤努斯的小额信贷理想框架中，小额信贷的目的不是赚钱而是帮助穷人，它获得可持续发展的条件是建构自身的造血机制，在机构内部产生信贷资金来源，而不是到其他地方融资。这意味着无论是互助性还是慈善性质的小额贷款机构必须实现盈利，依靠自身力量实现生存与发展。但是，在新三类农村金融机构中，除了农村资金互助社实行社员入股、为社员提供储蓄与信贷等基本金融服务与尤努斯小额信贷框架模式相符合之外，村镇银行和贷款公司主要依靠外部资金作为贷款来源，这些外部资金具有完全的商业性，没有理由怀疑这些资金在盈利能力上的天赋，问题在于，新型农村金融机构试点政策初衷是引导社会资本、商业资本和金融资本到农村市场，让农村金融市场实现自我造血机制，实现"三农"战略目标。PSM分析框架和借贷关系多元博弈模型都得到一个共同结论，即：倘若监管不足，在资本趋利本性驱使下，村镇银行和贷款公司完全有可能规避监管而追求利润最大化，形成多年以前农业银行、农村信用社通过吸储的虹吸效应造成农村发展资金枯竭局面，而"三农"发展困境依旧。

这种情况在印度小额信贷市场曾经发生过，甚至还恶化了穷人处境。印度海德拉巴有着世界上规模最大的小贷机构群，它们在经营管理策略上遵循金融系统方法，拦截为穷人放贷中的盈利可能之后，在追逐利润方面逐渐地比传统银行业金融机构更加激进，甚至蜕化为高利贷者，各路资本发起圈地运动，金融泡沫随之而生。一个标志是发达国家私募基金、风险投资资本大量涌入小贷行业；另一个标志是SKS成功上市。此后，资本市场基本规则，即给投资公司、股票持有人尽可能多回报，取代了帮助穷人的运行规则主宰了印度小额信贷行业，25%~100%的利率水平和贫民窟与乡村庞大穷人基数蕴藏的业务数量构成了这一运行规则的支柱。

曾经居住在贫民窟和乡村的成千上万个穷人发现以前难以想象的借贷机会居然变得唾手可得，这些每月平均收入仅有9美元的穷人根本不满足一股意义上的借贷信用水平，居然可以轻易取得贷款，即使是100美元，也是其月收入的数倍乃至10倍。可惜的是，大多数穷人并没有很好地利用这些贷款去增加收入，而是简单用于日常生活开支，对自身还债能力缺乏基本认知，在借新债还旧债过程中逐渐陷入过度负债—无力还债困境，下半年安得拉邦发生70多起自杀事件。尽管没有证据表明利滚利小额信贷是自杀事件的主要原因，但基于政治因素，当地政府开始打压小额贷款公司，鼓励穷人停止还贷。不到一年时间，印度小额信贷行业萎缩了很大部分。

过度商业化、事前或者事中监管不足、事后政治因素干扰，是印度小额信贷危机发生的根源。小额信贷模式主张的是穷人可以通过贷款获得发展的权利，小额信贷机构目标不是为自己盈利，而是为穷人提供一个机会，而这个机会只需要数百美元，穷人通过努力就能够偿还债务并且能够在小额贷款公司存款。然而，在印度小额信贷市场，这一理念完全被抛在一边，丝毫不考量穷人有无努力的可能和还贷潜力,在连高利贷者都可以打着小额信贷旗号谋取巨额利润的背景下,小额信贷逐渐变身为唯利是图的行业是合乎逻辑的结果。

三、资金来源渠道狭窄是一个难以言说的桎梏

不管是农村资金互助社、村镇银行还是着眼"三农"的互联网金融机构,都无一例外遭遇资金来源渠道狭窄的桎梏。倘若社会慈善发展程度较高,捐赠资金较为充沛,也许发愁的将是如何提高资金使用效率,避免难以维持财务可持续局面的出现;倘若政府补贴充足,优惠政策在中央与地方两个层面都能落实到位,也许应担忧的是监管能力不足或监管缺失导致的公共地悲剧。中国农村金融市场目前既无充沛的慈善捐赠,政策优惠和支持实质不足而象征意义十足,其发展的资金来源还是得看各路商业气息浓厚的金融资本、产业资本、商业资本和社会资本的投入意愿,但是印度小额信贷危机和SKS过度商业化提供的警示风险在前。那么,农村金融市场的下一步改革必须厘清下述问题,如:如何拓展资金渠道?不同性质来源资金的比例如何设计调整?政府如何规制和引导才能将各路资本纳入自己的政策目标框架之中?

小额信贷是个苦差事,即使有足够多、足够专业的人愿意到农村去工作,资金来源依然是一个大难题。这是以农村小额信贷作为切入点的贷帮网创始人尹飞对农村微型信贷业务的感受。其实,资金来源对农村资金互助社来讲是一开始就面临的难题,因为互助性质所限,资金主要来自自愿入股社员缴纳股金和存款。而资金互助社多开设在地理偏远村镇,当地经济落后,农户收入有限,对新生的金融机构信任度不足,而贷款需求又很强劲,而资金互助社实行贷款平均利率低于当地农村信用社贷款利的利率政策更是刺激了农户的贷款需求。

青海省海东市乐都县(现为乐都区)雨润镇兴乐农村资金互助社在开业100天之际就因为无钱可贷被当地银监机构暂停贷款业务。当时其存款规模仅12.68万元,各项贷款规模42.63万元,股本金42.72万元,存贷比高达336%,存在支付风险。3个月后,该资金互助社依然没钱,在青海省银监局孙团局长的牵线搭桥下,最终决定暂时由乐都县农村信用联社负责兴乐农村资金互助社的资金开户、押运和资金来源问题,通过委托贷款方式解了燃眉之急。

作为研究者的困惑是,一边是农民很容易就被人以高息诱惑而被诈骗,如河北沧州南皮县寨子镇谷物种植专业合作社开业7年就通过信贷员拉来2000万元,另一边是正规的农村资金互助社却受困于资金不足。虽然雨润镇这里没有发生类

似的高息揽存骗局,但是当地农户从事紫皮大蒜生产和销售,人均纯收入后期就达到了2897元,但是因为地理环境比较复杂,去雨润镇农村信用社十分不便,才有兴乐农村资金互助社的产生。其挂牌时,青海省副省长亲自剪彩,并建议当地政府给互助社税收优惠政策;乐都县政府还拿出5万元为该互助社置办办公用品。

但是,省领导建议的税收优惠政策没有得到乐都县地方税务员的认可,也没有农村信用社那样的支农再贷款,当地农户对该资金互助社也比较多持观望态度。雨润镇76个生产合作社共12938人,纯收入高达3700万元,却仅有几万元股本金和不足13万元的存款流向兴乐资金互助社。另外,农村资金互助社一条最低100元入股,可贷款数量是入股资金额度的10倍规定也很容易让自己陷入资金枯竭困境。比如,某王姓村民是兴乐农村资金互助社所在地深沟村的村支书,他入股2万元,按照规定他能够贷20万元,但互助社无法满足这一贷款需求,间接地也影响了该村民做生意。另外,当地农户兴办奶牛厂、购买化肥等农资都需要贷款支持,也因为资金枯竭得到不到满足,公信力流失,反过来影响当地农户对资金互助社这类金融机构的认可度,严重的则可能发生股民退股挤兑。

村镇银行的资金渠道问题因为有主发起行的批发贷款支持而不那么突出。现阶段主要问题是参股民营资本因为实际盈利水平没有达到预期而选择转让股份。都江堰金都村镇银行、彭州民生村镇银行、寿光张农商村镇银行、慈溪民生村镇银行等五家村镇银行股权被原股东转让。这些股东中,除了邦信之外,三羊地产、寅河建设、乐义担保、亿晶光电、银达担保等都是民营企业,持有相应村镇银行股份比倒在10%左右。村镇银行盈利能力不如预期的原因是业务单一,沟通渠道不畅。严重影响居民和企业到村镇银行的存款意愿,直接影响其满足贷款需求的资金能力。

总体而言,虽然村镇银行、农村资金互助社在性质上是内生于农村金融市场的信贷类金融机构,但是它们作为后来竞争者,在农村信用社、农业银行、邮政储蓄银行等有国家信用背景支撑的先行发展背景下,很难在短时期内打出知名度,如果农户的认可度和信任度都打折扣的话,自然很难吸收到足够多的存款,也就很难满足旺盛的"三农"信贷需求。从样本机构调查看,村镇银行和农村资金互助社的人力资源素质参差不齐,管理理念落后,无法有效降低管理成本、担保成本和运营成本,盈利能力自然无法有效提升。

一般而言,村镇银行和农村资金互助社的贷款利率会以当地农村信用社为参照，当地农村信用社一年期贷款利率是基准利率上浮10%~30%，村镇银行则因为需要额外担保以弥补抵押财产的不足，还需要支付给担保公司担保成本，最后贷款利率是基准利率上浮40%~50%，对农户和小微企业而言，融资的单位成本较高，银行盈利水平也难以保证。

资金不足、渠道狭窄反映了新型农村金融机构发展中存在的治理结构、业务结构、分支机构、风险管理、政策目标偏离等问题，未来农村金融市场改革需要考量这一因素的影响。

四、农村金融发展对地方实体经济的影响分析

金融市场对整个国家的经济发展有着重要的作用，通过金融市场的媒介作用，一个国家可以实现对资金的最优配置，提高资金使用效率。当然，金融市场实际是一把双刃剑，一方面，显著提升了经济发展的活力，促进了生产效率的提高。另一方面，如果金融市场发展不完善，出现金融危机，那么也会重创一个国家的经济。如国家金融市场对整个国家经济的作用一般，农村金融对地方实体经济的发展可以起到极大的促进作用，使得地方经济发展迅速，但是如果不能完善农村金融体制，不能使农村金融在良好的道路上发展，那么农村金融也可能抑制地方实体经济的发展。因此以江苏南通为例，为更好的发展南通地方实体经济，深入研究南通农村金融发展与其之间的关系，并为农村金融发展以及地方实体经济的共同发展提出意见和建议显得尤为重要。

（一）农村金融发展对地方实体经济增长的影响

1. 农村金融发展促进地方经济增长的资本积累

根据西方经济学观点，资本、技术、劳动力和土地是维持国家经济发展的四大生产要素。资本是一种重要的生产要素，在国家经济发展过程中，发挥着重要的作用。资金并不等同于资本，资本是指用于生产过程的生产要素，包括资金、厂房、生产设备等。资金只是资本的一部分，但所有的资本其实都是由资金转换过来的。企业用于生产目的的厂房和生产设备都是通过资金购买而来。如果企业没有足够的资金，那么它便无法进行生产。人们通常把生产有形产品的生产部门和企业成为实体经济。如果企业没有足够的资金购买生产设备，没有足够的资本去进行生产，那么实体经济肯定得不到发展。农村金融的良好发展，可以解决企业，特别是农村中小企业、小微企业资金难的问题。企业可以通过农村金融市场，去获得用于扩大生产规模，提高生产效率的资金，从而增加资本积累，提高

生产效率。以南通农商行为例，在乡村金融综合服务站的基础上，为农民提供"一站式"基础金融服务。总之，农村金融的发展会促进地方经济增长的资本积累，而资本是用于生产需要的基本生产要素，资本的增加自然为地方经济的发展提供有力的发展力量。

2. 农村金融发展促进农村经济增长的技术创新

技术一直是促进经济发展的重要动力，内生经济增长学派将技术视为经济增长的根本因素，根据内生增长理论的观点，经济经过一段时期的发展之后会处于一种稳定的状态，只有技术增长能打破这种稳态促进经济的进一步增长。因此，技术创新对于经济的发展具有十分重要的作用。技术创新促进经济发展是通过提高生产要素的生产效率实现的。在技术不变的情况下，存在着边际报酬递减规律，劳动力和资本之间有一个最优匹配，在达到这个最优匹配点之后，资本或者劳动力的增加不仅不会提高生产效率，反而会降低。而技术创新一方面使得资本和劳动力的单位生产效率都提高，另一方面也使得两者之间的最优配备点提高，从而提高边际产量。所以技术创新可以很大程度上促进经济发展。但是在当前农村金融发展的背景下，地方的农民和企业并不富裕，缺乏资金，而技术创新是一项非常耗费资金的项目，因此地方农民和企业无力承担技术创新。为此，农村金融市场要充分发挥其金融媒介的作用，将零散分布的资金聚集到一起，形成规模以满足技术创新对资金的需要。在南通，"龙头企业＋农户"的新型融资担保模式应运而生。南通市通州区积极响应"金融服务实体经济"的号召，将农业产业化国家重点龙头企业与当地农户紧密联系形成利益共同体，形成利益共同体，达成互赢的局面，为地方农村经济增长提供了新的创新。

3. 农村金融发展促进地方经济产业升级

一个地方的经济发展与其产业结构具有明显的关系，高新技术产业聚集的地区经济一般而言是会强于落后产业聚集的地区，因此产业结构的转变对一个地区经济实体经济的发展具有重要作用。农村金融的有效发展可以促进地方产业进行转型升级。金融市场的一个很重要的作用是将资金从生产效率低的行业或者企业转移到生产效率高的行业或企业。这样就会使得那些生产效率低的行业或企业慢慢被淘汰，而生产效率高的企业通过大量的资金扩大生产规模变得越来越好，从而促进一个地方的产业升级。因此，农村金融的发展可以促进地方实体经济的产业结构升级。

(二)农村金融发展促进地方实体经济增长的路径选择

1. 积极发展新型农村合作金融组织

商业银行每年都吸收一部分来自农村的存款，但是商业银行出于各种考虑，并不愿意向农村和地方小企业进行贷款，这种不愿意表现在农村或地方小企业在贷款时会面临十分严格的审查程序、审查周期等。这使得农村和地方企业在融资方面较为困难，不能及时地获得足够的资金去进行创新和发展，一定程度上阻碍了地方实体经济的发展。因此，要建立一套评估体系，积极发展新型农村合作金融组织，将商业银行也纳入农村金融的系统上来，为农村和地方扩宽融资渠道，降低融资难度。作为南通金融主力军，南通农商银行坚持农业农村优先发展，创新引领实体经济高质量发展，为南通地方制造业、涉农以及小微企业信贷投放做出了杰出的贡献，积极研发惠农金融产品，加强对绿色乡村经济的支持；同时也为"完善农村信用体系建设""加强农村公共政务服务体系建设"等出了一份力。

2. 政府支持

农村经济的发展状况影响着地方经济的发展状况，由于商业银行不愿意将资金贷给与农业生产相关的领域，因此一般情况下，农村生产的资金需求缺口一直较大。为此，一方面要积极发展新型农村合作金融组织；另一方面，也需要政府及时的介入和支持，为农村生产提供足够的资金，满足资金需求。比如政府可以通过以下几种形式向农村生产领域注入资金，满足农村生产发展的需求，促进农村经济发展，从而促进整个地方实体经济的发展。一是国家设立专门的金融机构和专项资金为农村的生产经济提供资金帮助，如早已经建立的中国农业发展银行。二是在政策上努力践行农产品价格保护机制，向外界尤其是金融部门传递一种投资农村生产领域具有低风险的信号，鼓励调动金融机构为农村经济发展提供资金。农村金融综合服务站由人民银行南通市中心支行协调各金融机构共同建设完成，由此南通成为全省第一个实现农村金融综合服务站建设全覆盖的城市。此外，南通市政府积极发出"坚持农业农村优先发展""创新引领实体经济高质量发展"等专题讨论，广泛听取多方意见与建议，为南通地方经济更优更好地发展提供支持。

农村经济是地方实体经济中的重要组成部分，农村经济的良好发展可以起到促进地方实体经济发展的作用。农村金融既可以直接影响到地方经济发展，也可以间接地促进地方实体经济发展，具有十分重要的地位。因此，要想实现地方实体经济的稳步快速发展，就要对农村金融发展给予相当的重视，完善农村金融机制,从而最终实现地方实体经济发展的目的。

五、农村金融如何能更好地为农业实体经济发展服务

近年来,我国经济发展成果喜人,在取得长足进步的同时,经济发展成果促进着我国经济模式进一步的转变。例如,党的十九大提出,要想促进我国对外贸易的发展,在国际市场上占有一席之地,我国农业经济需要向着集约化、专业化、差异化、绿色生态、品牌化的方向发展。农村经济的发展很大程度上受农村金融发展态势的影响,研究农村金融是如何能更好地为农业实体经济发展服务的,能够使得农业实体经济更快速地发展,是践行中国梦的重要组成部分。

(一)农业实体经济的发展状态

1. 农业生产效率低

根据最近十年的市场调查显示,全球范围内农产品价格都持续走低,从事农业所产生的利润远远赶不从事上金融业、旅游业、互联网行业等热门行业所产生的利润。农业从业者工作热情下降,投入在农业中的资金、技术、人力资源等都随之下降,农业的产出也逐年下降。

2. 城市化进程过快

城市化进程扩大了社会对劳动力的需求,大量世代从事农业生产的劳动者离开农村转而去城市寻求工作机会,农业持续走低的收益使得农村劳动力更倾向于在城市生活,从事农业的劳动力大量流失。在城市化进程之下,农村的土地也大量被征收,农业生产的劳动力资源与土地资源都急剧减少,过快的城市化进程使得农业繁荣发展的坚实基础不复存在。

3. 没有形成农业产业化的发展模式

小农经济在我国已有几千年的历史和传统,当前仍然是我国进行农业生产的主要方式。小农经济具有封闭性强、自给自足的特点,不利于农业生产朝着集团化、市场化的方向发展。农作物的种植依然是以满足农业从业者的日常需求为目的,市场化、集约化的种植较少。土地资源不能最大限度地投入市场生产,农业生产距国际产业化的标准依然有距离。

4. 农业种植中科技手段应用少

我国在进行农业生产时,依靠人力资源种植的农业从业者不在少数。农业生产中使用高科技手段较少,机械利用率低,农产品的生产效率和生产质量都无法得到保证。加上我国农业生产没有形成产业化链条,市场上流通的农产品类别

第三章　新型农业经营主体下支农金融服务市场改革的方向

少,产品质量参差不齐,加工程度低,市场竞争力低。

(二)农村金融的发展状态

1. 小企业和普通农村家庭贷款难

本应扶持农业发展的农业银行、农村信贷机构,由于自身的盈利属性,只愿意向已经发展出一定规模的、有贷款偿还能力的农业生产机构提供援助。使得真正需要扶持的小型农业企业、以家庭为主体的农业从业者,无法得到应有的帮助。

2. 农村复杂的经济状况与互联网金融机构不兼容

在城市中,互联网金融机构扩大了金融机构的潜在客户群体。互联网思维与移动支付在城市的普及,给互联网金融提供了优质的发展土壤。相较之下,互联网在农村的普及率低,移动支付还没有进入到农业人口的生活中去,互联网金融机构难以在农村发挥其作用。

3. 农村金融服务忽视自身的政策扶持属性

农村金融机构以市场化为自身的经营目标,忽视了自身的具有的政策扶持义务,办理点少、办理流程烦琐等不便使得以家庭为单位小企业申请贷款困难,少部分小企业因不具备契约意识,给农村金融服务造成经营方面的困难,提高了农村金融服务的风险性,降低了金融机构进行农村金融服务的意愿。

(三)如何使得农村金融更好地为农业实体经济发展服务

1. 使得信贷发挥应有的带动作用

先富带动后富的思路,在使农村金融更好地为农业实体经济发展服务的问题上依然是可借鉴的。可鼓励农业的龙头产业带动中、微、小企业发展农业,由龙头产业承担金融信贷的风险,在物资、设备、人力资源、管理方法等方面援助中小企业,给中、微、小企业制造较单纯的发展空间,帮助中小企业进行产业化、集约化生产。例如,广东温氏集团带动中小企业发展养殖业的成果喜人,是能够被借鉴模仿的范例。

2. 加深第一产业与二、三产业的融合度

要想使得农村金融更好地为农业实体经济发展服务,加深农业生产与二、三产业的融合是必要的。农产品不能仅仅停留在满足农业生产者日常需求的层面,农产品的生产需要与市场紧密联结。例如,知名凉茶王老吉就是医药种植与实验室合作,对初级医药作物进行深加工的产物。本属于第一产业的医药种植,经过深加工变成了被市场需求的商品,促进了第二产业加工业的发展,也为餐饮服业提供了吸引顾客的新噱头,农业的生产应将一、二、三产业连接起来,形成完整的产业链条。

3. 加深互联网金融的渗透程度

互联网已经深度融入全球人民日常生活中,信息化是当今社会不可逆转的趋势。政府需要在农村进行互联网的普及工作,使得互联网金融机构可以最大限度地惠及农业从业者。同时,政府还需要对农业人口进行互联网思维教育,加强其契约意识,使得农村互联网金融服务的风险降低,收益增加,形成互惠互利的良性循环。

综上所述,我国农业实体经济低迷的主要原因是农村实体经济的发展相对滞后,无法与农村金融业的发展相适应,农村实体经济的发展存在农业生产效率低、城市化进程过快使得农业发展劳动力短缺、没有形成农业产业化的发展模式、农业种植中科技手段应用少等问题。较农村实体经济更加现代化的农村金融业在服务农业实体经济时,也出现了"水土不服"的情况,造成小企业和普通农村家庭贷款难、农村复杂的经济状况与互联网金融机构不兼容、农村金融服务忽视自身的政策扶持属性等问题的出现。发挥信贷应有的带动作用、加深第一产业与二、三产业的融合度、加深互联网金融的渗透程度等措施能有效使得农村金融更好地为农业实体经济发展服务。

第二节 支农金融服务增量式改革思路的颠覆

互联网几乎延伸进所有领域,从根本上改变了日常生活与工作节奏,借助互联网提供的便利条件,地处偏僻、环境复杂、交通落后的农村、山地、牧区的居民也都能跨越信息鸿沟,及时获取各种资讯。在互联网创新推动下出现的一种新金融业态,即互联网金融也如春风化雨一般改变着农村金融市场,进一步推动农村传统借贷模式、农民乡土社会思维特征和农业生产方式从传统向现代转化,极大地刺激了农村金融市场需求的苏醒与迸发。

存取款、贷款、消费、结算等金融业务都能通过线上完成的互联网金融无疑是对农村金融增量式改革思路的彻底颠覆,即:无须设置物理网点就能填补农村金融服务空白。无论是"互联网+金融"还是"金融+互联网",若能实现有机结合,必然能够突破实体金融机构在地理环境和交通便利要求上的短板限制,让农村金融市场向真正的蓝海方向发展。

第三章　新型农业经营主体下支农金融服务市场改革的方向 ❋❋

一、互联网金融在农村金融市场的优势

再次回顾对新型农村金融机构的样本机构和农户样本调查访谈，双方其实都在强调两个事实，同时也是两个问题：一是地理偏僻、交通不便，机构需要花费巨大人力物力为农户提供上门服务；二是资金来源不足，金融需求无法得到充分满足。前者严重阻碍实体金融机构拓展填补农村金融服务空白，后者是经济落后地区客观条件所限，唯有依靠外源性资金才能得到补充。但这两个问题相互交织，互为因果循环，很难找到一个彻底脱困之路。

此外，研究者一致认为信息不对称农村征信系统匮乏农户缺乏可资抵押的财产是制约农村金融市场发展的关键因素，但是这一切在互联网和大数据技术面前都不值一提。一系列与大数据有关的研究强调：移动充值、电子邮件、电话记录、信用卡支付账单、网页浏览……种种与互联网有关的行为都能够被汇总成为数据，形成个体活动数据库。这些数据能够精准地预测个体消费行为、阅读行为、情感倾向、性格爱好、心理特征乃至未来的命运。为此，有学者特别强调企业、政府等各类机构存在充分利用大数据实现优质决策的可能。如果不同类型农村金融企业有效利用农户的网络消费数据，就可以慢慢挖掘出农户个人信用、消费倾向、收入潜力等个人信息，运用相应数据分析技术不仅可以评估农户潜在的还款能力，还可以评估其还款意愿；不仅可以筛选有价值客户，还可以有效控制违约风险和不良贷款比例。

互联网的强大基因催生了一种新的金融业务形态即互联网金融，它通过虚拟通道实现资金融通、消费、投资、支付、理财等金融服务，在有无线通话的地方就可以不间断交易，特别适合金融基础设施薄弱、经济落后的偏远农村地区。相对于实体性金融机构的运营模式，互联网金融不一定要有营业场所或营业大楼等器物标志，它依托于虚拟平台和虚拟通道，不受物理空间制约，云计算、大数据和物联网等技术的大规模应用可更高效地实现金融供给与需求之间的配对，降低各类交易成本。而实体性金融机构同样可借助信息通信技术、数据处理技术发展非物理网点运营模式，与 ATM、POS、手机银行、网络银行等金融设施联动，拓宽金融服务渠道，增加农户金融服务的易得性。

显然，农村互联网金融可以在一定程度上缓解农户面临的评估排斥、条件排斥和价格排斥，可以消除地理排斥和营销排斥，只要农户能够克服自我排斥这一心理障碍，他们就能享有与城市居民相似的金融服务，享有相似的社会与经济权

利。上述这些金融排斥也不是不可以依靠缓慢增加金融供给的方式来消除，但是从新型农村金融机构样本了解到的现实制约，例如资金不足、高昂的交易成本、农户不信任下的市场影响难度以及为了追求财务可持续发生的政策目标脱离现象看，要么需要付出巨大的政策代价，要么需要漫长的等待时间，这两个结果都不符合"三农"发展政策意图。

电脑、手机的普及为农村互联网金融发展提供了先期条件，农村互联网基础设施和农村网民数量的增长为互联网金融在农村市场的拓展创造了土壤和氛围：概括而论，农村金融市场已经发展到一个新阶段、面临新的历史转折点。

一方面地理环境与交通等客观条件限制着实体性金融机构的发展，另一方面智能手机、互联网普及率、网民数量、电子商务与快递网点扩张已经为互联网金融准备好了发展条件。国务院《关于支持农民工等人员返乡创业的意见》的落实让农村互联网金融建设提上了日程，为此政府追加投资1400亿元建设宽带，使其覆盖98％的行政村。

农村互联网金融在金融服务手段和方式创新方面的天生动力，可有效提升金融服务对偏远落后地区贫困人群的覆盖率，与小额信贷为载体的普惠金融具有天然契合度：网络信息技术和通信技术在降低信息成本和交易成本的同时，增强了金融服务的可获得性、金融服务类型多样性和可定制性。以非洲国家手机持有量为自变量，证明手机发展显著影响经济增长，其作用机制就是手机发展促进了普惠金融。一些评级机构为此开发了一个金融身份风险管理方案，试图利用互联网数据改进新兴市场穷人、农业企业的信用风险评价和借贷能力评估，增强后者在信贷资源上的可获得性。

"三农"贷款投入需求8.45万亿，短缺资金3.05万亿；县及县以下农村本外币贷款余额21.89万亿元，但与"三农"相关的资金需求缺口依旧达到3万亿，农村金融市场资金贫血严重。在此背景下，完全有理由相信，实体性金融机构在农村金融市场举步维艰的时候，正是互联网金融、移动金融发挥作用之时，凭借其大数据技术、通信与资讯技术优势，以个人网上交易行为和记录为基础建构的个人交易信用数据，将为农村、农户和涉农企业塑造一个全新的征信体系，通过这一方式搭建的新信用将成为新时代互联网金融的运行基础。

二、互联网金融在农村金融市场的启航

互联网＋金融的目标曾经是传统银行类金融机构应对新信息通信技术发展出

第三章 新型农业经营主体下支农金融服务市场改革的方向

来的应对策略,当时国内商业银行的最大赢家是中国民生银行,它敏锐地发现通过 ATM 机方式代替传统营业网点方式实现扩张能够极大地降低经营和管理成本,为此它将重心放在电子银行和鼠标即金融设施和后台服务支持系统的构造与升级上,它的客户不仅可以通过其星罗棋布的 ATM 网络获得便利的存取款金融服务,还因为其管理成本降低获得了更高理财收益。互联网金融一涌现就呈野蛮增长态势,赢家尚未产生,却也已经在农村金融市场跑马圆地。

互联网金融的雏形 P2P 涉足中国市场,经过阿里、腾讯等互联网企业试水探索之后,中国互联网金融呈现井喷之势,逐渐衍生出多重形态:①传统实体金融机构的互联网形态即网络银行(保险、证券)和手机银行即替代物理网点与人工服务;②支付宝、微信支付等移动支付或第三方支付;③Q 币、游戏币等互联网货币;④网络征信与贷款,例如阿里小贷、蚂蚁金服等;⑤网络贷款,如拍拍贷、人人贷;⑥互联网股权融资(即众筹);⑦金融产品网络销售平台,如余额宝;⑧网络金融交易平台。这些形态普遍具有透明度高、参与人群广泛、中间成本低、支付便捷、信用数据更丰富、信息处理效率更高等优势。

但是,并非所有的互联网金融形态都适合中国农村金融市场。从历史发展角度看,农村金融市场从来没有离开过政府补贴等政策扶持,村镇银行等新型农村金融机构也不例外。从政策层面看,在农村发展互联网金融的目的是充分利用互联网等新技术、新工具,不断创新网络金融服务模式,融通社会力量,让城市富余资金回流农村,以发达地区反哺欠发达地区,强调推动互联网金融创新的同时应规范互联网金融服务。随后,中国支付清算协会成立互联网金融专业委员会,引入自律监管。

这个政策思路固然有历史因素的考量,但农业生产自然风险高、利润率不高、难以承受较高融资成本也是一个不争事实,各类农村基金会合会留经引发局部农村金融风险动荡的记忆也影响着政策层对农村互联网金融类型的审视与选择。

阿里、京东、腾讯、贷帮网、蚂蚁金服等在农村金融市场的先期试水互联网金融企业发现,农村金融需求较之于城市金融需求更加复杂,这与农村社会结构、社会风俗与传统有一定关联,也与城市化(城镇化)、工业化和现代商业文明持续施加的影响有关系。它兼具乡土社会特征和现代信用色彩,前者意味着其信贷需求多与婚丧嫁娶、春耕秋收有关,以信用贷款为主,额度小而急,又没有标准可言,审贷环节一点都不少,成本比较高,后者则与现代化农业生产投资有关，规模比较大，多需要抵押或担保，有相对标准化的放贷流程可以遵循。

那么，哪一种互联网金融形态符合农村金融市场这一特征呢？根据农村金融市场存量和改革历程看，实体银行类金融机构借助互联网发展手机银行、突破物理限制和物理网点的高成本是比较理想的一种，其次是电子商务企业在累积的个人消费信用记录基础上发展网络小额信贷，配之以支付宝、微信支付等移动支付或第三方支付平台；再次是已经形成庞大农用物资分销网络的农资企业搭建的网贷平台。三类形态各具特征，初步形成了竞争格局。

电商系互联网金融包括京东、阿里、腾讯、苏宁、宜信、1号钱庄等，它们都希望能够发挥电商渠道、电子商务和互联网优势，通过建构工业品下乡与农产品进城之间的经济循环，实现资金循环增值流动，重构农村金融生态圈，农贷企业网贷平台以惠农聚宝为代表，与农业合作社、农资企业合作，以供应链金融方式参与到农村产业结构升级的产业链条中去，围绕其上游和下游提供金融服务。而纯粹的互联网金融平台也在相机而动。

例如，广州标杆互联网金融平台壹宝贷上线运营涉农融资租赁项目惠农宝即借款20万元，期限6个月，用于购买15头水牛(公牛)苗种进行饲养。具体操作方法是赛银租赁(亮银国际融资租赁有限公司)负责推荐符合条件的农户并先行垫付购买水牛款项，壹宝贷负责风险控制审查，通过后发布项目进行融资，嘉银租赁每月按照指定金额偿还给项目投资人。项目实行专款专项资金管理，由企业和金融平台共同监管，资金进入企业指定账户，资金使用对应指定投入项目和负责人。富硒竹稻种植项目也按同样方式运作。壹宝贷还匹配有农业推广、农业技术使用、农产品收购与流通等方面的跨界服务，验证了本书对样本农户的调查结论：希望金融机构能够提供信贷之外的帮助。

第三节 支农金融服务市场的下一步改革

一、从问题的两面求解农村金融市场问题

将万千农户面临的金融服务问题结合在一起构成的是农村金融市场问题的一个面，诸如距离中心城镇比较遥远、获取金融服务不方便、融资困难等；把传统金融机构和新型金融机构为"三农"服务历程中面临的问题集合在一起构成的是农村金融市场问题的另一面，诸如农户居住分散、缺乏有价值的抵押物、农业风险

第三章 新型农业经营主体下支农金融服务市场改革的方向

比较高、农村征信体系缺乏、金融服务成本高昂、利润太低甚至亏损、资金来源渠道狭窄、需要政府财政补贴政策支持等,加上股权结构与法人治理等方面的问题,衍生出农村金融机构竞争力薄弱、农村金融市场资金配置效率低、农村资金外逃等问题。

回顾多年来的各项农村改革,这些问题正在一项项得到解决。

(1)针对农民缺乏可抵押物的问题:中国人民银行、银监会、证监会和保监会联合发布的《关于全面推进农村金融产品和服务方式创新的指导意见》赋予了农村三权即农村土地承包经营权、农村居民房屋权、林权即抵押物资格,在此基础上许多新型农村金融机构还创新出农产品抵押、农用机械所有权抵押等抵押方式。

(2)针对农户居住分散问题:社会主义新农村建设和新型城镇化战略措施的实行使得农民逐步集中居住,虽然效果欠佳。

(3)针对农业风险过高问题:针对农业受气候灾害、地质灾害、病虫害等影响,国家推出了政策性农业保险,农户购买保险后就能够在灾害影响后获得理赔,将损失降到最低。中央财政保费补贴覆盖了种植、养殖、林业三大类15个品种,各级财政保费补贴比例合计平均达到75%~85%。农业部、财政部和保监会联合发布的《关于进一步完善中央财政型保险产品政策拟订工作的通知》,要求提供农业保险的政策性保险机构和商业性保险机构对种植业保险,以及能繁殖母猪、生猪、奶牛等按头(只)保险的大牲畜保险不得设置绝对免赔条款,根据不同品种的风险状况及民政、农业部门的相关规定,科学合理地设置相对免赔。

虽然征信体系缺乏、农村金融服务成本高、利润率低之间存在密切关系,但是把为"三农"提供金融信贷服务的担保成本和征信成本当成是金融机构利润率低的看法是不严谨的,至少融入资金价格机构内部管理水平业务开展能力成本控制能力等因素也会对利润率产生影响。

传统金融在农村市场面临的问题,互联网金融同样会遇到,但传统金融机构找不到解开困境的钥匙,基于互联网在信息收集、数据统计方面的技术优势,互联网金融向农村市场的拓展则为彻底解决农村金融市场其余问题提供了一种可能。特别是移动互联网金融,它在有手机信号的地方就可以上网,可以不受金融物理网点分布限制,对地域偏远的农户非常适用。农村互联网基础设施不断完善与手机价格不断下降,极大地降低了农民使用互联网成本,通过网络购物的农民数量在快速增加,其行为被数据化用以判断其信用水平的可能性增大。

在这方面电商企业有先天优势，它们早就利用大数据手段获得农户消费、支付、物流等多种数据源，还通过数据与科技手段描绘出了精准的用户画像，结合线下推广员以及其他合作伙伴的产品共同为农民设计符合他们需求的产品。在农村市场做纯信用无抵押贷款的蚂蚁金服对此颇有心得：很多农民用户可能家徒四壁，但信用满堂，通过村淘合伙人和合作伙伴（如中和农信）这种线上＋线下的方式，审核贷款人信用、确定贷款额度和贷款条件后……这些贷款数据又会成为日后这些农村用户贷款的基础数据，进入良性循环。

电商企业的互联网金融在农村金融市场渗透后，也推动一些商业银行、农村信用社发展手机银行和网络银行，推行线上＋线下业务模式，有的还和电商企业、农资企业合作，客户忠诚度也不会因为金融机构规模大小、物理网点多少而发生变化。

二、重视农村借贷关系乡土社会特征的长期影响

在农村金融全面进入互联网时代之前，乡土社会特征还在一定范围内主导着农村借贷关系，这一点不应当被忽略，特别是对数千家还多停留在传统面对面服务范式的新型农村金融机构而言，能否充分利用这一特征决定着它们很长一段时间的业务拓展空间，也决定着它们在互联网金融时代来临时的市场范围与客户基础。

1. 农户借贷行为演变趋势

回顾中国农村金融发展历史，以非法集资为主要表现的非正规金融或地下金融注定不可被忽略，它们曾经凸显着农村金融抑制程度之深，是放松农村地区银行业金融机构准入政策的催化剂。此后，农民借贷行为在借贷途径、用途和金额方面都发生重大变化。

当今更大范围内的农户融资情况调研表明：农民借贷途径更加多元，且呈现地区差异：农民亲友在吉林和湖北两省是最容易的借款途径，在青海、甘肃两省则是与农信社并重的融资渠道，但在四川省仅排到第三位；农信社在总结实地走访调查发现，农村居民信贷行为呈现这样一个规律：从非正式金融特别是亲友为主逐渐转向正规金融机构为主，从应急消费需求和少部分致富需求转向以致富目标为主的投资需求，从小额融通逐渐转向大额借贷。

金融供给的变化带来了金融需求方的行为变化，催生了互联网金融向农村市场的进军势头。

2. 农户借贷行为的乡土社会特征：在褪色中坚持

乡土社会的生活是富于地方性的，农户的活动范围有地域限制，依靠族缘、地缘和血缘关系为基础建构熟悉和信任，其间不存在超乎私人关系的道德观念。信任谁、能信任到什么程度是以己为中心的，就像石子一样投入水中，和别人所联系成的社会关系……像水的波纹一般，一圆圈推出去，愈推愈远，也愈推愈薄。相应地，几乎所有农村社会关系和活动的展开同样以己为中心逐渐向外扩展，以资金借贷关系最为典型。

乡土社会喜欢节约和储蓄，以扩大生产为目的的大额借贷行为比较罕见，贷款这类活动在乡土社会中可以用作任何用途……但租和税与生产过程仅有间接的关系。这些非生产性消费和人情往来一般依靠农户储蓄，只有当储蓄不足时才会考虑向外借贷，沿着以己为中心形成的由近及远的社会关系，一旦满足需求就会即刻停止借贷行为，以免浪费宝贵的私人信用，留备日后使用。相应地，借不借、愿意出借多少等问题也同样以该社会关系为基础判断。这种被命名为金融差序的农村借贷关系基本构成了农村金融市场供求格局，也具有乡土社会特征，熟人和信任意味着交易成本低、违约风险低，反映了小农经济背景下借贷双方的风险规避心理。

前述有关农民汇款渠道调查结果部分证实了其乡土社会特征的存在，这一特征在逐渐褪色，乡土社会特征不会那么快地从农村借贷关系中消失，它表现为农户信用调查中的邻里评价人格关系和社会关系。

这些特征对实体性农村金融机构的经营策略意义重大，比如一些村镇银行就有意识地利用这一特征设置了联系人制度，通过联系人了解申贷农户的家庭信用情况，极大地降低了贷款业务的信息成本。

3. 褪色中的乡土社会特征将在很长时间内影响农村金融市场

关注农村金融市场发展，就不能不关注农民福利的变化。农民的福利不仅取决于他们拥有多少资源(包括人力的、物质的和金融的)，还取决于要素市场的运行状况(包括劳动、土地和资本市场)……确保农民充分分享经济增长成果的途径只有一个，那就是改善要素市场的运作，这一点在中国尤其重要，因为每一种主要生产要素的市场(劳动、土地、资本或信贷)在中国都依然受到很大的约束，存在很多缺陷。中国未来要素市场表现如何，将在很大程度上影响农业生产绩效和农民收入的提高。

发展经济学主流观点认为，在金融中介不发达的地区，发展机会只属于有一定资本积累的人，缺乏资本积累的群体会被排斥在经济发展轨迹之外。但这一点并不太符合中国农村现实，基于血缘、地缘和亲缘的农村乡土社会特征在很大程度上塑造了中国农村金融借贷关系和差序结构，农民日常的小额度资金融通和偶尔的应急资金依靠的是亲友而非正规金融机构，原因是农民非常不耐烦正规金融机构规范的审贷环节和需要提交的各种资料，除非需求资金额度比较大。

在此背景下，正规农村金融机构虽然是契约社会的产物，但合理灵活利用乡土社会差序格局结构及其信任伦理约束机制，推出适应农户需求的金融服务，吸引农户逐渐转变其金融借贷行为是值得尝试的。有些金融机构如平安银行就已经注意到这一点，它们充分利用中央政策性农业保险大规模推行这一情况，开展保单质押小额贷款业务，很大程度上契合了农民的金融需求心理。

城市化和工业化大浪中的农村经济结构和农民收入来源结构也在发生重要变化，（外出）打工、运输加工、种植养殖业、闲散资金投资、社会保障资金等种种不一而足，在信贷需求之外的金融服务需求也比较多样。总体看，农户微观经济行为模式既有追求最大利润的动机，也有满足自身消费意愿的潜在倾向，但不同群体即农村企业家、富裕农户、普通农户和低收入农户的目标函数的差异，会带来具体金融服务类型和范围需求的不同。

对农村企业家而言，只要有足够的外部市场条件和市场要素，他们就会按照成本—收益原则安排生产和投资，自然带动了当地就业、提高农户收入；对部分富裕农户而言，他们擅长于成本收益比较，却满足于家族或家庭内部分工合作致富，所获利润主要不是用于扩大生产规模，而是消费、储蓄或私人借贷；对普通农户而言，其目标函数是更好的生活条件，在农业生产之外，他们会选择成为被启用劳动力或者做小生意，所获的非农收入只是农业收入的必要补充而非替代，主要用于家庭日常消费，剩余盈余或储蓄或做人情往来；而低收入农户面临各种刚性约束，慈善捐助和最低收入保险金可能是他们维持基本生活的基本来源。

与此相对应，农村企业家需要的是与生产性投资相关的融资服务；部分富裕农户需要的是财务管理、消费性金融服务；普通农户需求范围主要是异地资金汇递、储蓄和小额信贷类业务；低收入农户则需要通过金融机构领取社保资金和慈善捐助金，以及储蓄服务。

农村金融需求群体与层次的自然分化为农村金融机构可持续发展提供了天然的差异化。策略实施条件：贷款公司非常适合农村企业的生产性投资需要，村镇银行具有为富裕农户提供财务管理与消费性金融服务的有利条件，农村资金互助社则较适合普通农户(包括低收入农户)需求。一旦将农户借贷行为的乡土社会特征纳入经营策略考量,农村征信体系的欠缺也不会从根本上影响农村金融市场格局,在金融服务空白区域或者稍稍填补了一些金融服务空白领域的地方,农户微观经济行为和借贷行为的乡土社会特征依旧占据主导,将在很长时间内影响农村金融市场走向和各个金融机构竞争力。

三、消除金融排斥提高农户自我发展能力

农村本地的乡土社会特征终究会随着城市化、工业化和公共服务城乡均等化进程而消失,最终都会融入现代契约社会当中,熟人、关系这些在城市最早消失的词汇,最后也会在农村地区消失,人与人之间的权利义务关系将通过契约得以确定,但此前的农村金融市场无法完全脱离乡土社会特征的影响。

农民这个曾经被广泛排斥在社会保障系统之外的最大群体在城乡均等化公共服务改革之后,逐渐享受教育、就业、医疗、养老、灾害救济和其他社会救济等公共服务,这些社会排斥的显著改善给农民提供了前所未有的、追求自我发展的机会。然而,农村地区落后的基础设施、科技与教育水准、收入途径和金融可获得性等均远远落后于城市,农民追求自身发展的能力和信心都被严重制约,看不见的排斥更是恶化了这一情形。

正如1938份样本农户的调查与访谈所显示的那样,融资难更多时候是非物理性排斥所致,因此发展农村金融不是简单的增加金融机构数量,还应当涵盖促进农民能力发展、农村金融服务可获取性和可负担性。金融排斥治理不仅要继续通过消除农村金融服务空白的方式改善金融供给不足,还要减轻甚至消除目前农户面临的非物理性金融排斥。许多研究将性别、年龄、种族、财产、职业、教育水平、居住区域及其互联网普及程度作为农民、低收入群体和其他弱势群体遭遇金融排斥的原因。

但是,站在民生发展的角度看,上述因素并不是政府放任农民和低收入群体游离于金融服务之外的理由。只有当农民和低收入群体形成了自我发展能力,政府的(金融)基础设施投资才会产生正效应。由此,治理金融排斥应当将农民自我发展能力的实现程度作为其前提条件和目的,综合考虑农村金融生态、农村金融市场效率、农村金融机构财务可持续性和金融服务的包容性与公平性等因素,选择能够满足农民金融需求的治理工具,其间蕴含的价值是共享、合作、和谐、公平。

四、以互联网金融补充实体性金融继续增量改革

2017年的《政府工作报告》中强调要发展普惠金融，提高金融服务覆盖率、可获得性和满意度，让所有市场主体都能分享金融服务。国务院《推进普惠金融发展规划》强调要立足机会平等要求和商业可持续原则，以可负担的成本为有金融服务需求的社会各阶层和群体提供适当、有效的金融服务，小微企业、农民、城镇低收入人群、贫困人群、残疾人、老年人等群体应当成为普惠金融的重点服务对象。这些群体主要集中在县城以下的乡（镇）村一级，金融服务需求呈现高频而分散特点，与村镇银行、农村资金互助社、贷款公司的运营模式比较契合。

有鉴于此，农村金融市场改革的主流方向依然是增量改革：继续鼓励和支持各类资本向县城以下的农村地区流动，投资设立村镇银行、贷款公司，鼓励地处偏僻、交通落后的行政村设立农村资金互助社，填补金融服务空白、增加金融服务可获得性、增加金融服务业从业人员、改善金融服务质量。

理想情况自然是各类资本踊跃下乡，乡乡有机构，村村有服务，至少在乡镇一级基本实现物理网点和保险服务全覆盖，推动行政村一级实现更多的基础金融服务全覆盖，并拓展金融服务深度和广度。

从成本收益角度上看，在贫困地区设立实体性金融机构填补金融服务空白有些不太现实，市场容量太小，存在业务风险。即使勉强设立的话，如果缺乏充沛而价格适中的外部资金支持，青海乐都兴乐农村资金互助社无钱可贷的历史可能再现。新型农村金融机构发展的阶段性调查已经表明，资金来源渠道狭窄是农村金融市场发展面临的最大桎梏。

因此，发展普惠金融不得不另辟路径，增量改革也可以有实体机构或物理网点之外的表现形式。互联网金融拥有大数据技术、通信与资讯等技术优势，在有手机信号的地方，互联网金融都可以延伸过去提供服务，解决了实体金融机构和物理性分支机构的设置障碍；它将个人网上交易行为记录数据化为个人交易信用数据，解决了农村征信体系缺乏问题；它通过四通八达的网络收集资金供给方和资金需求方信息，进而在大数据技术支持下实现双方资金的有效配置。一些难以进入传统正规金融机构的资金提供方如担保、典当、拍卖、信托、融资租赁等也可以通过互联网金融通道送达资金需求方，在风险可控条件下可以部分解决农村金融市场资金来源渠道狭窄问题。

除了技术层面上的优势，互联网的原则是开放和平等，互联网金融与普惠金

第三章 新型农业经营主体下支农金融服务市场改革的方向

融小额信贷模式主张的人人均享有获取金融服务权利人人均享有发展机会的理念具有内在一致性。京东、阿里、蚂蚁金服、贷帮网等互联网金融企业的启航与试水，已经积累了一些在农村地区开展涉农贷款小额信贷的有益经验，这些经验表明，互联网金融更能实现普惠金融目标，如翼龙贷在河南、河北的每一笔资金都流向了农户。

河南省驻马店汝南县东宫庄镇台屯村有种植药草、花卉、苗圃等经济作物传统，但受资金限制，规模一直难以扩大。当地只有农村信用社提供信贷服务，申请贷款必须满足正规经营执照两个以上公务员担保等苛刻贷款条件，农民也不愿意浪费时间和精力去争取，中间还被一家声称无抵押、放款快的小额贷款公司先后骗去了10万元担保费。

该村支书尝试着给翼龙贷的南运营中心打电话才找到了一条可行的融资途径：村委会带头做担保，村民以户为单位办理贷款。在贷款过程中，翼龙贷汝南县运营中心服务态度非常好，多次进村挨家挨户实地调研，了解各家各户经济来源、收入情况、家庭状况、当地风气、资金用途、经营规模等情况之后，前后不过半个月，就给7户符合条件的村民发放贷款42万元，每户6万元，贷期一年，年利率18%，每月支付900元利息，年底偿还本金。合屯村在贷款支持下扩大生产规模，通过农村合作社方式，带动邻村发展药草产业，一亩地净收入从以前的600~700元增长到2700~3000元。

与农村信用社、村镇银行等机构相比，翼龙贷为代表的农村互联网金融最大优势是金额大、手续方便、授信灵活、放贷速度快。因此，虽然其贷款利率比农业银行和农信社高，也没有影响农户贷款意愿。翼龙贷已经覆盖了青海、西藏和新疆之外的全部省区，覆盖了151个国家级贫困县，给贫困县贷款超过100亿元；加盟运营商网络延伸到200多个市、1600多个县区和1000多个乡镇，部分网点甚至下设到村级，给农户提供了上门服务。

值得注意的是，翼龙贷在农村金融市场拓展业务的时候，充分发挥了农村借贷的乡土社会特征，贷款农户只需要提供户口本、身份证、结婚证和经营产业证明，无须提供抵押，只要村委会提供担保即可，更不用找两个以上公务员来担保。事实证明，乡土社会在互联网金融时代也有其不可替代的价值，是普惠金融落到实处的支撑。目前，农村互联网金融总目还小，但是它在服务客户多样化和个性化需求方面的突出能力是对实体性金融的有益补充。

五、拓展资金来源渠道

新型农村金融机构和农村互联网金融机构共同构成了未来发展农村金融特别是普惠金融的两大支柱，但是从新型农村金融机构样本调查来看，除了贷款公司外，村镇银行和农村资金互助社的进一步发展都受到资金来源瓶颈限制。

不同类型新型农村金融机构的资金来源渠道有所差异，除了股本金是共同的之外，有的有居民储蓄补充而有的只有内部成员储蓄。虽然政策规定新型农村金融机构可以享有优惠利率支农再贷款、惠农贷款(印花税、营业税、所得税)税收减免、财政补贴等，但是在不同省份的具体执行方面是存在差异的，农村资金互助社则没有央行支农再贷款额度；在存贷比监管方面也是如此，浙江和重庆两地不存在存贷比考核，但其他省份则有严格限制；村镇银行可以吸收同业存款，但是不可以用这些资金放贷；政策尚未给予村镇银行和农村资金互助社拆借资金资格，也不能从资本市场获得资金。

村镇银行为拓宽资金来源想了很多办法，但如果不符合审慎监管原则的话，也没有什么作用。广州从化柳银村镇银行先后与贷贷网、融资易和壹宝贷平台合作，为P2P产品提供银行担保，其目的是通过P2P弥补吸储困难，充分利用银行信用为地方小微经济提供资金支持，但是银监会成广东银监局叫停了这一合作。

这一合作模式的操作程序是：村镇银行接到贷款需求方的申请后，将之提供给P2P平台，同时为贷款需求方提供融资性保函；P2P将这一贷款申请包装为担保标放在平台上销售；为了覆盖平台信用风险，P2P要预先将与融资性保函对应金额的保证金存入到村镇银行；当标满成立之后，保证金才能够被释放出来，当标满结束后，P2P平台还要将记载投资者所有信息的清单抄送村镇银行，以防出现意外时，村镇银行可以实现线下兑付。虽然设置了多重风险隔离措施以保证投资者资金安全，但因为监管细则迟迟未出台，加上潜藏的银行信用风险而被叫停。

另外一条筹资渠道是挂牌上市，昆山鹿城村镇银行(证券名称鹿城银行，代码832792)在全国中小企业股份转让系统有限责任公司举行挂牌仪式，成为全国第一家在新三板挂牌的村镇银行。此后，新三板被认为是地方银行、村镇银行等金融机构的融资新渠道，2015年12月梅县客家村镇银行也申请挂牌新三板，拟通过协议转让方式发行约1.06亿股。这虽然不失为一条很好的筹资渠道，但是需要警醒过度商业化带来的风险，这正是印度上市交易后提供的教训。

如果不从根本上解决新型农村金融机构（也包括农村互联网金融机构）的资金来源问题，小额信贷业务是无法坚持下去的，当然也无从发展普惠金融。孟加拉国、日本发展出的一些方法可资借鉴：

孟加拉国政府专门拨出一笔钱成立PKSF基金，专门向小额信贷机构提供批发资金，由社会化的独立团队管理；在运营当中，对不同规模的微型金融机构实行不同贷款利率，PKSF给大的MFLs的资金价格约6%，小的MFLs低1%～3%，鼓励小型MFLs成长和创新。日本农村金融问题主要由合作金融机构和政府金融机构解决，前者由农业协同组合信用农业协同组合及农林中央金库构成，后者是农林渔业金融公库，后者会在前者融资困难时，为其提供较低利率和较长偿还期限的资金。

相对于以各种优惠政策鼓励商业资本进入农村金融市场，由政府财政出资（通过发行国债筹资）设立一个类似PKSF的共同基金，给新型农村金融机构、农村互联网金融公司提供价格略高于国债收益率的批发资金，是一个比较理想的拓展资金渠道，也有助于实现政府的"三农"战略目标。

第四节　深化农村金融体系中银行机构的改革

"省联社－县域农信机构"的二元法人体制是当前农信机构的主流管理体制，是上一轮农信社改革的产物，在农信系统十余年的发展壮大中发挥了重要作用。但是，随着经济金融形势的不断变化、银行业改革的不断深化，省联社与法人行社之间、行业管理与机构治理之间的矛盾日益突出，近年来，政策文件多次提出推动农信社、省联社改革等相关要求。业内人士讨论较多的有金融持股公司、统一法人、金融服务公司等模式。相对于采取什么模式，更为重要的是能否激发省联社和各行社的主体活力，按照市场化、法治化原则运作。中国银保监会党委委员、副主席在《以深化改革推动农村中小银行公司治理建设》一文中指出，有序推动省联社改革试点，支持各地积极探索建立以股权纽带为联结、以强化服务为主职，有利于调动小法人活力、提升支农支小能力的行业管理体制安排，明确了农信系统改革的方向。本节围绕这一方向，从行业管理与行社治理的关联性着手，探讨如何培育更加合格的市场主体。

一、双方共识：行业管理和行社治理并非矛盾

调研显示，在行业内部存在两种极端的认识：一方面，在省联社的行业管理体制下，法人行社自身治理意义不大，包括已改制农商银行的公司治理；另一方面，省联社的存在没有太大必要性，法人行社应该完全自主治理。事实上，在过去十余年中，省联社代表省政府行使管理、指导、协调、服务职责，逐步培养农信机构的自主管理能力，对农信系统的发展壮大起到了重要作用。目前存在的主要问题是一些省联社过度干预法人行社经营，行政化色彩过浓，服务意识不足，这是需要改革的重点。因此，省联社和各法人行社需要进一步达成共识即行业管理与行社治理既不冲突，也不对立，而是目标一致，相辅相成。在改革和经营管理中要注意以下三个方面。

一是正确处理行业管理与行社自主决策的关系，确保省联社与法人行社相互协调、相互监督。双方都应该认识到，省联社行业管理与法人行社自身治理目标一致，都是为了促进农信机构稳健经营和可持续发展，符合股东和广大储户的根本利益。因此，要在考虑特殊的体制环境和历史背景的同时，坚持市场化、法治化的改革方向，厘清省联社、法人行社职责边界，依法规范履职。各法人行社要在依法依规、遵守行业管理规章制度的前提下按照公司治理程序运行。行业管理部门只能依靠制度约束，不能干预法人行社的具体经营管理活动，不能影响其自主经营。

二是方向一致。从有利于农信系统整体利益、有利于服务"三农"，有利于农信机构长远发展的角度出发，把省联社改革与法人行社高质量发展有机统一起来，重点解决管理体制、风险防控、增强服务等问题。无论怎么改革，都要保证农信机构支农服务不弱化、风险责任不悬空、党的领导得到加强。

三是落实主体责任。改革既要有壮士断腕的决心，也要有刀刃向内的勇气。省联社是农信社改革的主要执行者，改革是否成功，关键在于省联社。改革不是简单的"见招拆招"，也不能为改革而改革，而是要本着对历史和农信系统负责的态度，从服务农信、回报"三农"的大局出发，从长远出发，做好改革的论证，积极研究推进工作，重点是要把农信机构改强，把省联社改好，把法人行社与省联社的关系理顺。

二、省联社自律：进一步提升行业管理能力

整体而言，近年来省联社履职逐步规范、进步十分明显，成绩值得肯定，但

同时也存在重管理轻服务、管理手段简单生硬等问题。因此,要着力研究完善"管理、指导、协调、服务"的各项机制,进一步提高省联社履职规范性,以强化服务职能为改革方向,既要保证不缺位、不越位,也要确保管到位。切实履好职、尽好责,引领法人行社持续健康发展。重点做好以下工作。

1. 依法履职

规范各专业委员会的工作机制,强化履职能力。进一步理顺省联社和行社组织的管理体制。明确履职边界,强化自我约束,接受社员行社的监督。强化服务。要做到有所为有所不为,切实担负起战略规划、产品研发、信息系统建设、人力资源优化提升等服务平台功能,弥补县级法人行社规模、资源、人力和视野等方面的不足,集中优势资源去做县级法人行社该做、应做、却又做不了、做不好的事情。进一步发挥信息科技的支撑引领作用,构建以客户为中心、以市场为导向、适应流程变革和风险防范需求的信息科技平台,满足各法人行社差异化发展和风险管理的需要。支持有条件的法人行社根据自身实际建设独立的信息科技系统或特色业务模块等。

2. 规范管理

在当前法人行社自我约束能力不足的情况下,省联社的管理职能不可或缺,但行业管理要更多体现在"把方向、管大局、保落实"上,减少对具体事务的不当干预。要赋予法人行社更大的人力资源自主权,鼓励法人行社探索高端人才和紧缺型专业化人才的市场化招聘,并根据专业能力、综合贡献度等因素,对引进人才实行市场化的薪酬制度,确保高端人才和专业人才"引得进""留得住"。

3. 分类引导

合理评估所辖农信机构的风险程度、治理状况和管控能力,实施科学分类、差异化管理。总体方向是"自我管理能力强的少管,自我管理能力差的多管",推动法人行社加强和完善法人治理。

三、行社自强:进一步提升自身治理能力

省联社"去行政化"改革进程与各法人行社的公司治理能力密切相关。如果各法人行社的治理能力不断增强,那么省联社"去行政化"的进程就会加快;反之,省联社的管理职能不仅不会削弱,反而还会进一步加强。因此,法人行社要进一步夯实治理基础,持续规范股权结构和股东行为,厘清"三会一层"的权责,提升治理能力。重点在以下方面。

1. 改革改制要稳妥有序

按照"稳中求进"的总思路，在保持县域法人地位稳定的前提下，以建立新型现代化农村金融管理体制为方向，持续推动存量农信社加强治理能力建设，优化组织流程，有序改制农商银行。坚持市场化原则，"成熟一家、改制一家"，保证质量。特别要严格审核股东入股资金来源和持续补充资本的能力，积极支持认同服务"三农"战略、追求长期投资价值的本地民营资本投资入股，为农商银行的长远健康发展打下良好基础。对暂不符合农商银行组建条件的机构，按照"先财务重组、后股份制改造"的要求，夯实改制基础。

2. 探索完善党的领导与行社治理有机融合

要有效处理好党组织和其他治理主体的关系，明确权责边界，既要支持董（理）事会依法独立决策，又要保证党组织的意见在谋大局、议大事、抓重点、把方向等重大问题决策中得到尊重和体现。逐步实现党的领导和行社治理在思想、理念、目标、行动等方面的有机融合。

3. 持续完善内部治理机制

总体来看，通过深化改革，多数农信社实现了重大转变，但也有部分农商银行翻牌不改制，新机构没有新机制、新形象、"三会"仍然形同虚设、风险管控机制流程没有优化等制约发展的老问题依然存在。因此，法人行社应进一步优化董事会集体决策机制，强化专业委员会履职效能，避免董（理）事会"董事长化"、股权董（理）事"木偶化"、独立董（理）事"虚名化"。监事会发现问题的能力要进一步加强，大胆探索强化监督的方法和途径，切实做实监督功能。高管层要全面执行发展战略，强化风险防控。对高管层要合理授权，既防止内部人控制，也要确保其经营行为的独立自主。同时，要把"形似"的规章制度真正转化为"神似"的治理基础，建立健全可以有效执行的规章制度、发挥架构作用的办法以及能及时发现制度问题并予以改善的内部机制，提升内部治理的有效性。

第四章 新型农业经营主体下城乡一体化发展中的多层次支农金融服务体系建设

第一节 构建多层次金融服务体系加快社会主义新农村建设

农村金融是农村经济发展的核心,其独特的功能对促进社会主义新农村建设与和谐发展起着重要的支撑作用。历史上,农村金融在扶植农村经济、推动社会发展过程中发挥了巨大作用;在新农村建设的新形势下,农村金融体制改革与发展的机遇与挑战并存。因此,构建"各有定位、功能互补、产权明晰、可持续发展的多层次的农村金融服务体系",实现金融对新农村建设的有效支持是当前亟待研究和解决的重要课题。

一、我国农村金融服务的现状、难点与成因分析

一是现阶段农村金融体系的构建不够完善。主要表现在:县域内各类金融机构的业务功能单一,支农分工不尽合理、信贷制度建设、信贷服务不能满足农民的需求,农民和中小企业贷款难,担保难没有从根本上改变,农村金融市场不发达,有场无市,"二元金融"鸿沟明显存在。

二是涉农银行改革进入攻坚阶段,但其支农信贷制度尚未健全。现存的问题是农业银行仅冠于"农业"两字,其经营战略目标已经非农商业化,弃乡进城、集约化经营,即使是涉农项目的信贷,追求的目标是利润最大化。而农村信用社作为支农建设的主力军,虽然深化改革试点工作取得的阶段性成果,但是从试点改革的实践与其目标要求相比尚存在较大差距。如:股权结构多元与产权制度改革尚未有突破性改变,由此伴随的社内法人治理结构、信贷支农的激励与约束机制、内部经营的风险防范责任制等尚未科学构建,整体运作绩效未达预期。一方面,仅靠农信社一家支农的金融机构难以满足"三农"发展信贷需求;另一方面,

现实中存在着农户与中小企业贷款难，需求得不到满足的问题，这种"有效需求"不足与"有效供给"不足之间的"悖论"成为制约农村金融支持新农村建设的"瓶颈"。

三是农业保险严重缺失，信用担保机构运行障碍较多。基于农业本身的产业特点，农业保险的发展并不理想，从其开始经营以来，由于保险基金规模较小，政策性农业保险与商业性保险项目界定模糊，农业险种划分及其保费标准正在探索中。理赔及风险补偿机制建立滞后，农业保险保费收入呈逐年下降态势，险种不断减少，规模逐渐萎缩，农险业务的平均综合赔付率超过120%，实际上处于严重亏损状态。而中小企业信用担保组织虽然发展迅速，但类型各异，名称繁多，担保基金筹集规模偏小，经营行为不规范，行业自律以及监管不到位。农业保险及信用担保机构的严重缺失、农村经济补偿机制的尚未健全，极大地影响了农村经济结构的多元化发展。

四是支持"三农"的资金需求未得到有效满足。农业生产的特点决定了其资金需求具有高风险、期限长，总额巨大和单笔额小等特点，经营农业信贷将面临风险大、成本高、收益少、资金周转慢等不利因素，这与金融机构追求资产安全性、效益性、流动性和利润最大化原则是不相容的。金融供给与农村金融需求对接不上，降低了金融资源的配置效率。

五是邮政储蓄分流农村资金，加剧了农村资金"体外循环"。邮政储蓄凭借"无风险收益"优势在农村遍设网点，大量吸收农村资金。最后，邮政储蓄存款余额达到15000亿元，邮政储蓄存款余额市场占有率目前已经达到10%以上。这些资金通过上存人行而游离农村经济，减少了农村地区资金的供给。

六是农村金融市场缺乏创新性。近年来，受国家政策制约，在发展地方性中小银行，农业保险机构和民间金融等方面未能有所突破，尚未建立一个充满活力和竞争性的农村金融组织体系。现有的农村金融机构创新能力不强，金融新业务、新产品少，尚不能完全满足农村经济市场化、信息化、多样化的发展对金融产品的需求。

七是农村民间信贷活动频繁，但借贷行为极不规范。民间信贷操作不规范，交易成本高，借贷风险问题较多，从而导致社会不安定，"地下金融"活动仍处于政策上的抑制局面。

综上所述，造成这些问题的主要原因是：现阶段各类金融机构，其产权制度改革没有突破性进展。内部治理结构不够完善；信贷支农的商业性与政策性项目

第四章 新型农业经营主体下城乡一体化发展中的多层次支农金融服务体系建设

交织难辨，信贷制度安排不尽具体，农村金融市场处于国家正规金融机构垄断之下的市场抑制格局，直接为"三农"服务的小额信贷融资机构尚未构建，农村信贷抵押与担保资质品种狭窄等。

基于此，当前农村金融在支持新农村建设中的难点可归结为三个方面：一是新农村建设对信贷资金的多元化需求与农村金融服务取向单一之间的矛盾凸现；二是"三农"发展对信贷资金的大量需求与日趋从严的信贷风险防范、约束机制之间的矛盾激化；三是农村信贷服务的商业性、市场化运作与农业信贷的低利性、政策性之间的矛盾突出。

二、新农村建设"呼唤"农村金融大力支持建设社会主义

新农村包括生活设施、社会事业、农业基础设施、村容村貌环境整治以及以村民自治等为主要内容的各项制度创新，需要大量的资金投入，除了依靠国家财政资金进一步加大投入外，很大部分应来自金融部门，特别是农村金融机构和社会资金的支持。农村金融在未来的新农村建设中，其支农发展的潜力是不容忽视的。

农村金融是农业及农村经济发展的"核心"，新农村建设离不开金融的有效支持。近年来，我国农村金融体制改革与发展取得了阶段性成果，但是在现实中农村金融体制仍存在许多问题与不足，这在很大程度上制约着农村金融支持新农村建设的步伐。基于此，新农村建设需要"新金融"支持。

针对新农村建设的需要，重构农村金融体系迫在眉睫。当前，"三农"发展对农村金融的需求，也就是新农村建设的需求，其特点一是信用方式需求的多样性与信贷需求的多元性并存；二是信贷主体的分散性与季节性并存；三是单项融资额度小，服务群体大多交易成本高、风险大；四是融资项目的政策性与商业性交织难辨，融资用途的生活性与生产性并存以及救济（急）性与生产致富性并存；五是融资条件满足度低，抵押、担保资质单薄，信贷服务需求的贴近性和信贷工具操作的简易性。如果以此作为新农村建设对农村金融体系需求的基本依据，那么重构农村金融新体系应具备以下"供给"功能。

一是构建以政策性金融为主导，商业性金融与合作性金融为主体，农业保险和信用担保机构并存及其有机协作的多元化农村金融体系，以此适应农村金融的需求。

二是支农职能合理分工，支农信贷制度细化安排。

三是完善农村金融市场创新、产品创新和服务创新功能。

三、构建农村金融体系，支持社会主义新农村建设

(一)明确和调整农村金融机构的功能定位，为新农村建设提供金融支持

当前，应真正实现政策性、商业性、合作性三种金融并存，引入竞争机制，以不同的金融工具满足不同农村市场的金融服务需求，扩大金融服务供给，而且要重视和发挥保险公司、证券公司、信托投资公司、租赁公司、非正规金融组织、国际经济机构等在农村金融市场上的作用和功能，以满足农村金融服务多样化的需求。

要充分发挥财政杠杆作用，合理构建支农信贷资金的风险管理的补偿机制。中央和地方财政、农村金融机构、贷款者三家共同承担风险，分散、转移支农贷款的风险和损失，可以在一定程度上缓解信贷支农的风险，为社会主义新农村建设提供最为根本的融资支持。

加强社会信用体系建设，改善农村社会信用环境。良好的信用环境不仅是金融支持经济的基础，也是农村经济发展的基石。要尽快启动征信体系建设，发挥政府主导作用，通过政府协调、行政推动、授权运作等手段，实现信用信息资源共享，为农村金融机构提供及时有效的信用信息。

国家要出台优惠政策，调动农村金融机构支农的积极性。对政策支农信贷给予财政贴息，逐步引导银行信贷资金向农业领域配置，同时，可扩大商业银行支农信贷利率的浮动幅度，用利益来驱动商业银行加大对"三农"经济的支持力度，对金融机构支农信贷可采取适当减免营业税的做法，对因支农而执行的利率、费率优惠、财政应予以补贴，对一些特定的支农项目，可由政府纳入支农预算给予一定的风险补偿，以调动金融机构支农的积极性。

建立"多层次体系，多渠道支持，多主体经营"的具有中国特色的农业保险制度，加快农业保险立法工作，加大财政支持力度，中央财政补贴可采取支持建立农业保险基金或购买再保险等方式，明确对农业保险业务的税收减免政策，国家可对农业保险业务在免去营业税的同时，减免所得税。

发挥金融管理部门政策引导和窗口指导作用，促进农村服务的整体功能发挥。通过政策传导、行业指导、检查督导，进一步引导农贷方向，增加农贷投入。在规范管理的基础上，放宽农村金融机构、业务的市场准入条件，加快利率市场化步伐，逐步发展农村资本市场，规范和引导民间借贷，在控制风险的基础

上建立起一个较为完善的农村金融服务的监管体系。

(二)创新农村金融组织,满足农村经济发展的需求

鼓励农村金融创新,适应农村经济发展需要。鼓励农村金融机构进行组织创新、机制创新和金融创新,鼓励多种形式的制度创新和产品创新,形成一个有效率的竞争型、多样化的农村金融服务体系,以满足更高层次农村经济发展的需求。

针对中国农业银行、农业发展银行在农村业务逐步收缩、功能弱化的现状,各级金融监管部门应加大监管力度,确立以"支农"为主的经营战略目标,逐步改善弃乡进城、农村商业性金融和政策性金融功能逐步弱化的趋势,积极引导其在涉农项目信贷、农业产业化、综合开发、基础设施建设、农业科技推广等诸多农村经济发展关键环节中的"支农政策"效应。国有商业银行即中国农业银行的县域分支机构及其网点,要明确规定将其年度内新增存款用于支持"三农"发展的比例;中国农业发展银行的政策性支农项目,各级政府要尽最大财力补充农发行的政策性信贷资本金,允许农发行采取有效途径广筹政策性信贷资金,以充分发挥农业政策性银行的导向职能作用。

应继续深化农村信用社改革试点,进一步激励农信社支农的供给热情,同时也要约束其非农倾向。应明确其县辖乡镇分社及其网点机构的各类存款全部用于当地"三农"发展,上级机构原则上不允许调拨乡镇信用社的信贷资金。还应清晰界定支农的政策性信贷和商业性信贷项目的范围,凡是界定为政策性信贷项目,在利率上要优惠,政策性支农项目也应遵循"谁出项目,谁应承诺利息补差"的原则;应进一步完善农户小额信用贷款,农户联保贷款、信用村乡等贷款制度建设,改善信贷服务手段充分体现农信社是农民自己的银行。

放开农村金融机构准入约束,重构真正的农村互助合作信用机构或新建小额信贷服务组织,即由农户、个体工商户、乡镇企业等自发构建,自发管理,内部资金融通的互助信贷机构,允许私有资本、外资等参股。在加强监管的前提下,充分发挥它们在农村金融体系中拾遗补阙的功能作用。

积极支持农业保险及各类信用担保机构的建立与发展。现实的工作要点即积极支持它们多渠道筹集保险以及担保基金,并依法自律规范运作,完善风险补偿机制,充分发挥它们分担风险,提升信用度、联结融资渠道,有效缓解"三农"发展中的融资难题。

规范和引导民间借贷,促进其健康发展。农村是民间借贷发育最肥沃的土壤,民间借贷有其独特优势,如何使其与正规金融形成有效互补是新时期应认真

审视的一项工作,应在政策方面因势利导,除引导他们积极参股与区域性小额信贷组织的建设外,还需进一步规范其借贷行为,充分发挥其在农户、个体工商户等借贷活动中方便、快捷的融资作用,以此激活农村金融,进而为新农村建设提供有效支撑。

(三)围绕五大核心,开拓农村金融市场

围绕"生产发展",支持农村经济繁荣。各级农村金融机构应支持具备区域资源优势,竞争力强的优势农产品产业带建设,支持发展订单农业,建立"公司+基地+农户"的农业产业化经营模式,支持竞争力、带动力强的龙头企业,带动农业产业化发展壮大,培育新的农村经济增长点。

围绕"生活富裕",支持农民持续增收。应积极提供信贷、结算、咨询服务,支持农民积极发展品质优良、特色明显、附加值高的优势产品,推进"一村一品",支持农民从事多种经营,支持打工经济发展。

围绕"乡风文明",推进农村信用工程建设。探索建立农村征信体系,尽快建立农户、个体私营经济组织的信用咨询系统,实现与人民银行个人征信系统和企业咨询系统联网。围绕"村容整洁",支持农村基础设施建设。充分利用农村金融机构优势,为农村基础设施建设提供全方位的金融服务,促进农村生活环境的改善,积极参与农村"五改五通"建设,积极支持农村住房改造,支持"百镇千村"示范工程建设。

围绕"管理民主",支持农村民主建设。应加强与农村乡镇政府、村委会合作,代收协管农村资金、帮助理财投资。同时发挥农村信用社账户和结算服务功能,协助有关涉农部门代发、代管涉农资金,做到公开透明,为广大农民提供优质服务。

(四)用活信贷品种,满足新农村建设资金需求推行信用约定贷款,服务农业产业化龙头企业

对农业产业化龙头企业,实行先评定信用等级,在一次性办理好抵押担保的基础上,按净资产的一定比例确定授信额度,在限额内客户随用随贷的信用约定贷款。

开办打工创业贷款,支持农民工创业,应积极为农民工提供"打工助学贷款",帮助他们提高文化和技能,提供"打工路费贷款"支持农民工到外地务工经商,发放"打工创业贷款",支持打工农民回乡兴业。

推广生源助学贷款,支持农村学生就学。应加强与教育、财政等部门协调沟

第四章 新型农业经营主体下城乡一体化发展中的多层次支农金融服务体系建设

通,在确保财政贴息到位的情况下积极办理生源地助学贷款。

综合运用多种信贷品种,满足县域经济发展需要,开展房地产抵押贷款、设备抵押贷款、仓单质押贷款、应收账款质押贷款、票据贴现、承兑汇票业务,满足中小企业和民营经济短期资金需求。

积极开办社团贷款,支持县域大中型客户发展,对于本地实力强、信誉好的大中型客户的大额资金需求,可以通过社团贷款方式大力扶持,用好富余资金,提高资金使用效率。

(五)改进支农方式,提高支持新农村建设的服务效果

开发服务新品种,满足农村多元化金融服务需要,农村金融机构应为农村各类经济主体提供金融咨询、代收代付、代保管、个人理财、银行卡结算等金融服务,重点发展银行卡业务,使农村中小民营企业、个体工商户、外出务工人员及普通农户和社区居民都能用上信合卡。

建立科学利率定价机制,合理确定涉农贷款利率。对"三农"贷款利率应给予适应优惠,让利于农。对于企业类客户贷款,根据客户在信用社的存款、结算、代发工资、代理保险等业务开展情况,确定不同的利率浮动幅度,对农户和个体工商户贷款,按照评定的信用等级不同,确定不同的利率浮动幅度。

创新贷款担保机制,探索实行经营权抵押、生产资料动产质押、养殖水面使用权抵押、经济林权抵押以及农业龙头企业为农户担保等方式,建设箱式信用共同体和伞式信用体,逐步解决担保难问题。

加强支农服务窗口建设,为农民提供方便快捷的服务,创建"从后台到前台,从楼上到楼下,从封闭到开放"的信贷服务中心,设立小额农贷专柜,通过信贷窗口开展面对面、零距离的服务,积极创造条件,开办由保险、公证、律师、房地产开发商等中介服务机构组成的金融配套服务体系,提高支持新农村建设的服务效果。

第二节 农村金融发展中的支农金融体系问题与对策

农村金融是支持农村发展、农业繁荣、农民增收的重要手段。多年来国家出台了大量的农村金融扶持政策,但农村发展融资难,农民贷款难等问题并未得到根本改变,部分农村仍存在金融服务的盲点。针对这一问题,学者们从不同角度进行了深入研究,提出了大量建设性意见。从公共财政视角看,农村金融发展滞

· 97 ·

后，既受内部"市场失灵"的制约，又受外部"政府失灵"的影响，应以克服市场和政府缺陷为突破口探寻财政政策干预的着力点。

一、农村金融发展中的"市场失灵"

我国农业生产和经营的基础条件薄弱、家庭化生产、投资收益低、农户抵御自然和市场风险的能力偏弱、投资农业的金融风险很大、农村金融机构预期收益低、供给成本高、供给动机弱、"市场失灵"问题突出，具体表现在以下几个方面。

（一）农村金融服务供给体系不健全

对应农村金融需求的多样性，农村金融供给应该实现多元化、多层次，银行、保险、证券、期货和市场中介组织都应成为农村金融的有效供给主体。但由于"三农"客户对信贷资金的需求最为迫切，农村银行类金融机构供给较多，保险、证券、期货等非银行金融机构或者机构缺位，或者功能缺失，金融系统价格发现、资源配置、风险对冲、风险补偿等功能难以顺利实现。即使在银行类金融体系内部，政策性银行、商业银行、合作金融和民间金融4类主体的市场定位也缺乏协调，各自的功能没有完全发挥，没有建立必要的合作互补机制，农户多层面的需求仍然难以满足。

（二）农村金融服务排斥现象突出

由于历史及现实原因，我国农村金融排斥现象较为严重。一是随着市场化改革的深入，在利润指标的驱动下，近年来大量商业银行从县域经济中撤出；二是农村金融机构定位于高中端客户，低收入贫困人群被排除在外。农户金融服务需求随收入不同具有层次性，不同金融机构应根据自身条件明确客户定位，实现错位经营。但由于农户小额信贷业务额小、需求面广、管理成本高、营利能力弱、蕴含风险大，农村大部分金融机构都偏好高中端客户，甚至连政策性农村金融机构也没有作出专门的政策安排。贫困人群收入水平低、抗风险能力弱，对金融服务需求更加强烈和迫切。但由于财富匮乏，信用资料贫乏，难以提供有效担保，费用和风险承担能力低，金融知识薄弱，贫困人群往往被排除在农村金融服务之外。

（三）农村金融资金外流现象严重

农业生产呈现高风险低收益的特征，农村市场化程度较低，农村金融需求受到抑制，影响了农村金融机构在农村发放贷款的积极性。受发达地区高利润的引导，中西部农村地区的资金外流十分严重，农村信用社存差不断扩大，邮政储蓄银行

第四章　新型农业经营主体下城乡一体化发展中的多层次支农金融服务体系建设

"虹吸"效应严重,部分地下钱庄的运作也在一定程度上加剧了农村资金紧缺的矛盾。除此之外,农村金融机构贷款向"非农贷款"倾斜更使农村资金来源雪上加霜。

(四)农村金融工具与产品匮乏

当前农村金融需求正处于迅速的升级转型中,但现有金融机构产品创新能力不足、活力不强,基本上只能提供存、贷、汇"老三样"服务,业务品种缺乏,服务方式单一,适合普通农户的产品设计和供给往往被忽视。如对低于一定金额的小额存款收费,就将很多农户挤出了正规金融机构;在贷款方面,农户倾向于金额小、周期短、利率低、手续简便的产品,但金融机构供给的却是额度大、收益高、周期长的产品,产品设计专业化、标准化、手续烦琐、供求结构性失衡,这是民间借款占比高于正规金融的重要原因。此外,适合农村市场的融资、保险、期货、理财等产品仍相对稀缺,个性化、差异化的金融服务产品尚未充分进入农村,制约着农村产业结构的进一步升级,严重影响了农村经济的发展。

(五)农村金融机构经营风险大,资本匮乏

农业生产风险高、收益低,农户抗风险能力低,加上农村担保体系不健全,征信体系不完善,农户信用观念淡薄,法律意识欠缺,农村金融机构权益难以维护,经营风险很大。

(六)农村金融人才短缺

由于历史原因各类农村金融机构从业人员学识水平低、年龄老化现象严重,多数从业人员的学历都在高中以下,高学历和专业技术人才短缺,再加上一些农村分支机构所在的地区条件艰苦、效益不佳、亏损严重、职工收入及福利待遇低,留不住人才,员工队伍很不稳定,人员素质水平很难适应新的业务发展需要。

二、完善现有财政支持政策的对策建议

农村金融发展是涉及经济、社会、文化多个角度的系统工程,系统内部的"市场失灵"和系统外部的"政府失灵"在很大程度上都归因于财政的"缺位"和"错位"。在财力不断增长的背景下,加大财政支农力度,克服市场和政府缺陷就成为破解现有问题的着力点。

(一)进一步加大财政支农力度,加强农村经济和金融基础设施建设

一是整合财政支农资金,充分发挥财政资金"四两拨千斤"的杠杆作用,引导金融和社会资金以多种方式增加对农村基础设施的投资,大力改善农村基础设施

的规模和质量,增强"硬"件建设对农业生产的辐射和带动作用;二是不断增加财政对农村教育、医疗、养老等"软件"的投入,提高劳动者素质,减轻农户生活负担,提高其抵御各种风险的能力;三是设立农村金融基础设施建设专项资金,对农村金融支付结算体系、农村征信系统建设、农村支付结算硬件设备投入进行补贴和奖励,提高农村金融资金运行效率,实现信用信息共享,降低金融机构成本,提高农村金融服务的可及性。

(二)支持多层次农村金融服务体系建设,完善农村金融系统功能

一是增大对边远贫困地区的有效覆盖,对在金融服务空白乡镇设立营业网点的金融机构,应在提供营业场所、开办费用等方面给予支持;二是鼓励发展适合农村特点和需要的各种微型金融服务,对经批准组建的村镇银行、农村小额贷款公司和农村资金互助社,按其已到位注册资本的一定比例给予一次性奖励。对新型农村金融组织服务"三农"缴纳的所得税和营业税进行减免;三是加强对农村金融人才的支持,对愿意到农村金融机构服务一定期限的大学毕业生,给予一次性奖励或代偿国家助学贷款;对农村金融机构参加专业考试并取得合格证书的人员,给予一定的费用补贴。

(三)加大对农村金融需求主体的补贴,降低农户融资成本

一是免收农户办理金融业务行政事业性收费,相关部门所需经费由财政统筹解决。对农民发展生产、创业办经济实体,并符合蔬菜大棚、农村住房和承包土地经营权抵押借款条件的贷款,实行优惠利率,利差由财政补贴;二是鼓励农户参加农业保险,财政提供部分或全部保费补贴,对推广工作开展好的乡镇进行奖励;三是加大对农户小额贷款的利息补贴,贴息资金可以直接补贴农户,也可以通过金融机构间接补贴农户。

(四)激励农村金融机构增加供给,引导资金回流

一是激励金融机构加大对农村地区的信贷投放。按照保基数、促增长的指导原则,对当年新增涉农贷款比重和增速超过地区平均水平的金融机构,按新增贷款额的一定比例给予奖励,提高财政资金杠杆效应;二是继续支持农村小额贷款业务发展,对金融机构提供面向农民的小额贷款业务、新增农民创业贷款,采用以奖代补的方式给予支持;三是鼓励金融机构对建档立卡的贫困农户发放贷款,财政部门可按基准利率的一定比例给予贴息,并优先给予财政支农资金办理业务代理资格;四是鼓励金融机构对新型农村金融机构发放贷款,财政部门可按贷款年平均余额的一定比例给予奖励。

（五）支持农村金融风险分担补偿体系建设，释放供给潜力

一是支持市场化农业风险保障体系的建设，不断扩大中央财政农业保险保费补贴试点地区和补贴品种，完善农业保险保费补贴的市场化运作机制，探索建立农业保险再保险制度及农业保险巨灾风险分散体系；二是完善农村信贷担保体系，鼓励各类担保机构进入农村市场，按涉农担保业务金额的一定比例给予奖励。财政出资支持设立省级再担保体系，为市、县农业担保机构提供再担保支持。鼓励各地推行农户联保、农户互保、专业合作组织为成员担保等多种信用保证方式，对开展好的地区给予奖励；三是积极探索将农民住房、土地使用权、农业订单等作为抵押物的新型抵押方式；四是财政部门建立涉农贷款风险补偿基金，对银行业金融机构当年新增涉农贷款可能产生的风险给予适当补偿，风险补偿资金专项用于增加银行业金融机构的风险准备金。

第三节 新型农业经营主体下新农村建设与重构农村金融体系的关系研究

农村金融体系的发展和完善是社会主义新农村建设的重要内容。近几年来，广西经济增长和粮食产量持续快速增长，农业生产条件进一步改善，但与农业经济快速发展相对应的是，农村金融服务供求矛盾日渐突出，农村金融体系效率低下，农村金融服务脱位。因此，加快构建功能完善、多层次、高效率的农村金融体系显得尤为迫切，这也是社会主义新农村建设和城乡统筹发展的重要保障。本节以广西为例详细探讨新农村建设与重构农村金融体系的关系。

一、广西农村金融体系现状及存在的问题

1. 农村金融体系结构单一，农村信用社"一农独大"

近年来，由于正规金融机构自身改造以及商业化改革导向的影响，撤并了大量在农村的分支机构，精简从业人员，收回贷款权限，大大弱化了在农村的金融服务。随着国有商业银行淡出农村金融市场，农村信用社一家独大，长期处于垄断地位。目前，农村信用社不仅网点多，而且业务规模大。这使得农村金融市场难以形成有效的竞争格局，造成融资渠道单一，金融产品少，农村金融服务的效率不高，反而阻碍农村经济的发展。

2. 农村金融服务功能缺位，不能有效支持农业产业化发展

农业银行在商业化改革的过程中进行选择性贷款的特征仍较明显，贷款结构出现"非农化"和"城市化"倾向。为了控制风险，在信贷管理权限上大多采取上收一级的管理办法，县级以下机构基本上仅有发放 5 万元以下本行存单质押贷款权，除发放部分农业开发贷款外，对农业的资金投入大幅度下降。农发行作为广西唯一的政策性农业金融机构支农职能发挥不充分，其业务范围太窄，主要负责粮棉油收购、储运等环节的资金提供，农业发展急需的基本建设和开发性贷款基本没有涉足；农村信用合作社作为农村金融体系中的骨干和支柱，在支农服务方面发挥的作用还不够，无法提供诸如保险、咨询、代理、结算等多样化的金融产品和金融服务；邮政储蓄银行在成立挂牌成立之前只吸收存款，对外不办理贷款业务，使大量农村资金"倒流"城市。以后推出小额信贷业务、质押贷款业务，使农村资金的外流得到一定程度的缓解，但回流效果仍不明显。

3. 农业保险体系发展滞后

近几年，在中央大力发展政策性农业保险政策的带动下，广西的农业保险开始迅速发展。但农业保险仍处于试点阶段，一是广西农业保险涉及的险种较少，规模较小，覆盖面较低，无法满足农民群众的风险保障需求。二是广西农村保险市场体系也不健全。至今部分偏远县域仍只有财险公司和寿险分支机构各一家，全广西一千多个县乡镇只有不到约四百个乡镇设有保险分支机构，大部分乡镇没有任何保险服务机构。一些公司的县域保险分支机构保险服务功能薄弱。三是农业保险有关的实施细则尚未完善，农业保险没有风险分散机制，缺乏良好的再保险机制或农业风险基金。

4. 民间金融组织缺乏必要的规范和保护

除农村合作基金会外，如各种合会、私人钱庄等民间金融组织机构在组织方式、运作机制、对当事人的约束等方面也具有许多不规范的特征。民间金融大部分都是在乡村邻里、亲朋好友等社会小团体的基础上建立起来的，其信用极其有限，资金规模往往较小，抵御和转移市场风险的能力较差，其风险和隐患日益凸现。

二、重构广西农村金融体系的建议

1. 明确正规涉农金融机构职能，强化支农责任

国有商业银行应健全约束激励机制，放宽信贷政策，在"工业反哺农业"工作中发挥资金提供者角色的作用。如加快农业银行"三农"事业部改革和完善其运作

第四章 新型农业经营主体下城乡一体化发展中的多层次支农金融服务体系建设

机制,大力扶持劳动密集型、创新型、特色型县域中小企业和小企业集群发展,培育县域经济支柱产业。邮政储蓄银行要充分利用其在农村金融市场的网点优势和信息优势,借鉴和利用其他商业银行成熟的业务操作程序和管理经验,积极开办小额质押贷款、保证贷款、小企业联保贷款、担保公司担保类贷款业务。继续深化农村信用社改革,注重商业金融与合作金融的协调衔接,按照股权结构多样化、投资主体多元化的原则,适量增资扩股,适当调整股金起点,适度调整股权结构,将进一步完善股权设置和产权结构。全面推进县级农村合作银行达标和组建工作。

农业发展银行应当健全和完善政策性金融功能,加强粮油贷款营销和管理,积极开办农村综合开发、农村基本建设等贷款业务。同时,还要把农村基础设施建设、农业产业化等纳入支持范围,增加支持农业和农村发展的中长期贷款等开发性金融业务,在商业银行和资金合作组织不能提供金融服务的领域,为农村地区的特定领域提供更多的扶持性信贷。

2. 宽准入政策,规范发展多种形式的新型农村金融机构

银监会发出了《关于调整放宽农村地区银行业金融机构准入政策,更好支持社会主义新农村建设的若干意见》,按照多种所有制共同发展的原则,积极支持和引导各类资本到农村地区投资、收购、新设金融机构,并调低注册资本,取消营运资金限制。为了更好地为农村地区提供金融服务,今后还要进一步鼓励发展新型农村金融机构,特别是重点引导各类资本到金融机构网点覆盖率低、金融服务不足、金融竞争不充分的地区投资设立机构。

3. 健全农业保险制度

农业保险是农村经济稳定发展的保护伞,要完善农村金融体系,必须将发展农业保险纳入其中。首先,农村应建立以农业保险为主的多元化农业保险体系,主要形式包括:政策性农业保险公司、商业性农业保险公司、专业性农业保险公司、农业相互保险公司、外资和合资农业保险公司以及农村互助合作性农业保险组织。其次,在农业保险实施方式上,应采取强制保险和自愿保险相结合的方式;在险种设置上,要注意针对农民不同层次的保险需求,不断开发适合农民需要的险种;通过相应的税收优惠政策以及资金支持;实行财政保费补贴;对商业性保险公司提供的农业保险业务,也应给予政策优惠,刺激其继续开办农业保险的积极性;加快建立健全农业再保险体系,建立灾害风险基金,由政府提供财政支持,积累灾害风险基金,对遭遇灾害损失的农业保险公司给予一定比例的补偿，逐步形成农业灾害风险转移分担机制。最后发展农业保险必须遵循市场经济规律，力保农业保险资金的安全性和效益性，防范经营风险，规范和发展农业保险市场，搞好农业保险监管。

4. 加强对农村民间金融的监督和引导

政府在对民间金融监管中应该以引导、监控为己任。要从完善法律、制度、政策入手，在严格市场准入条件、提高准备金率和资金充足率及实行风险责任自负的情况下，引导和鼓励民营的小额信贷银行、合作银行、私人银行等多种形式的农村民间金融机构健康发展，达到合法、公开、规范，并纳入农村金融体系中加以监管，以增加农村金融的服务供给，满足"三农"多层次的融资需求。一般说来，对于正常的、分散的借贷行为和互助性的轮会，应予保护，对其纠纷应主要以民法及相关法律法规作为协调解决的依据；对于超出一定规模和范围的债权性集资，政府有关部门、金融监管部门和司法执法机关应协同配合。及时清退集资款项。并对责任人追究经济或刑事责任；对于以诈骗敛财为目的或具有投机性质的抬会或集资行为，要坚决予以严厉打击。各地政府和监管部门要加强对本地区的调剂商行、挂户公司、典当行、担保公司等民间金融形式的监督，发现有从事或变相从事非法金融业务活动的，必须严肃查处，坚决取缔。

第四节　新型农业经营主体下构建全方位多层次的支农惠农金融服务体系

我国自改革开放以来，不断创新金融支农惠农方式，聚焦农户、家庭农场、农民专业合作社、农业龙头企业、农业主导产业等多方主体，强化政银间深度合作，持续推出一系列政策性惠农金融产品，有效拓宽了农村贷款融资渠道，逐步解决了经营主体"融资难""融资贵"问题，有力促进了农业农村经济社会持续健康发展和乡村全面振兴。本节以江苏省南京市为例，探讨关于全方位、多层次的支农惠农金融服务体系的建设。

一、构建多层次、差异化的乡村振兴金融组织体系

体系建设建议由人行南京分行、市地方金融监管局等部门牵头，进一步改革完善农村金融体系，明确政策性、商业性及地方中小法人机构的职能定位，建立政策性扶持、商业化运作、高效化运行的工作机制，形成各具特色、相互补充的

农村金融机构组织体系。其中，大型国有银行机构要当好综合服务"领头羊"，成立乡村振兴金融部，调整优化县级以下传统农村地区的网点布局，增强服务对接能力，最大限度地将"抽水机"变成"蓄水池"。紫金农商行、溧水农商行、高淳农商行等地方农商银行应强化支农惠农生力军作用，坚持立足农村、回归本源、服务"三农"的市场定位，根植于区域县域经济，大力发展农机普惠金融，坚定成为服务农村的中小银行专业机构。省农担南京分公司应积极推动农业政策性担保分支机构在南京农村地区增设分支机构，做到区县域全覆盖，同时深化"政银担"合作，加快建立政府支农优惠政策与担保机制的有机结合，进一步降低农业经营主体担保保费和综合融资成本。在宁保险公司应积极创新险种，大力发展地方特色农业保险，规范理赔流程，不断扩大农业保险的参保率和覆盖面。

二、持续推进农村金融服务产品创新

在宁银行等金融机构要以乡村振兴金融需求为导向，根据不同涉农主体和客户群体的生产经营特点和多样化的融资需求，在现有"金陵惠农贷""惠农快贷""金陵惠农小额贷"等政银合作产品的基础上，研发制定符合不同主体需求特点的产品和服务，打造多元化的金融产品体系。一是针对优质稻米、多功能油菜、绿色蔬菜、现代茶、都市花卉、精品蟹虾、特色鱼、南京鸭、乡村旅游等南京农业主导产业，研发推出"产业贷""民宿贷"等产业支持型贷款，满足农业产业链上下游主体的信贷需求，强化乡村产业振兴金融支持力度。二是针对农业农村重大项目、招商引资项目、美丽乡村建设等，推出"项目贷"等特色金融产品，为涉农项目提供必要融资需求，助力乡村产业项目早日达产生效。三是研究推出"金陵兴村贷"或"金陵强村贷"等专属信贷产品，为新型集体经济组织从事经营性活动、发展产业经济提供信贷支持。到"十四五"末，力争"金陵惠农贷"累计放贷超过100亿元，"金陵惠农小额贷"实现全体农户100%建档、80%授信、30%用信，形成支农惠农金融产品丰富多样的金融产品体系。

三、加强农村信用体系建设

持续开展信用体系建设，有效净化农村金融生态环境。一是深入开展金融知识宣传，围绕"信用与乡村发展""信用与乡村生活""信用换贷款"等主题，通过送信贷、送技术、送信息和金钟知识下乡入户活动，提高涉农经营主体即农民的诚实守信意识，提升公众金融安全意识和风险认知能力。二是推动农业农村征信数据库建设,建立由市大数据部门统一管理的综合信用信息数据平台,实现农业农村基本信用信息跨机构、跨地区、跨行业、跨部门的共享、交换和交易机制。三是将家庭农场、农民合作社和农业龙头企业纳入农村信用评定范围,启动实施全市新型农业经营主体信息信用管理平台建设工作,探索建立符合新型农业经营主体特点的信用评价体系,通过信息共享、数据增信等手段,提升经营主体金融服务的便利度和满意度。四是持续实施创建"信用户""信用村""信用镇"等评比活动,建立评级发布制度、失信惩戒机制和乡村信用激励机制,强化信用评定成果应用,为农村金融服务提供参考。

四、加快建立完善农村金融相关配套机制

一是建立健全政府与金融机构深度合作机制。建议由市金融办牵头成立金融支持乡村振兴工作领导小组,定期召开工作调度会议,强化政府部门与银行、担保、保险等金融机构的合作关系,加强政府部门之间内部联动、政银之间沟通合作、金融机构之间交流互补,发挥政府、银行、担保、保险等不同主体的职责与优势,有效提升全市农村普惠金融发展层次。二是建立风险防控机制。加快建立农村金融风险防控机制,建立健全乡村征信、政府风险基金、企业内部控制、金融机构外部管控等制度,不断提升农村风险防控水平,提高金融服务乡村振兴的可持续性。建议在"南京市新型农业经营主体贷款风险"的基础上,统筹涉农相关资金,建立财政金融支持乡村振兴风险基金池,为各类信贷支农提供多元合一的贷款风险补偿,降低银行贷款风险。三是健全贷款贴息机制。针对当前涉农贷款贴息政策覆盖面不高等问题,加强财政贷款贴息力度,扩大贴息受益范围,简化兑现申报程序,提升政策兑现体验感,有效降主体贷款融资成本。

第五节 新型农业经营主体下网格化营销系统构建的多层次金融服务体系

在金融服务同质化的今天,如何在激烈的市场竞争中更好地服务客户尤为重要。近年来,江苏农信积极引领全省农商银行坚守支农支小战略定位,不断强化"三农"、小微企业等领域的金融服务,同时根据自身定位及业务发展需要,借鉴政府网格化管理理念实施网格化营销系统。通过综合运用大数据、人工智能等技术手段,大力推进服务转型,以科技引领业务发展新渠道,促进科技支撑与业务

第四章 新型农业经营主体下城乡一体化发展中的多层次支农金融服务体系建设

发展相融共进。

一、数字化：新兴技术助力刻画客户全景视窗

随着互联网金融的迅猛发展，大数据应用在商业银行强化经营管理、创新金融服务方面优势凸显。结合农商银行业务开展实际以及营销服务模式，江苏农信着力构建网格化营销系统，综合多地区农商银行分片分区管理的营销特点，构建多层次、广覆盖、差异化、可持续的金融服务体系，为网格内小微企业、新型农业经营主体、个体工商户等提供融资服务。

江苏农信目前拥有海量客户数据，包括客户的基础信息、图片、影音等资料。省联社接入工商类数据、司法数据、征信解析数据等多类外部数据，为进一步丰富客户全景视图奠定了坚实的数据基础。内外部数据的有机融合使得客户数据展示更为生动形象，一方面，能够对客户信息进行全面展示，有利于营销人员更为准确地定位客户；另一方面，采集客户数据时，可利用外部数据对客户数据进行补充，客户经理只需进行数据确认，可减少客户经理的信息录入量，为后续客户维护、商机挖掘、风险规避提供数据支撑。

伴随江苏农信大数据服务平台发展三年工作规划的实施落地，大数据及人工智能等技术为网格化营销系统数据高效处理和运用提供了技术支撑。在数据处理方面，通过 SPARK 高效的内存使用能力，以空间换时间，将数据加载到内存中加工处理，提高数据加工效率；在联机查询分析方面，基于以 HDFS 为基础的 HIVE 的 ORC 事表，通过表分区分并优化数据存储策略，利用 MapReduce 作业将查询请求分解执行，减少关联查询响应时间，提高数据查询效率；在数据精确检索方面，以 HDFS 为基础使用 Hbase 和全文检索引擎 Elastic Search 技术解决海量数据的复杂查询，提升数据的检索效率；在数据深度挖掘方面，通过分析整理历史流水及客户等数据，使用逻辑回归、XGBoost、随机森林等回归预测模型算法进行数据探索，实现精准推送。

网格化营销系统以大数据技术和人工智能技术为支撑，以全省农商银行海量客户数据为基础，构建了客户数据集市和客户营销视图，从客户基础信息、客户业务信息、客户持有产品、客户渠道信息、客户营销记录等方面展示客户全貌，提炼各类客户信息和营销模型信息，精准有效地锁定目标客户，提高了管理人员和客户经理营销精准性，减少了人力、财力、物力成本，同时将客户实际和差异化营销方案相结合，形成完整的客户营销闭环，实现客户服务一站式管理，为营

销决策提供了有力参考。

二、网格化：人人"进格"精心打造服务体系

网格化营销系统紧随数字化转型建设，作为银行深耕客户、精准营销的抓手，通过对客户进行分片分区管理，将营销任务具体到人，实现精准定位营销目标、精细管理营销过程、实时跟踪营销行为、多维统计营销结果，利用网格细分管理客户资源，加强客户拓展和客户服务，提升客户满意度。

网格化营销系统通过调用百度在线地图实时获取最新地图信息，动态更新校正网格位置。各农商银行在地图上绘制营销大网格，网格绘制后分配给各支行，各支行根据营销经理实际管辖区域进行网格二次细分绘制。在网格绘制前制定客户归属规则，确保每个客户皆有所属。一般情况下，网格化营销系统根据客户的家庭地址解析出经纬度；未登记家庭地址或家庭地址无效的客户，按客户的业务开展情况划分到所属支行。网格绘制完成后指定具体的网格经理，系统自动解析所有客户进入相应网格中，网格经理负责网格内客户的营销。网格经理可通过系统查看自己网格的客户数量、客户业务规模等概要信息，也可通过客户全景视图查看客户的明细数据及历史营销数据，方便进一步营销客户。

摒弃传统粗放型的营销服务模式，江苏农信借鉴政府网格管理理念，积极推动"金融进网格"，将"金融网格"与各农商银行乡镇、村、社区等大小网格全面融合，按照"一员多格"的配置标准，形成"户户入网、人人进格、村村验收、街街覆盖"的网络格局，构建"人在格中走、档在格中建、格格有服务"的金融服务格局，打造了立体、多维的营销体系。

网格化营销系统对营销对象、营销主体、营销过程、营销结果考核进行全面管理，可使客户资料统一按权限展示，客户经理可自由管理自己片区内的客户群体，并根据系统提醒对客户进行精准营销、人性化关怀，总行可方便快捷地指派营销任务，完整跟踪客户经理营销轨迹，形成相关的营销结果分析报表。

随着市场环境的变化，农村市场正被各金融机构挤压渗透，为增强客户黏性，江苏农信的客户经理每周至少有一半时间在外跑村跑户，移动化办公、便捷化营销成为各农商银行的迫切需求。统筹融合各农商银行需求，网格化营销系统分为PC电脑端和手机移动端，电脑端重管理、移动端重营销，满足不同用户使用系统的需求。移动端采用html5技术开发实现，兼容安卓版本和ios版本，兼顾安卓用户和苹果用户的使用。在系统物理架构层面，实现内外网"穿透"，用户

可通过互联网访问系统数据，同时系统使用数字水印技术避免数据泄露。

江苏农信借助网格化营销系统开展"推进三访三增助力六稳六保"专项劳动竞赛活动。从营销任务下发到营销任务完成，网格化营销系统提供了任务查看电话营销通话时长采集、上门走访图片上传、现场营销实时地点打卡、客户经理一天营销轨迹查询等功能。从客户经理角度出发，网格化营销系统为营销过程数据的记录提供了便捷支持，客户经理带着手机就可以执行营销任务，传统的线下走访转移到了线上，大大提高了营销效率。

全省农商银行紧扣专项竞赛活动目标，优化工作措施，紧紧围绕做实基础、做好走访、做强产品、做优服务推动竞赛活动高质量开展并取得了一定成效。截至 2020 年年末，全省农商银行通过网格化营销系统创建营销活动 1299 个，通过系统移动端（手机端）累计成功走访客户 148.8 万户，采售实地走访图片 205 万张；通过手机端实时上传走访照片和实时地点打卡记录，保障了走访的真实性、走访进度的可视化。通过对"百行进万企"、新型农业经营主体、个体工商户三类客户的走访，全省新增授信签约 92115 户、新增授信 552.1 亿元。

未来，网格化营销系统将为更多营销服务场景提供便捷支撑，优化已有营销服务模式，完善智能营销服务体系，创新营销服务手段，为江苏农信普惠金融服务保驾护航。

第六节　基于农村金融需求转型的多层次农村金融服务体系创新

近几年，国家采取了城乡统筹、以工补农、以城促乡等一系列向农村倾斜的政策，农民的负担大大减轻，生活不断改善，在农业产业化步伐加快的背景下，"三农"的金融需求比过去更加迫切，农村现实金融需求也出现了结构性转型。根据"需求追随模式"理论，针对农村金融需求的结构转型，金融机构应适时完善金融功能，强化信贷瞄准机制，改进农村金融生态，从而促进农村经济的发展。而清晰地掌握农村金融现实需求的演变方向，是信贷瞄准和产品创新的前提基础。本节将从金融需求转型的视角出发研究当前农村金融需求的层次，并据此提出完善我国农村金融组织体系的相关政策建议。

一、现阶段农村金融需求的结构转型及层次分析

湖南省作为中部崛起中的传统的农业大省，农业农村经济发展稳定。笔者通

过对湖南省典型的农业地级市沅江市辖内有代表性的行政村、农户和农业企业的抽样调查,发现农村经济的快速发展和农村经济结构的调整,农户金融需求有了新的特征。首先是额度增大,从以往的几百元、几千元,目前已经发展到几万元甚至几十万元。其次产品需求增加,原来农民需要的只是简单的生产经营性贷款,目前已增加了消费贷款,甚至部分地区出现高端消费类贷款需求。由此剖析现阶段农村金融需求的结构转型十分必要。

(一)传统农业需求转向产业化农业需求

调查显示,农户在开展农产品加工、扩大种养规模、提高农产品附加值等农业产业化方面的资金需求增加,并趋于大额化,这一倾向在种养大户中表现得更是明显。农业信贷需求从小额向大额化迈进。当前农村经济出现市场化、产业化和城镇化的趋势和特征,农户除扩大生产经营需要外,消费性需求和教育需求不断增加,特别是农村一、二产业的发展,对农业信贷资金的需求已超出农户小额信用贷款的范围,同时特色农业及农业产业化龙头企业的不断发展壮大,对大额资金的需求更是显著增加。

(二)生存性需求转向发展性需求

从农村金融的需求主体看,主要有农户、农业及非农业企业和个体工商户,不同主体有着个性化的需求,包括生活需求、农业生产需求和发展需求。绝大部分的农民,不再为温饱而奋斗,而是在为小康生活而努力,大部分农户小规模生产资金可通过自筹解决。农业产业结构调整后,农民加大了对新兴养殖业、高效经济作物、农副产品加工的投入,根据种养业的生产周期,借款期限大多需要跨年度。农村二、三产业的繁荣发展带来了多层次、多元化的资金需求。受返乡农民工及其他群体创业等非农产业化经营需要的拉动,以商贸、加工、运输、农资等为主的个体私营的发展,在创业之初需要投入较大的成本,在经营过程中需要临时的资金周转。在国家刺激农村需求的大背景下,农村也出现了一些盖房、买汽车、买家电等消费信贷需求。新农村建设中的基础设施建设是一项长期而艰巨的任务,资金投入期也相对较长,一般在3年左右,呈长期化趋势。农业产业化龙头企业的技术改造升级、设备投资等也需要银行提供大额的中长期信贷支持。

(三)个体资金需求转向企业化需求

农村实体经济类的资金需求缺口不断加大。与农户个体类零散性的需求不同,此类需求更具有集中性、持续性和规模性。这些企业大多是中小型企业,大部分企业生产经营比较正常,但也有部分企业受环保、宏观调控、国际金融危机等方面的影响,部分产品滞销,资金回笼缓慢,银行贷款不能满足需求,有的甚至出现了资金"断链"现象。

(四)农业需求转向非农产业需求

调查发现,农业产业化发展规模出现明显层次性,传统的购买农资化肥、结婚、治病、读书等资金需要占比已不足十分之一,而如买车搞运输、购买原材料、买中大型农机等生产经营需求大幅提高。农村产业结构的调整带来了多层次、个性化的资金需求。不少资金用途由农业逐渐向二、三产业转变,主要受返乡农民工及其他群体创业等非农经营需求带动。不少农民转向个体私营加工、商贸、运输等行业,贷款需求十分迫切。在新农村建设的整体推进下,农村的产业结构得到了优化,农村资金需求趋于大额化。这些农村中小企业在规模扩张阶段资金需求就要几十万元,现行小额信贷规模已不能适应农村经济发展的需要,急需多元化的大额信贷品种与之相匹配。

(五)正规金融需求转向多元化金融需求

农民的贷款需求从正规金融机构尚难得到完全满足。无法从正规金融机构得到贷款,有融资需求的农户只能另寻他途。当有资金需求时,这些农户中的一半只能依靠民间借贷。全市农村信贷资金需求每年除金融机构给予的信贷支持外,其余的只能靠民间借贷和农资赊销来满足农村资金需求。民间借贷的优势是手续简便,利率灵活,无须抵、质押,随时可借,在一定程度上缓解了农村资金需求压力,但不规范,对农村金融秩序造成了一定的影响;农资赊销实际利率较高,加重了农户(企业)的负担。调查结果表明,农村金融市场非常广阔,农村资金需求依然旺盛,农村金融机构缺位严重,资金供需矛盾仍很突出。

二、功能重构基础上的多层次农村金融体系创新

在农业产业化进程中,要使非常稀缺的农村金融资源优化配置,必须创新农村金融服务体系。多层次农村金融体系应是适合农村特点的将商业性金融、合作性金融与政策性金融相结合,促进金融资源供求均衡、配置优化的体系。构建多层次农村金融服务体系必须坚持覆盖广、层次多可持续的原则。即应构建以政策性金融为主导、合作性金融为主体、商业性金融为补充的复合型金融体系。

(一)多层次现代农村金融组织体系创新

1. 强化政策性金融组织支农功能

可借鉴美、日等国的立法,制定专门的《农村政策性银行法》,以法律手段引导我国政策性金融改革发展。建立起主导的配套农村政策性金融机构,并规定政策性金融机构主要从事一般性金融机构不愿从事的金融业务。中国农业发展银行应进一步明确其政策导向,更好地发挥服务"三农"的功能。在"风险可控、保本微利"基础上,中国农业发展银行应将业务范围扩展开来,以成为"农业生产全过程的服务银行"。

2. 发挥合作金融组织主导功能

大力发展合作金融,建立农民所有和共管的互助合作性金融机构。发展综合性农村合作金融机构,通过金融与涉农领域的广泛合作,促进产业金融资本的融合,不断增强农民的"造血"功能。通过合作金融机构将合作渗透到农村生产生活的方方面面,发挥合作金融的纽带作用,增强农户和农民的抗风险能力,发展形成农村金融、农业生产、农民消费与农村经济一体化、良性互动的可持续发展的金融组织体系。发展合作金融机构,应尊重农民的主体地位,体现农民意志,由农民自定管理办法、运行机制、分配制度、监督制度等。农村信用社作为农村金融主力军,必要回归合作金融本质,使农民掌握合作金融的信贷资金主导权,使其真正享受作为社员应有的民主管理权和贷款优先权,使其成为真正意义的农村合作金融组织。

3. 规范引导民间金融组织发展

由于农村金融服务需求的层次性和多样性,要注意利用非正规金融组织的作用,实现正规金融组织与非正规金融组织之间及其内部的竞争,形成充分、有效竞争的农村金融组织体系。应允许正当合理的民营金融组织出现,允许民营资本进入农村金融,发展地方民营中小型金融机构,增强对农村金融的资金支持;其次,适时推进民间金融组织的合法化,通过立法规范非正规金融机构的发展。对于民间借贷、私人钱庄、民间集资、合会等非正规金融,应据其性质差异,通过《放贷人条例》或《民间借贷条例》等立法条款予以引导,使之成为农村正规金融的有益补充;最后,允许投资者以自有资金在农村经济特定领域进行投资,以发展和培育私营性、股份制非存款型金融机构,并形成对农村非正式金融组织的有效监管。

（二）着力构建现代农村金融市场体系

1. 大力建设新型农村金融组织机构

在现阶段已放宽农村金融市场准入的基础上，进一步降低准入门槛，引导资金向农村流动，积极探索农村金融机构创新形式，实现多元化产权，大力增加农村金融的资金供给。应加快建立适合农村需求多元化要求的小额贷款公司、村镇银行、资金互助社、专业合作社等新型机构，吸引更多民间资本、外资进入农村市场，逐步建立起现代农村金融体系。

2. 积极发展非银行金融机构

按照农民的多样化金融需求和农村的实际发展状况，应逐步深入农村，设立保险公司、证券公司、信托投资公司、金融租赁公司的分支机构及网点，提供更多金融服务品种，丰富农村金融市场，为农业生产和农村经济提供多方位的服务。要建立政策性农业保险机构，实行低费率、高补贴政策，使农民遇到风险时能渡过难关，迅速恢复生产，提高农业抗灾补偿能力。国家也应加大对农业保险的支持，建立农业保险发展基金，用于支付农业保险补贴、保险部门的超额赔偿款及补贴农民投保成本，充分发挥保险体系分散农业风险的功能。此外基层农村金融组织应结合农村实际，在风险可控的前提下，扩大金融担保的范围和对象。

3. 构建良好的竞争性农村金融环境

功能视角下的农村金融组织体系重构，需要良好的农村金融环境。为了加快农村利率市场化进程，金融监管部门要督促试点地区的农信社及新型农村金融机构加强成本核算，完善利率定价的决策程序和利率内外控制度，形成兼有灵活性和自我约束性的浮动利率定价机制，并及时总结推广这方面的经验。特别是应取消对种养业贷款的利率管制，与其他贷款利率同等浮动，甚至可以采用更优惠的利率政策，以充分调动金融机构放贷的积极性。同时为了降低种养业农户负担，政府应当降低种养业贷款的实际利率水平，对种养业贷款实行补贴。同时在农村金融组织体系内培育农村金融竞争主体，完善农村金融竞争机制。完善农村金融组织的退出机制，切实推进存款保险制度，保护存款人的利益。

4. 完善农村金融法律体系

可借鉴国际经验健全我国农村金融法律体系，为农村金融功能的有效发挥提供法律保障。如美国据《农业贷款法》建立合作农业信贷系统；日本据《农林渔业金融公库法》设立农林渔业金融公库；法国政府颁布《土地银行法》建立农业信贷机构，印度政府以《建立地区农村银行的法令》推动各地建立地区农村银行等，都可作我国农村金融的立法参考。另外要落实农村民间机构的法律地位，一方面要确定农村民间金融组织等多种金融机构的性质；另一方面要明确农村民间金融部门的注册问题，以保证民间金融组织的合法权益。

（三）打造多元化农村金融产品与服务体系

1. 加大正规金融机构服务创新

加大农村正规金融机构服务创新力度，中国农业银行、邮政储蓄银行、国家开发银行等金融组织应据自身特色优势，稳步发展农村服务网络，创建具有较强小额信贷功能的县域网点，通过创新担保方式、简化业务流程等，积极为广大农户和农村中小企业提供多样化金融服务。围绕完善农村金融功能的目标，在农村金融领域大力开展资本市场、农业保险、农村信托、农产品期货和完善土地金融等金融业务，充分发挥农村金融服务"三农"的功能作用。

2. 鼓励商业性金融机构开展竞争

鼓励商业性金融机构开发多样化的"三农"金融产品，因地制宜开展差别化服务，以信贷支持、结算服务、订单农业等多种方式整合金融资源，满足农民差异化金融需求。根据服务"三农"的目标，大胆创新服务方式，如在授信方面上建立小额信贷"绿色通道"，在担保机制上推广各类"联保"模式，以加快提升服务"三农"的能力。另一方面借助合适的配套改革措施放开民间金融，将非（准）正规金融纳入正规金融的轨道，是在农村金融发展中实现充分、自由竞争的最佳制度选择。

3. 创新适合国情的微型金融服务模式

鼓励发展适合"三农"特点的各种微型金融服务，构建普惠性的农村金融体系。要加快放宽微型金融服务的市场准入条件，积极发展小额信贷，允许农村小型金融机构融入资金，打大资金来源和运用渠道。同时要完善小额信贷机构商业化运营方式，可借鉴"格莱珉经典模式"中"小组＋中心＋银行工作人员"的管理方式，贷款组织方式应采取连带小组方式，

强调社员间相互合作和监督，发挥联保作用，形成内部约束机制。充分发挥小组、互助中心的作用，让农民自己管理自己，一方面可以降低管理费，另一方面还可降低信息的不对称性，降低交易成本。小额信贷机构可适当调高存款利率，借以达到吸纳更多存款的目的，贷款利率应据当地商业银行和农村信用社的利率来确定，以获取合理利差。

第五章　新型农业经营主体下借贷博弈关系中的新型支农金融服务机构监管

银监会公布了地方银监局近年以来开出的所有罚单，其中，罚单集中在农村商业银行、村镇银行和农村信用合作社等农村金融机构，这些机构被开罚单的原因是农村金融服务不到位，再次证实新型农村金融机构目标偏离现象的广泛存在，其政策性与商业性之间的相容还需要加强。

从形式上看，农村金融机构已经极大地改善了农村金融服务空白状况，但无论是农信社等传统正规农村金融机构还是村镇银行等新型农村金融机构，都面临严重的业务创新能力不足问题。虽然农村地区经济条件较以前有所改善，农民收入有所增长，政策层面也允许以农村土地承包经营权、农村自建房、林权（含林下经济产品）、农用设施所有权等做抵押申请小额贷款，以补充农村征信体系不足。但是，新旧农村金融机构自身的创新不足始终制约着其为农户、小微企业和低收入群体等客户提供适配的金融服务，以致供求失窃所致的农村金融市场失灵现象无法得到实质性缓解。即使村镇银行等新型农村金融机构的产权结构已非常清晰，但管理体制薄弱与人力资源素质不足都在客观上阻碍着其进一步提升服务能力。当政策优惠幅度等外部激励不足，或者监管机构施加的外部惩罚不够时，它很容易服从股东要求和趋利动机。那么，如何有效监督才能让新型农村金融机构为"三农"提供到位的金融服务呢？介入农户与新型农村金融机构之间基于借贷的弱势博弈关系提供了一种可能。

第一节　支农金融机构中农村信用社贷款程序的场景再现

农村信用社、农村合作银行、村镇银行等农村金融机构基本遵循相同或相似的程序，但是如某内部管理机制存在问题，不仅会导致机构遭受重大经济损失，农户陷入麻烦，还会影响农村金融机构的公信力，给继续培育新型农村金融机构造成阻碍。

一、农村信用社贷款程序介绍

农村信用社一个完整的正常信贷周期包括四个大的环节：①发放贷款，由客户经理按要求对申请贷款的客户及其担保人进行调查，对有偿还能力的客户才能发放贷款；②客户申请的贷款获批后，由借款人持本人身份证及银行卡到柜台办理贷款入账手续，信用社将贷款资金以转账方式存入借款人本人提供的银行卡账户，并由借款人在贷转存凭证上签字确认，贷款资金入账后由借款人按照贷款用途自主支配使用；③还款时，借款人可将资金存入其名下个人账户由系统扣划，也可由借款人持现金到柜台当面归还，柜员当面打印还款通知单交还款人，还消贷款本息的还将退还借据；④贷款到期后，借款人或者保证人如果不随行还款义务，信用社将依法诉讼、依法清收，谁承贷谁还款，谁担保谁承担连带还款责任。这个程序能否完美地实现内容与形式的一致，涉及农村金融机构与监管层、农村金融机构与农户、农村金融机构与内部工作人员之间的多重博弈。

这个程序的第一步，是否发放贷款、发放贷款额度的决定权基本由信贷员（或信贷业务经理）掌握，那就意味着如果缺乏相应的监督约束机制，是否进行客户信用状况、还款能力与担保能力的调查也由信贷员或信贷经理掌握，信贷风险由此埋伏，在金融供给不足情况下，这种情况会进一步加剧农村金融市场失灵，恶化农户融资难问题。该程序的第二步和第三步从形式上看不存在问题，但是假若农户不太了解其具体内容，加上对信贷员过于信任、遵循向谁借还给谁的熟人社会借贷方式，金融机构信贷风险就会变得复杂，既可能与客户还款能力不足有关，也可能与客户还贷能力无关，而是信贷员在其间的作为所致。

二、巴林银行贷款案例分析

巴林银行交易员长期不恰当利用期货杠杆效应，怀抱赌博心理修改银行电脑会计系统，将暂时存放错误交易、等待合适行情挽回损失的特殊账户改变用途，用以掩盖损失，最终导致有232年历史的巴林银行破产倒闭，李森因欺诈罪入狱六年。李森为何能够以一人之力搞垮一家百年银行？根本就在于巴林银行内部管理混乱，以致风险内控机制没有发挥作用。

巴林银行前首席执行官说：不要想当然认为所有的员工都是正直、诚实的，多年来，巴林银行一直认为启用的员工是值得信赖的……都将公司的利益时刻放

第五章　新型农业经营主体下借贷博弈关系中的新型支农金融服务机构监管

在心中，李森在巴林银行服务期间一直都是不诚实的，但巴林银行存在着内部管理机制的诸多不足，一直没有及时发现李森的犯罪行为，而当发现却为时已晚。其实，巴林银行不是没有发现问题，而是发现问题后，即使派出总部审计部门正式调查也被李森轻松蒙骗过去：

对于没有人来制止我的这件事，我觉得不可思议。伦敦的人应该知道我的数字都是假造的，这些人都应该知道我每天向伦敦总部要求的现金是不对的，但他们仍旧支付这些钱，巴林银行内部管理的松散由此可见一斑。

金融风险在本质上来讲是人类本性的可悲之处造成的，历史悠久的大型金融机构和新生的小型农村金融机构都不能想当然地认为自己的员工是诚实而正直的。所以，人们寄希望于严格的内部管控机制、严明的法律约束和强大的监管体系，但是有时候又天真地忘记：无论多么严格的内控机制、法律约束和外部监管，最终还是要落实到人的身上。

遏制人类本性的不诚实与不正直应当成为金融机构内部管控机制和外部金融监管的出发点，巴林银行倒闭的教训是如此。

在中国农村市场耕耘时间最长的农村信用社会存在的信贷程序、内部管理问题，某种程度上是产权不清晰、法人治理不完善、内部管理混乱、人员资质不够、经营策略不明等历史问题的遗留，被政策层和监管层寄予厚望的新型农村金融机构若想要顺利发展、成为治疗农村金融市场失灵良方，就必须强化内部控制和管理。然而，这并不是一件容易的事情，正如前文所述，新型农村金融机构兼具天生冲突的商业性目标和政策性使命，缺乏相应外部激励和惩罚的时候，它很容易偏向商业性目标。从另一角度看，这种目标偏离现象、信贷程序风险等何尝不是微观金融机构与金融监管机构、机构工作人员与机构内部管理机制之间的博弈结果。

三、金融借贷资金支持现代农业发展研究及工作建议

发展现代农业对我国具有特别重要的意义，而发展现代农业，需要有大量的资金投入，这些资金投入主要是金融借贷资金的投入。然而，农业的弱质性特征和农村金融抑制，导致了金融借贷资金支持现代农业发展供给严重不足的现实。由于当前阶段要求金融借贷资金支持现代农业发展，其一个重要目标就是要消除农业的弱质性特征，因此，解决我国金融借贷资金支持现代农业发展不力问题措施，就是要消除农村金融抑制，其具体措施应当包括以下几个方面。

(一)建立和完善多元化的农村金融体系以培育竞争机制

世界发达国家和发展中国家金融支持农业和农村发展的成功案例表明,基于自己特有的国情,因地制宜地设计和建立了比较完善的、多元化的农村金融体系,是金融借贷资金支持农业发展的基础。具体到我国的国情来说,完善的、多元化的农村金融体系应当是农业和农村政策性金融、农村合作金融与农村商业性金融共存的、各具特点又相互补充的金融体系。因此,建议在以下三大方面采取适当的改革和发展措施:

一是要进一步完善农业和农村政策性金融体系,因为政策性金融具有保障和在市场失灵的领域发挥示范和补充的作用。因此,第一,应当以增强农业和农村经济可持续发展能力、保障农民基本生产生活需求为出发点,来确定政策性金融支农的重点领域。具体来说,政策性金融借贷资金的投入项目应当是具有私人投资性质的农业和农村中长期项目、具有保护性质的重要农产品收购项目、具有保障性质的农民基本生产和生活贷款,这种借贷应当是无息或者低息的。第二,应当为其提供多渠道、宽来源的农业政策性信贷资金来源。第三,还应当建立健全农业政策金融的激励机制,一个重要的改革方向是努力寻找实施商业化运作的模式,以提高其运行效率,降低运行成本。

二是要努力扶助与发展各种形式和性质的农村合作金融,因为国际经验已经表明,合作金融具有其他金融体系所不能具备的灵活性和群众基础,以及民主管理、低成本运作的优势,其金融产品特别适合于广大农户。扶助与发展各种形式和性质的农村合作金融的目标,是要建立由农村信用合作社(包括农村合作银行)、农村资金互助社,以及其他各种形式的民间合作金融组成的多层次的、规范的农村合作金融体系。建立多层次的农村合作金融体系,当前首要任务是要在法律上明确民间合作金融组织的性质和地位,将其改造成规范的农村合作金融组织。建立规范的农村合作金融体系,应当是互助合作性质的、非营利性的农民自我资金服务组织,要切实为社员服务,社员参与组织管理、享有信贷服务和利润分红的权利。

三是要大力促进各种农村商业性金融的发展,因为商业性金融是金融借贷资金支持现代农业发展的中坚力量。我国目前,一方面,正规农村商业性金融体系已经基本具备,但是,由于缺乏竞争,正规农村商业性金融的产品单一、业务模式僵化、效率较低;另一方面,经营切合农村实际、信贷业务灵活、手续简单快捷、贷款成本较低、深受农户欢迎的新型农村商业性金融发展很快,而且新型农

第五章　新型农业经营主体下借贷博弈关系中的新型支农金融服务机构监管 ✱✱

村商业性金融的存在和发展也给了正规农村商业性金融改善其经营管理的动力和启发,但由于种种限制,尤其是被要求"只贷不存",加之在其合法性问题上各种政策和法律相互"干架",其生存的持续性突出。因此建议:①要立法以明确新型农村商业性金融的性质和地位,给予新型农村商业性金融与正规农村商业性金融平等的待遇和公平竞争的机会。②要恰当地安排农村金融市场的准入和退出制度,改用其他的农村金融市场管理模式,如"独立认证和连带损害赔偿责任制度＋担保和违规违约事后重罚制度"等,鼓励各种形式和性质的农村商业性金融组织同时竞争和发展。只有这样,才能建立健全多元化的农村融资供给体系,适应支农借贷资金需求具有不平衡性特征,且才能培育起农村金融市场竞争机制,迫使现有农村正规金融机构积极创新农业和农村金融产品,改善其服务,从而达到促进提高农村金融市场的效率、优化农村金融资源的配置的目的。

(二)提供多方位的支撑以树立金融借贷资金支农的信心

导致我国农村金融抑制和金融借贷资金支持现代农业发展供给严重不足的一个重要的根源,就是农业具有弱质性特征,这种弱质性特征最主要的表现,就是因农业项目的投入产出率低,导致了金融借贷资金投资农业的比较利益低。政府应实施以下措施,来为树立金融借贷资金支农的信心提供多方位的支撑。

一是要加大财政和政策性金融对农业和农村基础设施建设项目、农业科技项目、普及农户的相关科技知识项目、改善农业生产服务项目的投入。金融借贷资金支持现代农业发展相关主体的博弈分析结论表明,农业项目的投入产出率与支农借贷资金均衡总量、支农借贷资金提前撤资比率以及借款农业生产者的均衡违约概率均高度相关,是决定金融支农借贷资金投入的基础的、首要的条件:农业项目的投入产出率越高,商业性金融支农借贷资金均衡总量就越大,支农借贷资金提前撤资的可能性就越小、展期投资的可能性就越大,借款农业生产者的违约概率就越低、因而越有利于培养讲信用的良好风尚。

因此,①要加强农业和农村基础设施建设,保护农业生产生态环境。目前的主要任务是要加强农业水利建设和农村抗震抗灾设施建设,进一步完善乡村公路交通建设和供电、通信事业建设,为农业和农民"走出去、带回来"提供基本便利条件。②要加大农业科研投入,科学规划农业项目布局,及时推广高新农业生产技术和生产工具。③要普及农户的相关科技知识,提高他们对农业生产经营的预测、控制和利用能力,也提高他们保护农业生产生态环境的能力。④要改善农业生产经营相关服务体系,主要是要强化气象和病虫害预报预测工作,以提高农业抵抗自然风险的能力、减少不利天气和自然灾害对农业生产的影响；建立和完善农产品市场信息体系，为农业生产者提供及时的、准确的市场信息，以降低农业的市场风险。因为只有这样，才能有效地改善农业生产经营条件，提高农业的抗风险能力，降低农产品交易成本提高农业的投入产出率。

二是要适当补贴农业借贷利息。金融借贷资金支持现代农业发展中相关主体的博弈分析结论表明，市场利率越低，商业性金融支农借贷资金均衡总量就越大、借款农业生产者违约的可能性就越小。因为市场利率越低，一方面，商业性金融借贷资金投放到农业项目的比较利益就会越大；另一方面，借款农户违约的概率就会越小，从而贷款风险就会越低，这样就越有更多的商业性金融借贷资金愿意投放到农业项目。但就当前我国的形势来看，要降低市场利率是很难做到的，因此，只能通过财政补贴农业生产借款利息，以减轻借款农业生产者的负担，从而借款农户违约概率就会越小；补助支农贷款利息，以提高借贷资金投放到农业项目的比较利益，从而吸引更多的商业性金融支农借贷资金。

三是要设法减少支农贷款主体的风险顾虑，降低其支农贷款投资的风险规避系数。支农贷款的风险规避系数是各支农贷款主体对其支农贷款所冒风险的评价及其对待该风险的态度，风险规避系数越小，支农贷款均衡总量就越大。为了减少支农贷款主体的风险顾虑，降低其风险规避系数，除了加强农业基础设施建设、加大农业科技投入、推广高新农业技术和农业生产工具、普及农业生产知识等以提高农业的抗风险能力、提高农业的投入产出率以外，就目前来说还应当做好下两个方面的工作：一是建立和完善农业风险补偿机制。我国是世界上自然灾害频发且损失最严重的国家之一，但我国的农业风险补偿机制几乎是一片空白，严重地降低了商业性金融借贷资金支持农业的比较收益。因此，针对我国农业和农村目前的具体实际，建议：①加大农业保险的补贴范围和力度，鼓励现有保险公司开发有效的涉农险种；②加快建立政策性农业保险制度，以消除商业性农业保险市场失灵的影响；③鼓励建立健全新型农业保险体系，尤其是鼓励和引导建立农业失败互助基金等农业生产者互助形式的风险补偿机构；④建立和完善农业风险补偿证券化体系，如建立和完善农业期货交易机构以及交易渠道，开发合适的农业避险金融工具等，鼓励和培养有条件的农业生产经营管理者利用现代化的农业避险金融工具来规避农业生产经营风险。二是金融借贷资金支持现代农业发展中相关主体的博弈分析结论表明，订立严格的合同条款、提高对提前撤资的边际处罚，不但无助于减少商业性金融支农借贷资金提前撤资，相反会加重商业性金融支农贷款投资者法律忧虑、减小商业性金融支农贷款均衡总量，同时还会增加借款农业生产者的违约道德风险。因此，应当尽可能地不对支农借贷资金提前撤资行为进行处罚。当然，在允许支农借贷资金自由撤资的同时，政府应当充分发挥政策性金融的作用，建立合理有效的农业投资项目流动性风险应对机制，如政策性金融贷款补充提前撤资的商业性金融贷款，或者建立农业项目商业性金融支农贷款提前撤资保险制度等，以防止和降低因商业性金融支农借贷资金提前撤资而给项目带来损失。另一个办法就是建立商业性金融支农贷款投资损失财政补贴制度或保险制度，以降低或消除商业性金融支农贷款主体的风险顾虑，从而减少其提前撤资行为。三是借款农业生产者的违约率对支农贷款均衡总量和支农金融资金提前撤资与否，均具有一票否决的作用，是影响支农借贷资金的决定性因素。因此，应该培养农户的诚信意识，减少借款农业生产者违约。其具体方法除优化农业生产经营条件，降低农业生产经营风险，提高农业投入产出率以外，采用联保借贷以提高借贷者的违约成本、实行小额贷款和补贴贷款利息以降低借贷者的违约收益、优化贷款服务和补贴贷款利息以减少借贷者的违约情绪，都是不错的措施，当然，还可以考虑通过宣传、学校教育等手段来培养农户的诚信意识。

（三）积极引导农业产业化经营以提高农业的组织化程度

我国目前的农业生产经营组织化程度很低。分散经营使得农业的弱质性地位长期得不到改善：第一，分散经营容易导致市场盲目、扩大农业生产经营的市场风险；第二，分散经营难以集中大量资源，采用先进生产技术、工具和实行集约化生产，以减少不利天气和自然灾害的影响；第三，分散经营的生产经营者势单力薄，承受风险能力差；第四，分散经营的市场交易成本高，产业比较利益低。因此，消除农业的弱质性特征，在生产组织方面首先是要提高农业生产的方向，可以是延伸农业产业链、进行专业化生产、利用区域优势发展优势产组织化程度。

提高农业生产的组织化程度，主要是要鼓励和引导农民因地制宜地制定和实施农业产业化发展的整体战略。农业产业化经营，是农业生产通向规模化、专业化和社会化的必经之路，能够培育发展主导产品和支柱产业。农业产业化的基本原则，应当以促进农村经济发展和农民收入提高、农村社会公平和谐为基本目标，以提高比较利益为中心，以培育和加强比较优势为着力点，以对土地等资源进行资本化运作为手段。农业产业化的具体实施模式，可以是农业龙头企业模式、"公司＋农户"模式、农业专业合作社模式等。农业产业化的经营发展业等。

第二节 支农金融服务市场借贷关系博弈及其影响因素

据有关调研显示，与农业现代化有关的农村新型企业数量在不断增长，面临的最大制约因素就是不确定的资金链条可持续性。一些企业管理人员明确表示，如果地方政府不监控当地农信社等金融机构的信贷投向，后者向"三农"贷款的意愿并不强烈，甚至在具体信贷业务过程中违规操作，如：不遵从涉农贷款比例等政策导向、私自变动存贷款利率、工作人员服务不到位等。这些违规行为如果没有被监管机构及时制止并施加惩戒，会对其他农村金融机构产生示范效应与传染效应，最终不利于双方借贷关系的生成与维护，也不利于政策目标的达成。进一步地，在农村金融市场信息对称程度较低情况下，农村金融机构短期内的违规操作行为会带来诸如利润之类的明显好处，但它也是一种走钢丝行为，一旦曝光，不仅面临财政补贴、贴息贷款、支农批发再贷款等优惠政策取消的处罚，还可能被开罚单。

一、农村地区借贷关系的 PSM 博弈分析框架

在 PSM 分析框架中，当 PSM 尚未转化新型农村金融机构内部激励之时，促进它们偏向政策性目标或至少兼顾商业性与政策性目标的方法是强化外部激励增强其 PSM，但 PSM 分析框架既没有涉及（新型）农村金融机构行为与农户、监管机构行为之间的互动关系，也没有涉及三方主体所掌握信息、所处社会地位对借贷关系的影响。

博弈论（Game Theory）能够极大地弥补这一点，其重心是各决策主体之间行为和结果的关联，它强调在一定规则和前提约束条件下，每一个行动方在决策的时候必须考虑其他各方的决策可能和其他参与方对自己决策的反应，经过反复考虑后选择对自己最有利的决定和实施策略。博弈过程的发生需要参与者、信息、参与者行为或策略集合、策略选择排序与决策结果。战争、竞赛、市场竞争、经济行为、司法问询、城管执法、政府监管等领域都广泛存在动态博弈行为，基于信息完整与对称程度、话语权强弱势，各方主体选择合作博弈或不合作博弈策略，与人天生诚实或正直无关，而与利益最大化有关。理想情况下，农村金融机

第五章　新型农业经营主体下借贷博弈关系中的新型支农金融服务机构监管

构遵守监管层规定、服从信贷政策投向，农户融资难问题由此缓解，农民收入改善和当地经济发展概率增大，农村金融机构—农户—监督三者之间就达到一定程度的动态平衡博弈，这也是政策层面对村镇银行、农村资金互助社等新型农村金融机构的期许。了解新型农村金融机构与农户、小微企业等之间的借贷关系、借贷行为及其影响因素，将有利于上述动态平衡博弈的形成和维持，既可满足农户多样化信贷需求，促进有限的农村资金配置更有效，也有利于设计更适合的新型农村金融机构监管体系和监管法律。

在新型农村金融机构与农户之间的借贷关系中，前者居于主导地位，在做出贷款投向—贷款额度、贷款对象、贷款方式和贷款期限等决定之前，为了确保贷款到期偿还且能够获得预期收益，其最优策略是尽力获得完全信息，要求农户提供个人身份资料、资产、抵押物、担保人情况等就成为一种行业惯例。对农户而言，为了获得贷款，会配合金融机构要求，提供个人身份、资产等信息，但是其最优策略未必等于提供真实有效信息，有时候隐瞒事实、夸大事实或虚构事实反而是最优策略。

在不考虑政策引导与合规性监管要求的情况下，新型农村金融机构与农户之间是否达成贷款交易，取决于双方的合作博弈。按照贷款程序，农村金融机构在贷款决策之前，通常会对贷款人做信用和还贷能力的实地调查，情况属才会进入下一个审贷环节，若实地调查结果与申请贷款时提交材料不一致，贷款人被拒绝是小事，被列入金融机构的贷款人黑名单才是致命。除非有绝对把握（包括与信贷员合谋），农户的最优策略还是如实提交个人信息。那么，将新型农村金融机构政策性目标纳入信贷关系博弈过程，双方的最优策略会发生什么变化呢？政策性目标就意味着外部监管或者激励的存在，新型农村金融机构与农户之间的信贷关系没有发生实质变化，但博弈方式有了很大调整，即：新型农村金融机构与监管机构之间的关系，要么合作要么不合作（其基准是监管规则与政策，双方之间不存在任何事先商定好的行为规则）即对新型农村金随机构与农户之间的信贷关系产生影响。当新型农村金融机构认为与监管机构合作、服务"三农"是一种最优选择时，它们会采取兼顾政策性和商业性目标的经营策略和贷款行为；但是当它认为与监管机构之间不合作、不配合服务"三农"政策对自身才是最优选择时，贷款对象非农化等目标偏离行为就会发生，偏离的严重程度与政府监管能力成反比。

在这一博弈过程中，后行动者会观察先行者的行动策略，然后对先行者的策略做出最合乎理性的反应。因此，新型农村金融机构是否与监管机构合作的决定必然会受到其他机构选择及其后果的影响。通常而言，若其他新型金融机构与监管机构合作取得了满意结果，如贷款按时回收实现了预期收益，优惠政策落实增加了收益，则会产生合作博弈的连锁效应；若其他新型金融机构采取不合作的博弈行为，不仅得到脱农化策略带来的更丰厚利润，还能得到监管机构未能及时发现或者发现了未加以处罚的优惠政策红利。那么就会刺激逆向选择和非合作博弈，加剧新型农村金融机构的目标偏离现象。

二、基于二元结构的农户贷款审查的博弈分析

改革开放以来，我国农村居民人均收入实现了快速的增长，突破了万元的大关。但是城乡差距依然存在，农村经济仍然是经济发展的短板。在中国经济逐渐步入新常态的过程中，农村经济也进入了传统农业向现代农业转变、结构调整的重要时期，资金需求增加。农村金融机构作为农村资本要素配置的核心，对解决"三农"问题起着重要的作用。

我国的农村金融市场存在二元结构的特征。一方面，商业银行、政策性银行、合作性组织等正式金融中介机构在政府监管范围之内运行；另一方面，非正规金融内生于农村长期积淀形成的乡土文化中，能够有效解决信息部队称产生的逆向选择和道德风险问题，与正规金融并存，对农村发展资金支持发挥着不可忽视的作用。但正规金融机构与非正规金融机构的运行机制又有着本质上的不同。

信息不能顺利流通，农户与正规金融机构间的借贷过程，属于不完美信息动态博弈过程，而非正规金融机构占有信息优势，博弈过程为完全信息动态博弈。农户贷款审查的博弈分析是最为主要的方面。

(1)正规金融机构与农户贷款审查的博弈分析。模型假设如下：

假设1：博弈参与人为正规金融机构和农户，双方都符合理性人的特征，追求自身利益最大化。假设2：农户分为两种类型：诚信的农户(G)，会按期用一部分投资收益偿还银行贷款(履约)，诚信的借款者概率为 P_G；不诚信的农户(B)，获得银行贷款，不会按期偿还(违约)。假设3：农户向正规金融借款本金为 L 利率为 r，投资收益为 I 正规金融对贷款的审核成本为 v，正规金融机构正确判断出农户类型的概率为 P_r。

根据上述假设，得到以下博弈模型。

第一阶段，由自然选择借款者的类型，第二阶段农户选择是否申请贷款，若

第五章 新型农业经营主体下借贷博弈关系中的新型支农金融服务机构监管

选择不申请，博弈结束双方受益为零，选择申请，博弈进入第三阶段，正规金融机构在不知道农户类别的情况下选择是否对贷款进行审查，选择审查，按照正确判断和错误判断的概率计算期望收益，若选择不审查，则直接贷款。

审查成本与要求判别出农户资信状况的准确率成反比，贷款金额与要求判别出农户资信状况的准确率成正比。在农村金融市场，存在信息不对称，正规金融机构要进行贷款审核对审核准确率要求较高，而金融机构审核的准确率不会随着审核成本增加而增加，所以正规金融机构对在农村金融市场的贷款倾向于不审查。

在直接筛选低效的情况下，正规金融机构就会更加偏好于间接筛选机制，即通过抵押品实现对农户的自动筛选，一方面减少审查的成本，另一方面提高审核的准确度，农户缺少抵押担保品而不得不退出贷款的队伍，最终相对富裕的农户成为正规金融机构发放贷款的主体。

(2) 非正规金融机构对农户贷款审查的分析。非正规金融机构一方面距离贷款者较近，对借款人的资金状况、个人品质、投资项目有一定了解；另一方面，获得信息的方式、渠道更加多样、灵活，比正规金融具有更大的信息优势。即在获得信息成本小，准确率较高的情况下，非正规金融机构可以直接寻找合适的借款人，而不需要额外的抵押担保品，没有严格的风险审查和管理制度。因此，讨论中，不考虑贷款的审查成本。

在农村特殊的熟人社会中，非正规金融贷款模式比城市中在成熟工商业经济社会背景下产生的正规金融模式更具信息优势。信息劣势导致匹配对象混同和信贷配给的产生，降低了正规金融对资源配置的效率，一定程度上加剧了收入分配不均，不能使大量贷款需得到满足。在缺乏抵押品的情况下，农业项目的投资成功率得到保证，能够提高农户的还款能力和意愿，进而有利于提高金融机构发放贷款的意愿。正规金融因其规范性、低利率有利金融市场的稳定，能够带来更大的社会效益。在政府干预的条件下允许非正规金融发展，规范和引导非正规金融正规化，有利于利用正规、非正规金融机构优势，满足农户资金需求，构建可持续发展的农村金融体系。

三、农村金融市场借贷关系博弈的影响因素

无论在哪个市场，借贷关系博弈都是不完全信息条件下的动态博弈，在做出初始自然选择之后，每一个参与者都在行动，没有机会观察到别人的选择，也就

没有机会根据别人的选择来调整自己的选择，因此每个参与者的最优策略选择取决于自身基本情况和对其他参与者情况及其可能选择策略的判断。倘若博弈参与方特别注重集体理性和公平，会事先通过协商、谈判达成一致意见、规则和制度，然后在遵从约束性协议前提下确定最优策略，参与各方都得利。假如各方特别强调个体的理性选择，那么会选择在各自策略集合下博弈，过程既有合作也有冲突，其结果是有输赢之分，因此在现实博弈过程中，非合作博弈参与者最终会在多次博弈之后会选择合作，促成合作博弈的实现。以新型农村金融机构为例，它分别与农户（小微企业、涉农企业）、政府监管之间存在博弈关系，前者是典型的非合作博弈，后者则是合作博弈，分别会受到不同因素的影响。

1. 新型农村金融机构与农户之间的借贷关系博弈影响因素

总结样本农户的访谈调查发现，影响农户借贷需求和借贷行为的因素可以归结为静态指标和动态指标两类，前者由农户特征、农户家庭特征与地理特征构成，后者包括家庭财富与物质资本、人力资本和社会资本。

文献调查发现，按照上述影响因素重要性排序做分析验证的 Logistic 回归模型研究表明，首先是家庭收入水平、收入来源结构和家庭资产等物质资本是最主要的借贷关系博弈影响因素，其次是家庭人口数量、户主身份与文化程度、技能因素，社会资本在信贷实践中通常被当成一个加分项而存在。从贷款者选择借款方的研究认为农户声誉与信用水平、邻里评价、人情往来与社会关系等社会资本对正规借贷关系博弈的作用较弱，对样本机构覆盖区域内农户样本随机入户调查部分证实了这一点，即如果农户家庭特征、物质资本等没有满足新型农村金融机构最低贷款要求，即使农户信用和声誉再好，也没有得到贷款的可能性。这一点与新型农村金融机构小额信贷业务对贫困农户瞄而不准、偏离政策使命的现象相符。

对新型农村金融机构而言，影响它们与农户建构信贷关系的最主要因素不是那些信息指标本身，而是信息不对称。新型农村金融机构作为农村金融市场的后来者，为了更快地开拓业务势必选择。差异化竞争策略，这必然意味着要开发新的客户群体和业务类型，要了解新客户的贷款需求、基本情况、家庭物质资本、社会关系、声誉与信用……新型农村金融机构资产规模、业务创新能力和人力资源水平等先天条件不足，它最担忧的是无法获取贷款农户的全部有效信息，发生贷款审批评估失误，导致贷款无法按时回收。曾有研究认为信息不对称是造成农户不愿意向正规金融机构贷款的主要因素，但实际上信息不对称同样是贷方不愿

第五章　新型农业经营主体下借贷博弈关系中的新型支农金融服务机构监管 ❋❋

意轻易向农户贷款的原因。此时，农户的社会关系能够提供足够担保的话，情况会有很大不同。因为社会关系及其担保这一要素能在最大限度上降低借贷关系博弈中的信息不对称，促成合作博弈关系的形成。

不过，新型农村金融机构和农户之间的借贷关系博弈走向在根本上受到农村金融市场供求不平衡的制约，双方形成的合作博弈关系存在明显的强弱势之分，农户作为贷款需求者始终处在次优位置，新型农村金融机构的偏好成为农户必须满足的条件。否则得到贷款（意向额度）的概率会降低很多。在资金极度稀缺的市场中，被称为农民的银行所提供的信贷也不一定等于农民信贷，在缺乏外部监管约束的条件下，这一博弈会走向其初衷的反面。这也是印度安得拉邦小额信贷危机爆发的原因之一。

为了避免借贷关系博弈出现上述不良结局，引入外部监管才有可能确保各方参与人利益得到最大保障，还不需要经过多次重复博弈就能够降低信贷交易成本和贷款利率。

2. 新型农村金融机构与监管机构之间的合作博弈影响因素

一项英国和爱尔兰农村专门金融机构外部资金来源性质与农户信贷关系的实证研究显示，资金来源商业化程度决定着农村金融机构资金投向领域的商业化程度，如果一定要遵循扶持农业的政策导向和监管要求，这些机构会更多地倾向大农户或者农业企业，而不是分散的小规模农户或小微企业，因为大农户能够更好地利用借款机会和新的金融工具获取更多收益。这一规律为新型农村金融机构偏好公司＋农户、合作社＋农户、公司＋农户＋基地、基地＋农户担保＋农户等信贷模式所证明，正是因为农村金融市场制度不完全、信息不对称，借贷各方博弈代替正规制度成为主要的经济行为，农村非正规金融才有存续和发展的土壤。

政府监管在借贷双方博弈过程中的角色是确保多方共赢格局的合作博弈能够顺利达成，其关键是规制和约束新型农村金融机构服从。"三农"政策导向、满足监管要求。为此，新型金融机构和政府监管之间形成了小偷－守卫博弈关系，前者在违规和不违规之间选择最优策略，后者则在认真和不认真中选择监管策略，形成了不违规、不认真监管－A(－1.－1)不违规、认真监管－D(－t，1)、和违规、认真监管－C(1.1)和违规、不认真监管－D(1.－1)四种博弈策略组合。

那种认为新型农村金融机构会秉承强烈公共服务动机、企业社会责任意识服务"三农"的想法是天真的，至少目前还没有证据可以表明这一点。因此，监督机构认真监管构成了新型农村金融机构不违规的充分必要条件，而不认真的监管迟早会引发违规行为;在监管机构认真监管情况下,新型农村金融机构还能够违规农化经营,要么是远大于违规成本的。违规收益让机构铤而走险,要么是监管机构能力不足以发现其违规行为。但正如《巴塞尔协议》所言:尽管金融监管的成本很高(还不一定有效),但不监管(或监管不力)的成本更高,实现有效监管必须回归到博弈参与者的目标本身及其实现方法。

在金融市场运行过程中,监管者和市场参与者追求的目标从形式上看具有某些一致性,例如,准确测算风险、提高信息披露要求、有效配置资金让稀缺资源流向能够以最佳方式利用的市场参与者。新型农村金融机构希望能够凭借独特优势争夺和筛选有价值客户,而银监会等监管机构则希望各个机构在满足服务"三农"政策使命的前提下,借贷双方有更好的策略实现更好地配置资金,实现和维持公平、有序和有效的市场并促进农村资本的形成。它们都会有自己的方法来实现各自的目标,新型农村金融机构会通过田间地头、上门入户等贴心服务方式,完成储蓄动员、信贷宣传和有还款能力客户的筛选与瞄准,通过小心翼翼地分配贷款对象和贷款额度的比例来兼顾政策目标与股东盈利要求。监管机构则对新型农村金融机构的违规行为开出罚单,或对违规严重的机构取消优惠政策。

不过,与政府警察不可能随时察觉小偷一样,无论监管机构和监管人是多么负责任地监管新型农村金融机构的行为,也不可能完全及时地发现和处罚违规机构。按照乔纳森·梅西的吸入式监管论点,除了颁布市场参与者必须遵循的强制性规则外,监管机构可以把市场化措施纳入监管体系,大量采用私营部门的措施、手段和制度,例如信用评级最早仅仅是一种非正式的制度,SEC后来将之纳入监管体系中,变成了针对证券机构的强制性要求。

不过,现阶段农村金融市场似乎还没有发展出针对新型农村金融机构的信用评级制度,而中国村镇银行发展论坛组委会、中国县镇经济交流促进会、亚太金融学会、中国金融杂志社等机构联合发起的村镇银行百强排名、村镇银行综合业务情况排名评价标准似乎还未具备进入监管体系的条件,它们主要是三项评价标准:

(1)参选单位开业时间要求和按照要求提交连续两年经营数据。

(2)参选单位需要连续两年盈利,没有出现过重大事故、经济与刑事等有损声誉事件。

(3)参选单位有鲜明特点,包括:①服务"三农"与小微企业市场定位明确;②企业文化建设和品牌宣传有成效;③金融服务与产品创新表现突出;④公司治

第五章　新型农业经营主体下借贷博弈关系中的新型支农金融服务机构监管

理结构严谨；⑤风险管理与防范措施到位。

仔细考量，这些评价标准的核心依然是盈利能力，遵循的是既有的监管标准，如资本充足率、不良贷款率、风险管理、内部控制、关联交易等。对服务"三农"和小微企业市场定位的测量依据是贷款比重，其他衡量标准的主观色彩比较浓厚。例如，服务"三农"和小微企业优秀村镇银行中，农户和小微企业贷款余额占各项贷款余额的比重高达95%，平均户均贷款余额40万元。但这些贷款主要是通过基地与农户结合或公司与农户结合等方式完成的，积极促进了农业现代化建设，但是实际上并没有真正意义上满足农户（小微企业）多样化的贷款需求。

这一事实说明，农村金融市场在多次增量改革之后的市场失灵性质已经主要从供求不平衡转向金融监管不足。在以往的金融供给严重不足时期，低利率和指定投向的贷款政策等金融抑制手段曾经严重扭曲农村金融市场资源配置规律，导致了贷款使用低效、机构亏损、坏账累积和贷款可得性的不平等与腐败现象，真正需要资金的企业和个人按照正常审贷程序根本就得不到贷款，要么找政府担保，要么与信贷机构工作人员私下交易。穷人若要想从农村金融机构融通资金，即使愿意支付高利率，还需要与机构工作人员认识，且得到后者的同情才有可能。

而现在，农村金融机构数量快速扩张潜藏的风险、受城市化影响的农户金融需求多样化以及中央1号文件等政策对农村金融机构赋予的政策使命对农村金融监管带来了极大挑战。在每一个新型农村金融机构关心各自筹集资金与资本形成能否获得尽可能高收益时，监管机构也许并不会关注每一个微观金融机构的命运，但一定注重农村资金向资本转化过程中的宏观经济环境以及它能否有利于政策目标的实现。

新型农村金融机构能否吸引足够外部资金取决于能否让各类资本相信，它们能够有效利用这些资金让投资者获得高额回报，它们能否得到政策承诺的优惠红利则取决于其经营行为策略与监管标准的一致性。因此，新型农村金融机构和监管部门之间唯一的利益共通之处是都有动机想办法克服信息不对称造成的缔约难题。

在这个过程中，新型农村金融机构声誉、监管体系、监管技术、监管能力、交易环境透明度对两者之间的合作博弈策略组合施加影响。比如，如果新型农村金融机构注重声誉、交易环境透明，它会倾向选择不违规，与监管策略选择没有关系，但是当交易环境不透明的时候，则会视监管水准而确定违规还是不违规。

反之亦然，当监管者自信有足够有效的监管技术、且监管成本较低时，其监管策略就是认真落实监管规则，对敢于公然违规者做出惩罚，包括风险提示、约谈其董事或高级管理人员、监管质询、责令停办业务等，对涉及犯罪的行为依法追究刑事责任。

中国农村金融市场涉及监管部门与新型农村金融机构、后者与农户/农村企业之间、监管与民间金融之间的多重博弈，参与者之间的博弈过程是动态调整的，找到博弈均衡点，即利益关系均衡点是关键。但这一均衡点无法自动实现，沿着沟通途径的权力分配对达成各方参与者的协调一致与合作是必须的，监管的角色不可替代，却又必须注意银监机构、央行和其他政府部门之间的分工，避免出现监管重叠或者监管空白，存款人保护制度就是一个典型例子。

第三节 新型支农金融服务机构、农户与监管之间的多元博弈

根据收入水平，农户分为贫困农户、小规模半商业化种植养殖户和市场型农户每一类型的金融需求特征和满足方式存在差异。贫困农户的信贷需求集中在小额应急、季节性农资用品和小规模种养方面，既可以通过亲朋好友借钱满足，也可以通过入股农村资金互助社得到满足，特别贫困农户则需要由政府贫困资助、慈善捐助来帮助。小规模种植业养殖业农户在农村占比最多，他们具有一些贫困农户的借贷需求特征，但种养殖业已经初步具有商业化特征，有时需要贷款额度比较大，亲朋好友无法满足其需求，向农村信用合作社、村镇银行等正规农村金融机构融资有时成为一种必须。而市场型农户则是专业性、成规模发展特色种养殖、水产或加工运输等，不再是家庭个体户细敲碎打，而是启用数人或十数人分工合作完成目标，其业务范围不限于一个地区，金融需求多样、融资额度比较大、周期长，由农信社、农村商业银行、农业银行等金融机构提供服务更加适合，但因为大额度存款、代发工资业务和还款能力有保障，他们也是村镇银行争取的优质客户。

服务"三农"、扶助贫困等政策目标多通过贷款实现，但农户有贷款意愿和贷款需求才会产生借贷关系，依照农户类型，农村金融市场借贷关系主要发生在小规模半商业化种养殖户、市场型农户与农村金融机构之间。在此分别用 P、F、G 表示农户、新型农村金融机构和政府监管者，根据借贷关系博弈行为及其影响关

第五章　新型农业经营主体下借贷博弈关系中的新型支农金融服务机构监管

系建构多元主体博弈模型。

一、多元主体博弈模型假设

在征信体系不很健全的农村金融市场，农户（P）、新型农村金融机构（F）和政府监管（G）围绕借贷关系展开动态博弈，农户贷款意愿和贷款结果一致性程度取决于新型农村金融机构遵从政府监管规则的程度，多元主体博弈模型的基本假设前提如下：

其一，借贷双方具有理性经济人特征，P、F、G 三方主体会最大化自己的目标函数且会选择使其收益最大化的策略，包括短期利益。

其二，借贷关系博弈是多方相互关系的动态发展，且存在信息不对称，即：各方博弈是不完全信息动态博弈，参与人行动顺序是 G、P 和 F。根据每个参与人的策略选择，参与人集合是 $N=\{G,F,P\}$；各方效用函数分别是 $U=\{U_G,U_F,U_P\}$；各方博弈策略集合分别是：监管的博弈策略集合 $A_G=\{$认真，不认真$\}$，新型农村金融机构贷款策略为 $A_F=\{$贷款，不贷$\}$，农户的策略集合是

$A_P=\{$去贷款（有意愿），不去贷款（无意愿）$\}$。

假设监管（含政策优惠）的成本是 C，J 是新型农村金融机构的"三农"贷款规模，通过帮助农户和农业企业发展间接为当地政府带来收益 R(L)，且 $\frac{\partial^2 R}{\partial^2 L} \geqslant 0$，这意味着新型农村金融机构服从"三农"贷款政策导向，增加"三农"贷款规模也会为政府带来不断递增的收益。基于农户贷款意愿主要受地缘、亲缘等因素影响，将这两类因素排除考虑之后，农户贷款意愿与新型农村金融机构贷款之间就构成了一个博弈关系，政策优惠是一个中间变量。

在农村长期供给不足和金融抑制背景下，借贷关系的主导者是金融机构，这一事实即使在新型农村金融机构极大改善了农村金融供给之后，在农村金融市场依然有强大影响力，对（偏远地区）普通农户而言，从正规金融机构融资是一件特别不可想象的事情，所以农户不借贷的博弈策略几乎不影响金融机构。此时，普通农户会逐渐发现改变以往那种不去正规金融机构贷款的策略是有利的，并向选得去新型农村金融机构申请贷款的农户学习。新型农村金融机构和农户在交流当中，不断调整博弈策略，最后达到一个相对均衡的合作状态，即多次博弈后的纳什均衡，它意味着：在一定范围内，一定比例农户贷款申请获得新型农村金融机构批准，而新型农村金融机构也获得了满意的利润回报。

二、新型农村金融机构与农户借贷关系影响因素验证

政府监管、新型农村金融机构和农户之间的借贷关系博弈的理想目标是政府通过优惠政策传递的政策信号被新型农村金融机构接收，新型农村金融机构对农户贷款申请的策略若能给该机构带来高于群体收益的收益，它就愿意与农户多次博弈。倘若市场已经发展出一套比较成熟有效的规则，对政府监管而言是有利于降低监管成本的。不过，在中国农村金融市场尚未发展出类似于信用评级制度这样的自我调整规则之前，对村镇银行等新型农村金融机构的监管方法还是依靠资本充足率等指标衡量其稳健性，而判断它们是否完成了优惠政策所传递的扶助"三农"和小微企业政策目标的主要依据是相应贷款金额及其所占总贷款的比重。但是，监管机构无法直接干预新型农村金融机构是否给农户提供贷款的具体审批过程。

总体来讲，围绕是否给"三农"和小微企业借贷，新型农村金融机构、农户和监管三方博弈的影响因素不存在什么独特性，以家庭收入为核心的物质资本特征、农户人口结构与技能等家庭特征以及社会地位、社会关系（涉及担保人）等社会资本特征会对农户是否向新型农村金融机构申请贷款施加影响，而新型农村金融机构做出同意还是拒绝的决策依据也是建基于上述指标的信用调查和信用等级评定。

在借贷操作过程中，也不一定是完全依靠这些指标来判断。比如调研之前，我们普遍认为新型农村金融机构的贷款审批标准是学历、有无稳定工作、家庭收入来源、还贷能力、家庭住房、信用记录、银行开户状况、婚姻家庭等。但是对信贷员采访却显示：家庭年收入、有没有抵押能力、村里有没有人愿意提供组保等三项才是判断贷款安全的最重要指标；相应地，贷款额度与家庭收入规模、抵押额度、担保人能力存在正相关关系，小额信用贷款方式在新型农村金融机构使用比较少。受访信贷员还举了几个例子做说明：

某王姓村民，50多岁，看到近年来猪肉价格持续上涨，判断养猪行业发展兴旺，就计划发展生猪养殖业。但手头经费不足，他就向当地农村信用社、村镇银行提出8万元贷款申请。因为家里值钱物件不多，他就将自家房屋通过公估估值3万元，最后通过当地某村镇银行获得贷款4万元。

另一刘姓村民，退休前是乡村教师，教授绘画，退休之后打算开办一个国画培训班，培养乡村孩子的艺术修养和绘画技能。按照办学规定，置办教学场所及

第五章　新型农业经营主体下借贷博弈关系中的新型支农金融服务机构监管

所需设施需要资金 9 万元，该村民资金不足以支撑这些费用，就拿出自己收藏的一幅名画即彭玉麐梅花图作抵押，市场估值 10 万元，当地农村信用社找专业机构鉴定之后给他贷款 8 万元。

王姓农户和赵姓农户，家庭收入差异明显，前者是有机辣椒种植大户，年收入 20 万元，后者从事有机辣椒种植，但主要在当地商业集散地批发和售卖，年收入 10 万元。某一次，两户同时向某村镇银行申请贷款，当地村镇银行以双方收入不同为依据，分别给予两户 15 万元和 5 万元贷款。

当贷款申请人家庭收入、抵押物品都不足以支持其贷款额度，就需要找担保人，担保人级别对新型农村金融机构是否决定发放贷款和发放贷款额度会施加比较大的影响。有无担保人、担保人级别的重要价值在于它体现了贷款申请人的社会关系以及收藏的发展潜力，是以财富、权力和声望为基石的。

目前主流的社会分层方法有两种：其一是根据组织资源、文化资源和经济资源占有的多寡程度来分，中国社会阶层分为：国家与社会管理者、经理人、私营企业主、专业技术人员、行政办事人员、个体工商户、商业服务业员工、产业工人、农业劳动者、城乡无业、失业和半失业人员。其二是依照多重阶层分析框架，上述 10 类阶层被合并成上层、中上层、中层、中下层、底层等五个社会等级，每一个等级包括不同阶层。这个分层也许并不一定能与财富一一对应，但是它反映了相应阶层在发展潜力、财务积累能力上的特征与趋势，它们分别对应的担保人级别完全符合逻辑。例如，由于历史与政治因素的影响，是否党员身份也决定着农户的社会关系和社会地位。如果一家农户户主是中共党员，这一因素的隐藏意思是该人及其家庭在所在村镇的社会地位和影响力。

以新型农村金融机构对农户贷款额度为因变量，以农户家庭年收入、抵押物价值和担保人级别为自变量做多元线性回归分析。

农户贷款额度较小，具有很强的地理分散性，每一笔贷款成本比较高，如果再不控制好贷款回收风险，新型农村金融机构自然无法实现财务可持续性，也就无法继续为"三农"提供资金支持了。新型农村金融机构除了家庭收入、抵押物品和担保人等要求之外，还特别重视对贷款农户社会关系、社会地位等背景的调查。

某秦姓老年村民，65 岁，育有多个子女，其中一个儿子在省城当警察，另一个儿子在市里某学校当老师，其他三个子女则是当地普通农村居民。由于把田地分给了在农村的子女，他就产生了承包土地耕种的想法，但又不想向子女开口要钱，遂决定向当地农村信用社贷款4万元。他如实填写家庭背景表格，很快就得到了贷款。但另一王姓农村妇女，45岁，早年丧夫，有一个孩子考上当地大学，为了供养孩子完成学业，她有意贷款开个小卖部，向同一家信用社申请贷款3万元，但是信贷员一看其家庭背景就拒绝了她的贷款要求。

两个农户家庭背景的差异导致了迥然不同的贷款申请结果。那么，贷款人家庭背景和社会关系是否会让新型农村金融机构实施不同的贷款策略呢？对新型农村金融机构与农户之间借贷关系博弈策略分析表明，前者在借贷关系中处于主导优势地位，出于自身安全性和盈利性考虑，除了家庭收入、抵押物品和担保人等客观影响因素外，农户社会关系和社会地位也是重要考量因素。倘若不加约束的话，新型农村金融机构凭借其与农户借贷博弈关系格局中的优势地位，采取精巧的博弈策略选择偏向盈利性目标，谋求自身利益最大化的同时，扭曲支农惠农信贷政策，导致巨大的政策成本浪费。

而这个约束是金融监管机构和其他政策机构的法定职能，不过因为各地新型农村金融机构发展出各有差异的地方特色服务，整体来看其业务非常复杂，监管成本也随之提高。另外，新型农村金融机构试点至今只有约10年时间，它是遵从以往金融机构监管规则呢？还是要制定新的法律规则？监管层实际还没有最终结论，也由此使得双方目标存在难以消除的差异和差距。新型农村金融机构着眼于政府提供的政策优惠（用B表示），但追求盈利目标就需要在监管规则和政策规定（用P表示）中找平衡（甚至漏洞），作为个体的新型农村金融机构的博弈策略集合有四种，即：

(1) 偏离政策目标无益处（$-P$，$-B$）。
(2) 符合政策目标得到政策优惠（P，D）。
(3) 偏离政策目标得到政策优惠或实现盈利（$-P$，B）。
(4) 符合政策目标却导致亏损（P，$-B$）。

对它而言最优策略是（P，B）、（$-P$，B），前者需要确保优惠政策的落实，确保每一个履行了政策使命的新型农村金融机构享受到政策优惠和政策红利，后者则需要健全而认真的监管避免监管真空，避免有的新型农村金融机构偏离政策目标还能得到政策红利、获得更高收益，唯此方能遏制它们选择反向博弈策略。

三、监管机构对农户与新型农村金融机构借贷关系博弈的干预

既然农户在新型农村金融机构之间借贷关系博弈中处于弱势地位，那么后者

第五章　新型农业经营主体下借贷博弈关系中的新型支农金融服务机构监管 ❋❋

出于利润动机而设置一些筛选标准是很自然的商业行为,差别性贷款现象也是很自然的博弈结果。如果差别性贷款现象发生在"三农"边界内,农户因为家庭物资资本、人口结构、收入来源、社会地位和社会关系得到贷款或得不到贷款,监管机构似乎也没有理由干涉这种"挑奶皮"行为。但是如果这种行为造成对农户的金融排斥,使得部分农户得不到任何贷款服务,那就背离了试点推广新型农村金融机构的政策初衷,适当的监管干预必不可少。

监管机构干预的是农户与新型农村金融机构之间的借贷关系,监管的是后者偏离政策目标行为,三者之间形成的是一个松散的博弈联合体,处处面临不完全和不透明的信息。如果监管技术高超、监管人员认真细致,实际上是增强了农户这一方与新型农村金融机构之间的博弈力量,从理论上看可以减弱一些关系与人情的影响,但无法实现根除。只要负责贷款业务人员没有违规操作,按照贷款程序细致审核贷款农户家庭背景,判断其还款能力,进而确定核准贷款和贷款额度,监管机构就不能直接干预其贷款投向,最多能够设置一个贷款投向的额度比例。所以,监管对农户与新型金融机构借贷关系博弈的干预主要表现在两个方面:合规合法性监管和"三农"(小微企业)贷款比例设定,具体到不同省份监管机构会制定落实细则。那么,这些监管的成效如何呢?是否有效地遏制了新型农村金融机构偏离政策使命的博弈策略选择呢?社会地位和社会关系对农户与新型农村金融机构借贷关系博弈施加的影响是否下降了?同样将政府监管控制新型农村金融机构违规贷款行为作为先决条件,将有关系(有亲戚在政府工作、有朋友在银行工作等),人情当作农户的社会关系,倘若监管目标是消除农村金融机构将人情,或关系作为借贷决策依据、减少身份歧视以及与之相关的借贷不公平现象,首先需要有制度或规章方面的明确规定,其次需要有指标判断人情关系施加的影响,避免政策红利被有关系或有能耐的少数农民所享有。

但这一结论与实际调查结果不符合,贷款人员在采访中表示,他们审核贷款申请农户家庭背景时,家庭成员结构及其社会关系是必须考虑的因素,比如秦姓村民都65岁了,因为有子女是省城警察和市里教师,很顺利地得到贷款。社会关系和社会地位之间存在事实上的关联,但这一关联中党员身份这一因素的作用并不显著,它更多地通过教育背景、职业、收入、声望等发生关联。这也是为什么在农户调研中,几乎没有农户认为党员身份会影响贷款可获得性,村干部家里有人在县上工作等才是农户心目中的关系范畴。

综上所述,监管机构、新型农村金融机构与农户以借贷关系为中心形成了一个不完整的两两博弈模型，三者之间博弈策略集合矩阵有9种，剔除农户不贷款的无效博弈策略集合矩阵G、E、H和I。在农户前的新型农村金融机构申请贷款的条件下，新型农村金融机构在政府认真监管时的最优博弈策略集合是C、D，而在监管真空或监管不力时的最优博弈策略集合是B。D是三方都乐于见到的结果，但是对金融机构而言，虽然监管认真但是限于监管技术不到位，它依然存在偏离政策目标却能获得政策优惠和其他超额利润，潜藏着欺诈可能。

表5-1 监管机构、新型农村金融机构与农户之间的三重博弈

	监管机构、新型农村金融机构与农户		
监管机构、金融机构与农户	A —政策目标不清晰、执行监管不力 —偏离政策目标无益处 —贷款	D —监管目标清晰、监管认真、落实优惠政策 —符合政策目标得到政策优惠 —贷款	G —监管目标清晰、监管认真、落实优惠政策 —符合政策目标却导致亏损 —不贷款
	B —政策目标不清晰、执行监管不力 —偏离政策目标得到政策优惠或实现盈利 —贷款	E —政策目标不清晰、执行监管不力 —偏离政策目标得到政策优惠或实现盈利 —不贷款	H —监管目标清晰、监管认真、落实优惠政策 —符合政策目标得到政策优惠 —不贷款
	C —监管目标清晰、监管认真、落实优惠政策 —偏离政策目标得到政策优惠或实现盈利 —贷款	F —监管目标清晰、监管认真、落实优惠政策 —符合政策目标却导致亏损 —贷款	I —政策目标不清晰、执行监管不力 —偏离政策目标无益处 —不贷款

所以，试点推广新型农村金融机构这一轮农村金融市场增量改革能否达成。中央1号文件的服务"三农"、小微企业乃至扶助贫困等政策目标的关键在于监管。新型金融机构无论是在趋利动机驱使下偏离政策目标，还是因为优惠政策落实不力而偏离政策目标，无论是将涉农贷款转移到工商领域，还是对农户贷款实施差别性、排斥性乃至歧视性策略，都会导致高的政策成本。但是基于多元主体博弈策略矩阵的分析表明，监管机构的干预或多或少地会推动新型农村金融机构

第五章　新型农业经营主体下借贷博弈关系中的新型支农金融服务机构监管

与农户的借贷关系偏向政策目标，特别当监管机构与新型农村金融机构多次博弈之后信息日趋对称，欺诈被发现概率增大，政策优惠到位的利益诱惑和被惩罚的成本权衡，才能促进多元主体博弈在一致方向上运营。这一点已经得到了证据支持：

河南省泌阳县产业聚集区面积 7 平方千米，先后有巨龙科技、潞丰油脂、恒都食品等 81 家涉农企业（主要是农产品加工业）入驻该聚集区，总共投入建设资金 119 亿元。这都是泌阳县政府借助各类农村金融机构建构的平台，在其间穿针引线，促进涉农企业和当地金融机构形成合作关系，这个过程经历了大约 10 年。而 10 年前，泌阳县当地农村信用社为主的农村金融机构贷款策略、农户贷款意愿和地方监督机构监管策略之间的目标不一致，导致了当地农村产业发展缺乏资金支持、农民致富缺乏出路，以致经济增长缓慢。以下 2 则例子可见一斑：

某刘姓村民，45 岁，村干部，党员，曾在村党委宣传部门工作 20 多年。当地兴起养殖行业热潮，他也想开办一个养牛场，以饲养牦牛这一本地特有品种来办一个特色企业。他盘点自家资产之后，向当地农村信用社申请 10 万元贷款。另一牛姓村民，38 岁，非党员，会瓦工，家庭收入来源于农业生产和外出务工。每一年春节之后，牛姓村民都要和同龄或更为年轻的村民一起到北京等北部大城市打工。这样的生活已经持续了 10 多年，他觉得自己年纪越来越大，不想再出去打工，想在家乡另谋生路，听说农业特色种养殖是一个比较好的挣钱之道，也向当地农村信用社申请贷款发展葡萄园和农家乐。

当地农村信用社评估两人的家庭背景，查看了他们在本社的开户、存款、流水等记录之后，分别给刘姓村民和牛姓村民 10 万元、2 万元的授信额度。刘姓村民得到了充沛资金支持，很快发展壮大，其牧牛和牧牛加工产品也销往全国。但是牛姓村民却因为资金支持不足，他的葡萄园规模小、扩张速度慢，直到最近几年得到当地乡镇政府扶持，特别是村镇银行资金支持之后，才发展成为特色农业种植大户。

与农村信用社贷款考量贷款人家庭背景与身份地位不同的是，村镇银行等新型农村金融机构虽然也重视贷款申请人的社会关系和身份地位，但更加注重贷款申请人未来的发展潜力，所以这种变化也有当地政府重视产业园区集聚效应和监管机构对歧视性贷款的监管有关。

在社会主义新农村建设背景下，泌阳县政府一改以往先工业化后城镇化的思维范式，转而以发展实体产业转移农民发展城镇化。在当地政府优惠贷款条件支持下，新型农村金融机构充分发挥其灵活而人性化的服务模式，实现了自身盈利、政策目标和农户增收的平衡。在当地优惠政策引导和强有力的监管下，新型农村金融机构违规贷款、钻法律空白现象得以避免，广大农户得到了融资带来的发展机会，当地历史遗留的贫困村和贫困户字眼从寻常话题中消失，而村镇银行等新型农村金融机构网点也逐渐增多。一个三方共赢格局正在形成。

四、演化博弈下金融机构农地经营权抵押贷款响应机理与仿真

中国人民银行印发了的《农村承包土地经营权抵押贷款试点暂行办法》，确定在全国232个县(区)试办农地经营权抵押贷款业务。抵押品缺乏是农户借贷难的主要原因之一。农地承包经营权抵押是土地金融制度创新的重要内容，能够在一定程度上解决担保缺乏问题，且多数农村具备推行农地承包经营权抵押贷款的基本条件。

土地被金融业视为"风险系数较低的货币"，是最可靠的抵押担保品。农地经营权产权细分能够实现农地抵押，但潜在的制度性风险以及金融生态链的脆弱性弱化了其风险防范能力。多数金融机构认为农地经营权不能独立发挥抵押担保功能，要求农户引入外部抵押担保机制，但外部抵押担保机制的引入促使农地经营权抵押虚置，增加了农户贷款成本。受基础设施配套不完善、法律法规不健全等因素制约，金融机构开展农地经营权抵押贷款意愿不高，贷款积极性较低。通过改进政府绩效考核、鼓励金融机构增强支农责任心等方式，能够提高金融机构开展土地经营权抵押贷款的积极性。对海盐模式进行了深入分析，可以看出政府适度介入、健全产权交易市场有助于开展土地产权制度创新，顺利推进农地经营权抵押贷款。西部地区金融机构供给意愿较高，尤其是政府推动力度大的地区金融机构开展贷款的积极性相对更高。

此外，有学者基于博弈论方法分析了与其他交易主体博弈下金融机构的贷款行为。对农地经营权抵押贷款交易双方的博弈行为进行了研究，运用演化博弈方法分析了地方政府和金融机构在农地经营权抵押贷等。

目前，我们对影响金融机构贷款意愿因素的研究主要用调研数据开展实证分析。通过调查辽宁省法库县几百个基层信贷员开展农地经营权抵押贷款的意愿，发现土地生存保障功能强以及赎回难度大等因素导致金融机构难以有效筛选和监督客户，进而影响其供给意愿。土地产出、经营权稳定、农户个人信用、贷款经历、土地处置成本等均能够推动金融机构开展农地经营权抵押贷款，而信贷审

第五章 新型农业经营主体下借贷博弈关系中的新型支农金融服务机构监管

查、监督费用以及法律变现风险会对金融机构供给意愿产生负向影响。

此外，客户经理的风险认知也对贷款发放有显著影响，其中信用风险、市场风险和法律政策风险有显著正向影响，处置风险和民生风险具有显著负向影响。

已有研究主要基于调研数据和博弈研究对金融机构农地经营抵押贷款行为进行分析。其中在博弈研究时，通常只考虑政府与金融机构或金融机构和农户等部分相关利益主体，未将政府、金融机构与农户纳入统一框架开展研究。大部分学者对博弈行为仅进行了理论推论，缺乏对影响要素进行推导验证。基于此，笔者采用"演化博弈—仿真验证"的思路，从政府、金融机构和借款人相关主体的演化博弈出发，明确金融机构开展农地经营权抵押贷款行为规律，采用仿真实验验证政府政策策略、风险补偿比例、抵押率、抵押物估值、处置成本及借款人违约等要素对金融机构演化路径行为的影响，为探索农地经营权抵押贷款有效开展提供决策参考。

（一）金融机构开展农地经营权抵押贷款机理分析

1. 基本假设

第一，政府、金融机构和借款人是有限理性，在不完全信息条件下，三方主体策略会进行动态调整。

第二，在乡村振兴背景下，地方政府承担助力农村经济发展、维护农村社会稳定的责任，必然会积极响应国家政策，稳步推进农地经营权贷款。然而，由于涉及法律、估值、风险补偿等诸多问题，地方政府可能会根据自身情况选择政府主导和市场主导两种策略，后者不介入任何农地经营权抵押环节。

第三，试点地区金融机构有开展农地经营权抵押贷款的意愿，基于利益最大化确定是否开展农地经营权抵押贷款。受业务风险控制能力、业务开展复杂程度、政府激励措施等因素影响，金融机构实际贷款行为差异较大。

第四，农村经营主体借贷需求普遍存在，以利益最大化决策。借款人以农地经营权抵押方式获得金融机构贷款，用于农业生产经营活动。经营成功，收益能弥补成本，则会顺利还款；经营失败，则可能选择违约。此外，农村土地属于村集体所有，在农村信用环境差的地区，借款人可能会因金融机构处置土地难度大，存在还款积极性低的现象。

2. 相关结论

根据博弈模型进行分析和求解之后，可以得到：情况一适合于市场化程度比较高、社会信用体系良好的地区；情况二现实中难以存在；情况三具有一定的普适性;情况四的政府主导模式将农户违约成本大量转化为政府财政成本,以确保农地经营权顺利推进,在农村经济较为落后地区的起步阶段具有一定的可行性,但很难持续。

(二)经过仿真模拟后的研究结论与应对对策

1. 主要结论

第一,演化博弈结果表明,借款人还款积极性高是影响和决定金融机构发放贷款的关键因素,与政策采取政府主导策略和市场主导策略关联度不大。相反,如果借款人还贷积极性低,农地经营权抵押贷款违约严重,政府主导下金融机构会综合权衡,在确保总体收益为正的条件下,会选择发放贷款;而在市场主导策略下,金融机构实际上不会按照理论结果发放贷款。

第二,影响金融机构贷款发放的因素中,金融机构仅能直接干预农地经营权抵押率,其他要素如风险补偿比例、抵押物估值准确问题、处置成本以及借款人违约成本等会不同程度受到政府策略选择的影响。如果实施政府主导策略,即便在市场环境相对较差的地区,政府通过各部门协同推进,短期内就能够提高风险补偿比例,推进抵押物估值技术完善,提高借款人违约成本,降低农地经营权处置成本,进而提高金融机构发放贷款的积极性。市场主导下借款人的违约成本提升、抵押物处置成本降低以及抵押物估值技术改进等要素仅能通过市场环境改善来缓慢推进,由此导致金融机构演化至稳定状态的时间会延长,短期内不会发放贷款。

第三,农地经营权价值评估偏离、抵押率和处置成本三个参数的变动会影响金融机构是否发放贷款,其他要素变动仅影响金融机构演化至稳定贷款策略的速度。

2. 对策建议

第一,推进农村信用体系持续完善,提高农户信用意识。在农地经营权估值低、手续烦琐的普遍认知下,金融机构需要利用借贷人其他信息进行佐证,准确筛选出信用良好的客户。然而,我国农村信用体系建设尚在试点中,金融机构贷前调查成本较高,贷中后信息获取困难。由此,需要多方着力加快推进农村信用体系建设,推进农户信用数据库的丰富和完善。首先,多手段确保农户信用信息采集的完整性和连续性。一方面需要国家个人征信体系扩大农户信用信息的采集渠道和范围,另一方面地方政府可以与地方金融机构联合建立区域性信息采集平台,确保农户信用数据的动态连续,降低金融机构的信息采集成本。其次,提高农户信用意识。增加对农户金融知识教育,通过道德规范、村规民约等措施加强信用文化建设,提高农户违约的成本损失,提高借款人主观还款意识,并通过风险分散等方式,降低借款人客观违约的概率,提高农户还款能力,进而提高金融机构开展农地经营权贷款的意愿和积极性。

第二,因地制宜强化地方政府执行力度,提升政策落地效果。研究结果表明,在市场条件一般的地区,市场化手段难以化解农地经营权抵押贷款的核心问题,政府主导推进实施效果更为明显,农地经营权抵押贷款能否快速落实的关键在于政府推进的力度。因此,应在农村经营主体借贷难的地区,考虑建立农地经营权抵押贷款量化指标,纳入政府考核绩效,进一步提升政府的参与度和执行力,提高政策实施的效果。

第三,积极推进农地经营权评估的科学性和准确性,提高金融机构放贷积极性。农地经营权价值评估是影响金融机构开展贷款的关键之一,如何认定农地经营权价值不仅涉及贷款规模,而且影响到金融机构贷款积极性。农地经营权价值评估尤其是对地上附着物等要素价值的评估,具有较强的专业性。现实中金融机构多数采取自评模式,对承包经营权期限价值评估偏低,这将导致金融机构对其价值认可度较低,难以成为有效抵押品。因此,金融机构应与第三方评估机构、相关研究机构等多方主体加强合作,建立科学有效的农地经营权评估方法,对农地经营权价值进行准确评估,有助于提升金融机构贷款风险防范水平,提高贷款积极性。

第四节 借贷关系多元博弈中的贷款业务员及其管控

一、借贷关系多元博弈中的贷款业务员及其管控

众所周知,国际上最为典型的一个案例是印度安得拉邦小额贷款机构危机的产生,固然有商业投资者追求投资收益的原因,但是其业务人员业务能力不足、放松信贷标准、放松风险控制、过度放贷引发的风险也是不可忽视因素。为了应付商业投资者对信贷业务拓展和利润率的要求,信贷员培训周期不得不缩短,甚至出现培训中的学员正在培训下一批信贷员现象,贷前培训、贷后的每周追踪等风险控制流程要么被忽略要么草草而过,以致培训流于形式;在市场开拓方面,由于信贷员经验不足、信贷能力欠缺,不得不选择已经被其他小额信贷公司开拓

的村庄,恶性竞争随之出现,一些农户原本不具备任何还款能力,却可能从多家小额信贷公司获得贷款……当这些农户因还不起贷款发起抗议的时候,小额信贷危机随即爆发。这一危机与其说是商业投资者过度趋利所致,不如说是信贷员这第一道风险管控失效所致。

对新型农村金融机构 10 多个信贷员的访谈调查显示,信贷员非常关键,不仅肩负着将贷款导向"三农"领域的重要职责,更重要的是确定贷款申请人是否具备按时还款能力,因此其胜任力特征的确定显得极其重要。根据对信贷员访谈录音的整理,以关键词词频统计为基础,开发出新型农村金融机构信贷员胜任力素质词典。

根据词频统计归类(见表5-2),新型农村金融机构信贷员胜任力一共涵盖 27 项要素,可归为:职业技能、自我认知能力、适应能力、人际沟通能力、发展动机和职业道德素质等六个维度,对每一个维度所涉及胜任力等级做出可操作性描述,并分成 5 个档次,便于新型农村金融机构从招聘和培训环节就实现对信贷员的有效管理。

表 5-2 新型农村金融机构信贷员访谈频次统计结果

序号	项目	频次	百分比(%)	累计百分比(%)
1	信息收集	18	8.18	8.18
2	分析判断	17	7.73	15.91
3	责任心	17	7.73	23.64
4	沟通能力	16	7.27	30.91
5	重视秩序	15	6.82	37.73
6	主动	15	6.82	44.55
7	专业知识	13	5.91	50.45
8	诚信	11	5.00	55.45
9	学习发展	11	5.00	60.45
10	关注细节	10	4.55	65.00
11	以客户为中心	10	4.55	69.55
12	人际洞察	10	4.55	74.09
13	人际交往	8	3.64	77.73
14	同理心	8	3.64	81.36

第五章 新型农业经营主体下借贷博弈关系中的新型支农金融服务机构监管

续表

序号	项目	频次	百分比(%)	累计百分比(%)
15	团队合作	7	3.18	84.55
16	敏捷思维能力	7	3.18	87.73
17	坚持原则	6	2.73	90.45
18	灵活应变	5	2.27	92.73
19	影响力	4	1.82	94.55
20	弹性与适应	2	0.91	95.45
21	社会适应性	2	0.91	96.36
22	自信	2	0.91	97.27
23	高度耐性	2	0.91	98.18
24	专业精神	1	0.45	98.64
25	自我激励	1	0.45	99.09
26	排除疑难	1	0.45	99.55
27	成就导向	1	0.45	100.00

1. 职业技能维度

职业技能是指信贷员从事农户、小微企业或涉农企业信贷必须应该掌握的技能，包括分析判断、排除疑难、灵活处理实践、信息收集、时间管理能力、心算和估算能力、敏捷的思维能力和专业知识，每一种能力都划分为4个档次（见表5-3）。

表5-3 新型农村金融机构信贷员职业技能维度

信息分析判断能力	
等级	行为描述
A^{-1}	根据外部的信息，无法把握事物之间的联系，看不到本质，缺乏对事物的逻辑推理能力，常常不能判断事物真假对错，选择最优方案时常常缺乏决断力，犹豫不决。
A^{-0}	能够发现事物之间的部分联系，能较深入地分析事物，但有时对本质把握不准确；有一定的综合分析能力和推理能力，会在大量的工作后从众多方案中找到一个合适的方案。

续表

等级	行为描述
A^{+1}	能够根据表象与表面线索,发现事物之间的联系,能够认清和把握事物的本质;综合分析能力强,能够快速地从众多方案中找到最优方案。
A^{+2}	对资料之间的联系有准确系统的把握,具有卓越的逻辑思维能力以及心理分所能力,能准确发现事物的本质;有卓越的推理能力,并且有自己的独到见解,有理有据;总能快速地找到最优的解决方案。

排除疑难能力

等级	行为描述
A^{-1}	遇到问题分不清本质,很少依靠团队的力量解决问题,喜欢孤军作战;危机管理意识淡薄,遇到突发性问题,优柔寡断、患得患失,应急处理能力差。
A^{-0}	遇到问题时,能够在团队的帮助下认清事物的本质,并在自己的努力下获得解决方案;有一定的危机管理能力,并能较快地解决突发危险。
A^{+1}	分析问题客观到位,能够迅速理清思路、抓住关键,在问题发生时,能够尽可能地在征求大家的意见后选取解决方案,能够有所舍弃,迅速采取行动以解决问题,不会优柔寡断、患得患失,对工作中的突发事件,有应急处理能力。
A^{+2}	危机管理能力非常强,对于任何可能出现的危机都了然于胸,处理问题当机立断,事先都征求过团队的意见;善于总结经验教训,不断地提升对变革的应对能力与问题解决能力。

灵活应变能力

等级	行为描述
A^{-1}	不知变通,不能根据实际反馈情况作出具体的调整。
A^{-0}	可以根据具体情况做出小范围、小步骤的调整。
A^{+1}	在制度政策框架内,能根据实际情况,灵活应变,做出较好的调整。
A^{+2}	善于思考,创新应变,能够在合适的范围内,根据实际信况做出最优调整。

信息收集能力

等级	行为描述
A^{-1}	平时不重视信息的收集,不主动使用信息搜索工具,除了已有的资料,完全不会搜寻任何其他信息。
A^{-0}	能向有利益关系的人直接询问一些相关问题,得到完成工作需要的基本信息。
A^{+1}	为收集信息而采取一系列策略,包括现场、个人观察以及一系列深入的询问,以发现问题,获取有价值的信息;保持中等的市场信息收集工作。

第五章　新型农业经营主体下借贷博弈关系中的新型支农金融服务机构监管 ❋❋

续表

等级	行为描述
A^{+2}	有比较明确的信息收集计划，不仅能向有利益关系的人直接询问，还能探究从非直接关系人处获取信息，进行非正式的探访，挖掘更深处有价值的资料，保持较高的市场敏感度，关注行业动态，发现机遇。

思维与逻辑能力

等级	行为描述
A^{-1}	对信息全盘接受，没有意识和能力发现虚假信息，做出错误判断。
A^{-0}	有一定的逻辑思维能力，能对信息的真假作出初步判断，得出正确结论，但有时也会判断错误。
A^{+1}	有较强的逻辑思维能力，对信息去伪存真，并能用各种方法补充验证，最后做出正确的判断。
A^{+2}	对信息的真假质量有高度敏感性，有很强的逻辑思维能力，能对信息去伪存真，并主动采取行动补充验证信息，以确保高度准确，做出正确的判断。

专业知识

等级	行为描述
A^{-1}	工作所需知识掌握不全，不能完成工作任务，不了解当地农村的情况。
A^{-0}	掌握工作所需的知识，报告撰写基本合格，能完成任务，缺乏财务敏感性，比较了解当地农村的情况。
A^{+1}	熟练掌握工作所需的知识，报告撰写优秀，对工作有一定的帮助，对财务保持敏感性，比较了解当地农村的情况，能灵活运用、延伸所学知识，为同事提供帮助。
A^{+2}	精通工作所需要的专业知识，报告撰写能力强，能促进工作进行；对财务知识极其敏感，了解农村经济、生活和农业情况；能灵活运用、延伸所学知识，并能指导同事，有一定的权威。

具体而言：

(1)分析判断能力：信贷员对贷款人申请资料做系统地组织与分解，了解其内部联系以便更好地理解贷款申请人实际信用情况与还款能力，进而判断贷款人的信用等级和可能的贷款额度。

(2)排除疑难能力：信贷员对于工作中出现的问题，能够抓住其本质，提出创造性的解决方案并付诸实施，不轻易放过一个潜在的贷款人。

(3)灵活应变能力：信贷员能够根据贷款申请人具体情况做出灵活调整，找到合适的解决方法,为农户提供满足其需求的贷款产品。

(4)信息收集能力:出于了解事物真实面貌,以及开拓市场需求而主动进行信息收集的能力,主要体现在田间地头、入户访谈等,与农户聊天,从聊天中获取关键信息,同时关注政策变化和所在金融机构经营意图调整。

(5)敏捷的思维与逻辑能力:信贷员对日常工作中调查到的信息做分析推理,区分真实信息与虚假信息,做出正确的判断。

(6)专业知识:信贷员对金融市场、信用调查、风险控制、还贷能力等专业知识的了解与掌握,以及具备延伸、利用和传播知识给其他同事的动机。

2. 自我认知维度

自我认知是信贷员对自己的洞察和理解,包括对自己的感知、思维和意向等方面的觉察,以及对自己的想法、期望、行为及人格特征进行判断与评估。信贷员具备优秀的自我认知能力,有利于保持积极乐观的心态,坚持工作原则,遵守信贷纪律,把信贷工作做到最好。信贷员的自我认知方面包括责任心、诚信、自信、自我激励、乐观主义、专业精神。每个方面划分为4个档次(见表5-4)。

表5-4 新型农村金融机构信贷员自我认知维度

责任心	
等级	行为描述
A^{-1}	对自己的工作不满意,工作怠慢,不谨慎;对自己的工作认识不够,不知道其重要性,更无法从工作中获得满足,容易抱怨。
A^{-0}	对自己的工作有比较充分的认识,工作比较投入、热情、任劳任怨,能从工作中获得较大的满足。
A^{+1}	热爱工作,能够以解决借贷人贷款需求为己任,工作及时、投入,一丝不苟,有始有终;懂得自己工作对组织和借款人的重要性,尽心尽力,并且对工作中的问题进行思考,提出建议。
A^{+2}	强烈的企业主人翁意识,充分认识到自己工作的重要性,对工作全情投入,有大局意识;在工作中获得极大的满足与成就感,能将组织利益置于个人利益之前。

诚实守信	
等级	行为描述
A^{-1}	为人不够正直,待人不够真诚,不能很好遵守法律法规与社会公德,在业务操作中营私舞弊,以公谋私。

第五章 新型农业经营主体下借贷博弈关系中的新型支农金融服务机构监管

续表

等级	行为描述
A^{-0}	为人比较正直,待人比较真诚;遵守法律法规、公司的制度,有较好的社会公德,不因个人情绪、利益而影响组织利益。
A^{+1}	为人正直,诚实守信,言行一致,有正确的是非观念和社会公德意识,能够以认真负责的态度对待各项工作,从而赢得大家的信任,能维护组织利益。
A^{+2}	随时随地以诚信开展工作、业务,对人非常真诚,能如实地反映调查情况,对工作中的失误能主动承担责任;维护社会道德规范,在坚持原则的前提下维护组织利益和客户利益。

自信

等级	行为描述
A^{-1}	对自己信心不足,总是认为自己没有能力单独完成一项任务,对他人依赖性强;遇到挑战不敢面对,遇到困难与挫折总是消极逃避。
A^{-0}	对自己有一点自信,有着较明确的定位;遇到挑战能积极面对,遇到困难也能以积极的心态去寻找解决方法。
A^{+1}	有自知之明,对自己有准确的定位,不妄自尊大,也不妄自菲薄,工作及时严谨,敢于迎难而上,不断挑战自我;具有坚强的毅力,不轻言放弃。
A^{+2}	对自己有超强的自信,甚至有点自负,过于相信自己的判断,谨慎意识较差;不惧怕任何困难,认为自己能战胜一切;强烈的个人主义、英雄主义者。

自我激励

等级	行为描述
A^{-1}	在外界奖励和惩罚的激励下工作,有投机取巧行为,风险意识和服务意识较差;对待奖励之外的工作,很少主动承担。
A^{-0}	以外界奖励和惩罚为标准,认真工作,争取奖励,防止犯错,较少主动承担工作之外的任务,按时完成自己的工作。
A^{+1}	重视自己的工作,能主动开展工作,以达到工作目标为目的,不局限于外部奖励规定的范围;能提供规定之外的服务更好地帮助客户,能主动承担任务。

续表

等级	
A^{+2}	了解自己工作的意义,能自觉工作,积极克服工作中的困难。争取好的工作结果;以为客户提供优质服务为目的,主动发现工作中的问题并解决问题。

乐观主义

等级	行为描述
A^{-1}	对待工作比较消极,较多担心工作失误,面对困难比较悲观,不能积极寻求解决办法;对工作意义认识有误,对借贷风险估计偏向保守,过于严苛。
A^{-0}	对工作失误有正确认识,能够正视困难,积极寻求解决办法,使工作正常进行;正确推测风险,减少失误的贷款处理。
A^{+1}	对待工作积极乐观,不怕失误,尽心尽力;对待困难和挑战能积极应对,保持工作动力和心态;对风险估计比较乐观。
A^{+2}	对待工作积极乐观,能积极迎接挑战和困难,不怕失败与挫折;有持久的工作热情和动力;对风险估计有些过于乐观。

专业精神/职业精神

等级	行为描述
A^{-1}	对业界动态漠不关心,专业技能不够娴熟,专业知识不够丰富,领悟力、驾驭能力欠缺;没有持续学习的精神,对自己的领悟不够自信,观念老套。
A^{-0}	对于专业知识有较好的领悟能力;拥有较丰富的专业知识,经常性地了解业界动态,能有一些自己独特的想法与观点,能做好与其他部门的衔接。
A^{+1}	关注业界动态,善于学习优秀业者的方法,愿意了解其他人的工作,思考如何与其配合和衔接,关注国家、地区政策,对行业发展、职业内容、工作方法等有自己的思考和发现,对待工作一丝不苟。
A^{+2}	某地区信贷员的优秀代表,拥有丰富的专业知识与娴熟的技能,并善于通过多种方式学习,提高技能;对该领域有包容并蓄的心态,乐于将自己的专业知识传授他人;尊重工作,尊重他人,并能将工作作为个人价值实现途径。

具体而言:

(1)责任心:认识到自己的工作对组织和借款人的重要性,把实现组织目标

第五章 新型农业经营主体下借贷博弈关系中的新型支农金融服务机构监管

和解决借款人难题当成是自己的目标。这是信贷员在接受采访时经常谈到的话题。

（2）诚实守信：信贷员时刻以诚信为原则开展业务，遵守社会道德规范，实事求是地反映调查情况，并能在工作中真诚待人。

（3）自信：信贷员面对挑战或挫折时（特别是在地理偏僻的村镇开展业务时）对完成一项信贷（调查）任务或采取某种手段完成任务或解决问题所表现出来的信念。

（4）自我激励：信贷员内心所具有的、不需要外界奖励和惩罚即能主动为设定的目标努力工作的一种心理特征。

（5）乐观主义：信贷员容易看到事物好的一面，相信自己有足够的行为能力来承受和减弱不良事件对自己的负面影响，并使原有正向价值发挥更大的积极效应。

（6）专业精神：信贷员在专业技能基础上发展起来的、对本职工作热爱和投入的品质，对待工作能够一丝不苟，将工作当作自我价值的实现途径。

3. 适应能力维度

新型农村金融机构信贷员需通过实地调查测量风险程度，调查的环境差异较大，与之交流的人群复杂，而且信贷员还要对不按时还款的情况做出处理，良好的适应能力能帮助信贷员较好地应对这些挑战。适应能力包括挫折承受、弹性与适应、社会适应性、高度耐性和团队合作（见表5-5）。

表 5-5 新型农村金融机构信贷员适应能力维度

挫折承受能力	
等级	行为描述
A^{-1}	不能以平和心态面对挫折打击与压力，容易悲观消极；工作受到消极情绪影响，动力减弱，失误增多。
A^{-0}	有一定的挫折承受能力，能在挫折中主动寻求解决对策，降低挫折感，控制自己的情绪；能够慢慢适应环境，情绪对工作影响较小。
A^{+1}	能屈能伸，能上能下，积极应对困难和挫折；在困难中仍旧保持良好的工作态度，认真工作。

续表

等级	行为描述
A^{+2}	对挫折应对力、忍耐力极强，不畏惧挫折，内心平静，工作井然有序进行；在挫折中能爆发出更大活力，促进工作。

弹性适应问题

等级	行为描述
A^{-1}	面对多样、差距不等的工作环境，不能平和面对，工作方法不知变通；遇到困难时不忍让、不妥协，而是一味地激进、对抗，挫折感强，容易被情绪所困扰。
A^{-0}	有一定的环境适应能力，对于差异较大的工作环境有较平和的心态，工作方法可以随情景改变；有一定的承受能力，较低的挫折感，能控制自己的情绪；在一段时间后开始慢慢适应环境。
A^{+1}	能接受多样的工作环境，待人处事灵活，能较好地进行工作；工作中能够妥协与让步。不钻牛角尖；面对长时间、超负荷的工作压力，仍能够调动自己保持战斗力。
A^{+2}	环境适应能力极强，经历过大风大浪，遇到任何挫折都毫不畏惧；非常容易适应环境的变化，待人处事圆滑、周到，做到内心真正平静。

社会适应性

等级	行为描述
A^{-1}	为人处事不知变通，与上级、同事关系僵硬，与客户关系一般，开拓业务较难；不能洞察别人的心理，实地调查中获得的信息较少，无法把握申请的真实性。
A^{-0}	有一定处事技巧，能与上级、同事友好相处，与客户关系良好，能为业务发展提供一定的便利；有一定的人际关系，能承受人际压力，并较好地调整自己的行为；具备洞察别人心理的能力，能在实地调查中获得充足信息，分析判断风险性。
A^{+1}	为人处事灵活，与上级、同级、客户等建立良性关系，为业务开展赢得更大的空间与机会，面对人际压力能够泰然处之，具备较高的社交能力，能够应对各种复杂的人际关系。
A^{+2}	卓越的公关能力，善于与社会多个层次的不同人群交流，社交圈丰富，善于拓展业务，较易获得全面信息，分析贷款风险；在外界有着良好的形象，面对复杂的社交场面能游刃有余，为企业在外面树立良好的形象，并赢得许多潜在客户。

第五章 新型农业经营主体下借贷博弈关系中的新型支农金融服务机构监管

续表

应对负面情绪能力	
等级	行为描述
A^{-1}	失去控制。信贷员情绪影响工作,易受挫折或其他负面情绪影响,表达感觉不恰当;面对负面情境,信贷员与同事或客户交涉时有不适当的举措,导致关系紧张;存在以公谋私等现象;在压力下崩溃。
A^{-0}	面对压力、阻力等困境时能控制自己的情绪,不干扰工作,但没有采取积极的行动;能拒绝不正当请求,遵守工作秩序。
A^{+1}	能够控制情绪,感受到生气、极度挫折或强烈压力时可以控制自己的情绪,保持冷静或采取其他处理办法来解决问题;能拒绝诱惑,坚持工作原则,并对发出不正当请求的人做出应对。
A^{+2}	有效的压力管理,使用压力管理技巧来控制反应,有效处理持续的压力;控制强烈的情绪,采取行动针对问题处理问题;能克服诱惑,消除敌意,保证工作有序有效进行;让同事、客户冷静下来,共同解决问题。

团队合作意识与能力	
等级	行为描述
A^{-1}	不尊重队友,独立工作,甚至与队友竞争,破坏团队气氛,降低团队绩效。
A^{-0}	尊重队友,能与队友和睦相处,但不能鼓励他人;与队友一起完成任务,但有时有摩擦、矛盾。
A^{+1}	尊重队友,采取行动鼓舞士气,增进合作,能鼓励他人;能向他人学习,与队友分工合作,共同完成任务。
A^{+2}	尊重队友,能表扬、鼓励并给予他人动力,增进友善、良好的士气及合作,愿意向他人学习,请他人提供意见和看法并共同执行计划,共同完成任务。

具体而言:

(1)挫折承受能力:对挫折(如某一次贷款失误)有客观正确的认识,能够经受挫折打击与压力,用积极方式解决挫折问题,保持心理平衡和正常的行为,不易被强烈的情绪所困扰。

(2)弹性适应能力:面对不同环境、不同个性的人群,能够按照规定程序又具灵活性地展开信贷调查。

(3)社会适应性:对不同客户特征和行为倾向有一定程度的掌握,即使客户说不中听的言语,也能够巧妙地化解,维护良好的客户关系。

(4)应对负面情绪能力:信贷员在遭受诱惑、阻力、敌意、压力时,保持冷静,抑制负面的情绪和行动,按照规定程序完成审贷、核贷、信贷等工作。

(5)团队合作:与机构内其他信贷员通力合作的能力,因为信贷员之间开拓市场,有时候免不了相互竞争,能够尊重同事,相互协调的意识和能力。

4. 人际沟通能力维度

人际沟通能力表现为信贷员在与农户等潜在客户闲谈或正式交谈中,把握对方未明确表达的内容、疑惑和情感,并采用适当语言鼓励客户提供更多真实信息,从中发掘隐含信息。信贷员这一能力在市场拓展、客户关系维护和贷款风险衡量时至关重要,具体包括沟通能力、人际交往、人际洞察能力、关注细节能力(见表5-6)。

表5-6 新型农村金融机构信贷员人际沟通能力维度

等级	沟通能力
	行为描述
A^{-1}	不能清晰地向客户介绍贷款业务,不能很好地解答客户的疑问,在咨询环节丢失客户,不善于倾听,从与客户及其担保人的交谈中获取信息较少,尤其面对戒备心较强的客户时,不能把握客户心理,采取对应措施以保留客户、获取信息等。
A^{-0}	能基本清晰地向客户介绍业务、解答疑问,促进业务开展;有倾听意识,在与同事、客户的交谈中把握他们传达的信息,理解他们的情感,能把握客户心理,预期客户反映,采取一定的行动消除隔阂,提升工作效率。
A^{+1}	能清晰介绍贷款业务、解答疑问,善于倾听,把握客户表达的意思及情感,帮助客户进行业务选择;善于与同事、调查人群对话,能根据对方心理做出相应的回应,获得同事的支持和被调查者的信任,促进工作进行。
A^{+2}	不仅能十分清晰地介绍贷款业务及讲解不同业务间的差异,为客户解答疑问,还能帮助客户解决需求和困难,助其做出选择;并在与他人的对话中,准确表达自己的观点,并能把握对方心理,提出应对措施,建立互信的良好关系;能从交谈中发现关键信息,测量风险,减少困惑,并澄清工作思路。

第五章　新型农业经营主体下借贷博弈关系中的新型支农金融服务机构监管

续表

人际交往能力	
等级	行为描述
A^{-1}	与人被动交往，待人不够真诚，无法获得同事、客户的信赖；为人处世比较刻板，工作教条，不懂得变通，与人交流缺乏技巧，社会适应性比较差，工作障碍较多。
A^{-0}	不能主动与人交往，但与人交往时真诚友好；有一定的人际交往技巧，但维护、开拓意识较差。
A^{+1}	主动与人交往，待人真诚；有人际交往技巧，能灵活对待不同人群，能维护好并适当拓展人际网络。
A^{+2}	主动与人交往，待人友好真诚，获得周围人的支持与信赖；对人际交往有高度兴趣，对于不同性格的人，能够区别对待，采取不同的人际应对策略；有意识并采取行动维护、拓展人际网络。

人际洞察能力	
等级	行为描述
A^{-1}	不能从对方的语言、动作、神态中发掘信息，仅注意对方表达的意思及情感，获取信息极少，不能用恰当的语言表达自己的情感和观点，引起对方误解。
A^{-0}	能从对方的语言、动作、神态中获得信息，更好地理解对方的情绪和观点，促进交流；能适当地表达自己的观点和情感，沟通障碍较少，建立良好的关系。
A^{+1}	能很好地从语言、动作、神态中获得丰富信息，准确把握对方情绪和观点；能发现隐藏信息，并对其进行引导，建立信任；能准确表达自己的情感和观点，消除误会。
A^{+2}	有丰富的人际洞察经验，能在言语交谈之外获得更多信息，准确把握交谈方的情感变化，投其所好；能采用恰当的语言帮助他人表达情感和观点，明确其渴求，并可获得足够信息，能准确表达自我情感，基本消除沟通误会。

细节关注能力	
等级	行为描述
A^{-1}	很少关注工作中的细节问题，注重结果，却不注意细节；对于工作中的细节缺失和漏洞不以为然，由此产生的工作失误较多。

续表

A^{-0}	对细节有一定的关注，对于工作中的细节缺失和漏洞经常性地修改，工作中比较实事求是；能从细节中发现新思路。
A^{+1}	工作中注重细节的完善，并且能尝试改进细节的方法；善于发现工作中的细节缺失和漏洞，发现关键点；还能全面思考，不拘泥于细节。
A^{+2}	非常注重细节，对任何一个细节都要求尽善尽美；积极地学习能改善细节的方法；能将全局观念和追求细节完美结合。

具体而言：

(1)沟通能力：能够清楚地向客户介绍贷款产品，详细解答客户提出的与贷款相关问题；善于倾听，并适时提出问题来收集更多信息；灵活使用沟通技巧，遇到很难沟通的客户也能通过技巧把握客户心理，预期客户反应。

(2)人际交往：信贷员对人际交往保持高度兴趣，能够以主动热情的态度以及诚恳、正直的人格面貌赢得他人尊重和信赖，从而营造良好的人际交往氛围，拓展并维护人际网络，为开展业务铺垫基础。

(3)人际洞察：通过观察他人语言、动作、表情等把握他人情绪和观点，发现隐藏信息，并采用适当语言帮助鼓励他人表达，以减少信息表达失真，建立互信关系。

(4)关注细节：信贷是本身就是一个关注事实细节的活动，它不需要特别宏大而抽象的情怀，特别注重深入了解农村金融市场、农户融资困难、融资渠道选择等关键细节，通过对细节的把握来服务客户。

5. 发展动机维度

信贷工作性质要求信贷员必须懂得信贷与授信等金融业务知识，熟悉财务、监管法律和"三农"等政策，只有这样信贷员才能让整个信贷流程走好。外部环境的变化使得这些知识的时效性很短，几乎每年都会有知识更新，因而要求信贷员要具备主动学习的意识，在实际工作中努力为自己创造各种学习机会，去获得个人提升。发展动机则可以衡量信贷员提升其业务能力的意识，包括学习发展、成就导向、主动性、重视品质与精确(见表5-7)。

第五章 新型农业经营主体下借贷博弈关系中的新型支农金融服务机构监管 ❋❋

表 5-7 新型农村金融机构信贷员发展动机维度

等级	行为描述
学习发展	
A^{-1}	很少主动地学习新知识、新技能，对于企业给予的培训以消极的态度面对；不愿意就自己不明白的问题向上司或是下属请教，很少总结自己的经验。
A^{-0}	能有意识地学习一些新知识、新技能，也能够接受企业给予的培训；愿意就自己不明白的问题向上司请教；能经常性地总结一些工作经验，认为不断学习是职业生涯中的重要一环。
A^{+1}	对新知识、新技术、新领域保持关注，并乐于尝试新方法；以学习为乐，不耻下问，愿意就自己不了解的问题向下属请教；定期对工作做阶段性的总结；在制订业务发展计划时，会考虑业务内容对员工知识技能要求的变化，并考虑相关应对措施；当工作内容发生变化时，能积极主动地弥补自己缺乏的知识与技术；将工作视为重要的学习过程。
A^{+2}	有强烈的求知心理，对于新技术、新领域保持高度的热情，提倡在发展中不断学习，在学习中不断促进发展，经常性地总结经验，增加学识，提高技能，获得有利于未来发展的能力。

等级	行为描述
成就导向	
A^{-1}	自我实现意识不强烈，自我满足感主要来源于外在的荣誉与报酬，而并非来源于事业本身，在企业内没有强烈的使命感，缺乏内驱力；满足于现状，不愿意冒险，严于待人，宽于律己。
A^{-0}	有较强的自我实现意识，愿意接受挑战，有一定的使命感，对自己有较高的标准，对于出色完成任务取得工作成果有较强的渴望。
A^{+1}	始终把搞好经营管理、创造更好的成就作为自己的奋斗目标；渴望成功，喜欢迎接挑战，不断追求卓越；在工作上执着追求，近似工作狂；不满足于现状，总是希望将事情做得更好、更漂亮。
A^{+2}	追求事业的巅峰，执着追求事业；对自己以及员工要求极高，渴望追求完美。

等级	行为描述
主动性/开拓性	
A^{-1}	只会回想过去，错失良机；逃避必要的工作，想办法逃避自己的工作。

续表

A^{-0}	完成一般性工作，发现工作中的问题，采取两个或更多的步骤来克服障碍及困难，虽然事情进展未必顺利，但也不轻言放弃。
A^{+1}	付出额外的心力去完成工作，即使没有达到要求；在遇到危机时能够快速采取行动并做出决策。
A^{+2}	表现出对工作的狂热，不需任何正式的授权方式承担个人风险，努力完成工作；提前采取行动，在问题尚未出现的时候，能够采取措施避免未来危机发生并创造良机。

重视品质与精确

等级	行为描述
A^{-1}	无风险管理意识和能力，贷款质量较差，回收率低；缺乏贷后跟踪，不能及时反映问题；与客户关系较差。
A^{-0}	有一定的风险管理意识，但在贷款质量上有时失误，如贷后跟踪、及时向上反映问题、解决能力等稍有欠缺；能定期与客户交流。
A^{+1}	重视风险管理，在前期把好质量关；贷后能进行跟踪，面对问题能找到良好的解决方案；能主动与优质客户保持良好关系。
A^{+2}	有强烈的风险意识，重视调查和信息质量，在前期降低风险；贷后注重正式、非正式跟踪，较早发现问题并找到解决对策；重视维护客户关系，积极与优质客户联系。

具体而言：

(1)学习发展：信贷员通过吸取自己或他人经验教训，增加信贷知识、提高技能，从而获得有利于未来发展的能力。

(2)成就导向：不满足于现状，对成功具有强烈的渴求，总是设定较高目标，要求自己克服障碍，完成具有挑战性的任务。具有这一动机的信贷员特别适合那些有潜力拓展市场范围和业务范围的村镇银行。

(3)主动性：信贷员主动采取行动，付出超过自身所处层级需要的努力，以增加效益，避免信贷风险等问题，还能创造出一些新的信贷业务机会，发展新客户。

(4)重视品质与精确：为降低信贷风险、担当信贷绩效而进行客户关系管理及风险控制的潜在动机。

第五章　新型农业经营主体下借贷博弈关系中的新型支农金融服务机构监管

6. 职业道德维度

信贷工作涉及金钱，工作性质较为敏感，就需要信贷员具备一系列的职业道德素质，包括以客户为中心、同理心、影响力和坚持原则四项（见表5-8）

表5-8　新型农村金融机构信贷员发展动机维度

以客户为中心	
等级	行为描述
A^{-1}	对待客户的意识淡薄，不了解客户的真实渴求，客户关系管理混乱，缺少必要的客户管理；不能建立起长期的客户关系，客户生命周期短。
A^{-0}	有较强的客户意识，渴望去了解客户的真正需求，能够进行客户关系管理，努力提高客户满意度与忠诚度，努力建立起与客户的长期关系。
A^{+1}	有非常强烈的客户意识，能够将客户的满意度与忠诚度作为企业重要的无形资产的理念，并能很好的融入企业的价值观中，把客户当作重要的合作伙伴，力求实现双方的共赢，以客户为中心。
A^{+2}	以客户为中心，将企业的组织架构、工作流程按照客户第一的理念再造，将客户视为企业最宝贵的资源；具有优秀的客户关系管理能力，能为客户创造价值，将提升客户生命周期作为自己的努力方向。

同理心	
等级	行为描述
A^{-1}	很少从他人的角度思考问题，做事情很少考虑他人的感受；沟通时讲客套话，无法引起对方的共鸣，对方也不愿意将自己的真实想法说出来；不愿意倾听，安排事务几乎不考虑下属的需要。
A^{-0}	能够从别人的角度思考问题，做事情会考虑到他人的感受；与人沟通比较真诚，愿意将自己的一部分想法表达出来；能让人觉得被理解、被包容，会倾听，工作中会尽量考虑对方的需要。
A^{+1}	能够站在对方的角度考虑问题，想对方之所想，急对方之所急；能够使人不知不觉地将内心的想法、感受说出来；能够让人觉得被理解、被包容；能够用心倾听，在安排事务时，尽量照顾到对方的需要，并愿意做出调整。
A^{+2}	将心比心，设身处地地去感受和体谅他人，并以此作为工作的依据。有优秀的洞察力与心理分析能力，能从别人的表情、语气判断他人的情绪。投其所好，真诚，能够以对方适应的形式沟通。

续表

影响力	
等级	行为描述
A^{-1}	在传达自己的信息时十分被动,往往是被说服者而不是说服者。
A^{-0}	能够运用资料、证据和事实依据等来影响对方的观点。
A^{+1}	能够巧妙地运用已有的资料,通过策略性的说话技巧,从而达到别人接受自己的观点,为个人所期望的目标服务。
A^{+2}	运用高超的沟通技巧和人格魅力,用一种为别人所乐于接受的方式,改变他人的思想和行动的能力。

坚持原则	
等级	行为描述
A^{-1}	不能够很好地坚持规章制度,立场不坚定,容易被外界因素改变初衷。
A^{-0}	立场不够坚定,大部分时候可以遵守企业规章制度,但偶尔也会因为立场动摇而犯错误。
A^{+1}	能够较好地贯彻各项规章制度,不会因外部因素所动摇。
A^{+2}	有按照各项规章制度办事的魄力,不感情用事,并能监督他人执行。

具体而言:

(1)以客户为中心:了解客户现实与潜在的金融需求,从客户角度出发提供合适产品或服务,真心关心客户发展及其面临的困难,为其提供实质性支持和帮助,建立稳固的客户关系,那么客户壮大之后也不会随便更换其他金融机构。

(2)同理心:站在贷款申请人角度和位置,客观地理解他们面临困难时的内心感受,且通过具体支持和帮助把这些感受传递给客户,同样有助于建构稳固的客户关系。

(3)影响力:信贷员能够有说服力地陈述自己的观点(例如贷款需要按时偿还)以获得客户的理解和支持,能在不破坏现有政策规定和监管要求的前提下给客户提供一些便利。

(4)坚持原则:无论怎样理解和支持客户想法,但是信贷工作要求一些必须坚持的原则,比如不能收受贿赂,也不能向客户索要回扣,更不能挪用客户贷款。

第五章　新型农业经营主体下借贷博弈关系中的新型支农金融服务机构监管

当监管、新型农村金融机构和农户之间借贷关系博弈策略的面貌被揭开之后，对新型农村金融机构和对农户调查的分析得到的一些有价值的结论需要重新审视，比如：新型农村金融机构10年的试点与推广有效地填补了农村金融服务空白，农村金融抑制程度也因之得到显著缓解，但是农村金融市场失灵真的就找到了疗方吗？回答自然是未必。

新型农村金融机构兼具政策性和商业盈利性，但商业资本天然的趋利动机导致其在经营管理过程中出现了政策目标偏离现象，但也并非没有解决之道，PSM分析框架内的结论是通过外部激励（政策支持落实）和外部惩罚（强化监管）的并行措施促进新型农村金融机构兼顾政策性和财务可持续性，财务可持续也是新型金融机构能够履行支持"三农"、缓解农村贫困等政策使命的基础，而这些恰恰是新型农村金融机构与农户借贷关系博弈的开始。

调查所得的数据和案例表明，曾经在农村信用社确定贷款对象、额度、条件和贷期等贷款决策中发挥作用的影响因素，对增量改革之后的农村金融市场依旧发挥着独特作用。无论如何，新型农村金融机构在借贷关系博弈中占据主导地位，唯有监管才能增加农户在借贷关系中的博弈力量。在此过程中，具有胜任力的信贷员或贷款业务员对新型农村金融机构政策使命的达成和贷款风险的控制至关重要。

二、农地经营权抵押贷款供需主体在贷款博弈决策行为演化方面的研究

随着我国农业由传统农业向现代农业加速转型，农村土地经营权流转明显加快，发展适度规模经营已成为农业经营主体的现实选择。但长期以来，我国农村承包土地缺失抵押权导致农村金融市场信贷配给现象广泛存在，农业经营主体的资金需求难以得到满足。为了有效盘活农村资源、资金和资产，增加农业生产的资金投入，中国人民银行与原中国银行业监督管理委员会下发指导意见，首次提出有条件的地方可以探索开办土地经营权抵押贷款，但是地方层面的农地抵押贷款探索却因面临一系列的法律障碍而难以取得突破性的进展。国务院开始从国家层面推进农地抵押贷款试点，并获全国人大授权在试点行政区域暂时调整实施部分法律规定，从而为农地抵押贷款试点消除了法律制度障碍。从试点的情况来看，农地抵押贷款不仅持续带动了地方农业产业发展和农户收入增长，也推动了农村金融服务支持乡村振兴战略的实施。2019年2月中共中央办公厅、国务院

办公厅印发《关于促进小农户和现代农业发展有机衔接的意见》，要求"依法稳妥规范推进农村承包土地经营权抵押贷款业务"。法律层面上，2019年1月1日施行的经修订的《农村土地承包法》和2020年1月1日施行的经修订的《土地管理法》对限制农地抵押贷款的条款进行了修改。当前，农地抵押贷款已进入向全国推广阶段，但部分地区农地抵押贷款业务却难以有效开展。为什么在法律障碍基本消除的情况下，一些地方农地抵押贷款业务仍然举步维艰？哪些关键因素影响了农地抵押贷款供需双方贷款决策？应该采取哪些措施推动农地抵押贷款业务顺利开展？这些问题值得我们深入思考。

1. 前期理论分析

在各地探索农地抵押贷款业务之初，我们对农地抵押持审慎态度，担心农民因农地抵押失去土地，从而失去生产生活的基本条件；但另一方面，土地承包经营权具有交换价值和可转让性，可以作为抵押财产，规范化的土地抵押贷款有利于提高农民收入，增加农村经济活力。随着中央一号文件明确了农民对土地承包经营权具有抵押权和担保权，围绕农地抵押贷款供需主体的实证研究不断升温，其中关于农地抵押贷款资金需求方的实证研究主要涵盖了抵押贷款的可得性、信贷需求、申请贷款意愿、贷款满意度、贷款的收入效应等多个方面；对贷款资金供给方的实证研究主要包括贷款供给意愿、贷款供给效果、贷款信用风险、贷款业务执行效果评价等。如果供需任何一方决定不办理贷款业务，农地抵押贷款业务都将止步于贷前阶段，后续的贷中和贷后阶段也就无从谈起。从我国农地抵押贷款的实践来看，不同地区贷款供需主体贷前决策存在较大差异，有的地区（例如：湖北省大冶市等）资金供需双方放贷申贷意愿较高，农地抵押贷款业务得以顺利开展；有的地区（例如：吉林省榆树市、四川省眉山市彭山区等）的贷款相关方借贷意愿不足，农地抵押贷款业务陷入困境。为什么不同地区农地抵押贷款供需主体的贷前决策呈现出明显差异，值得深入探讨。

由于农地抵押贷款供需双方具备演化博弈主体的"有限理性"特征，其贷前决策的过程实际上是通过不断的学习和模仿来寻找最优策略的动态演化过程，因此从演化博弈的角度分析农地抵押贷款借贷双方的贷前决策过程，有利于揭示贷前决策形成的内在机理和关键影响因素。我们通过构建演化博弈模型，刻画农地抵押贷款供需双方贷前决策的产生过程，探寻影响贷款供需双方贷前决策的关键因素，并运用MATLAB软件对农地抵押贷款供需主体的贷款决策演化轨迹进行数值仿真分析，得到相关的结论。

第五章　新型农业经营主体下借贷博弈关系中的新型支农金融服务机构监管 ✻✻

2. 借助数值仿真分析之后得到的相关结论

通过构建演化博弈模型并进行数值仿真检验,分析了不同情形下农地抵押贷款供需主体贷款决策行为的演化过程及其影响因素,得到以下研究结论。

(1)贷款成本是影响贷款供需主体贷款决策的关键因素。演化路径分析表明只有让供需主体均有利可图,才能使博弈结果向金融机构发放贷款、农业经营主体申请贷款的方向演化。仿真分析表明,农业经营主体和金融机构均对贷款成本十分敏感,贷款成本的变动都会影响供需主体进入农地抵押贷款市场的意愿。

(2)贷款利率对借贷双方贷款决策的影响程度存在明显差异。数值仿真分析表明农地抵押贷款利率会显著影响农业经营主体的贷款意愿。相对而言,金融机构更重视信贷成本控制和贷款风险防范,在控制了成本和风险的前提下,金融机构也愿意以低于市场水平的利率发放农地抵押贷款。

(3)政府有针对性地供给金融公共产品可以矫正农地抵押贷款的市场失灵问题。由于农地抵押贷款具有准公共产品的特性,在演化博弈模型和数值仿真模拟中,引入贷款贴息率、坏账损失分担比例、政策性收益等公共产品供给指标,分析表明政府向农地抵押贷款市场供给公共产品,能有效帮助贷款供需主体降低贷款成本,分散贷款风险,提高发放贷款和申请贷款的意愿。

根据上述研究结论,提出以下政策建议:一是各地应抢抓国家大力推进"互联网+政务服务"的机遇,积极搭建农地抵押贷款在线办理平台,着力实现贷款所需政务信息的在线查询、贷款供需主体在线沟通,农地抵押贷款一网通办,现场办理最多跑一次,从而有效节约借贷双方的时间成本、交通费用成本和纸质资料制作成本。二是各级政府部门应通过出台考核政策、提供税收优惠、增加"三农"专项金融债发债额度等方式加大对农地抵押贷款经办金融机构的政策支持力度,引导金融机构调降贷款利率,激发农业经营主体申请贷款的热情。三是政府应厘清为农地抵押贷款市场提供公共产品的责任边界,提高财政资金的使用效率。在进行风险补偿和担保代偿时,政府应根据"谁受益,谁负担"的原则,合理确定贷款坏账分担比例,避免分担比例过高引发的道德风险和逆向选择。对于抵押物评估、抵押担保等具有竞争性和排他性的服务,应通过购买公共服务的方式控制供给成本;对于贷款贴息、税收减免等贷款供需主体直接受益的优惠政策,应采取以奖代补的方式,在贷款申请方履约还贷或贷款发放方完成约定额度贷款发放任务后再予以兑现,以引导贷款供需主体积极入市和诚信履约,促进农地抵押贷款市场健康有序发展。

第六章 新型农业经营主体下支农金融服务机制

第一节 新型农业经营主体下构建多元投入保障机制

乡村振兴战略坚持农业农村优先发展，目标是按照产业兴旺、生态宜居、乡风文明、治理有效、生活富裕的总要求，建立健全城乡融合发展体制机制和政策体系，加快推进农业农村现代化。这一政策的实施，需要大量的资金支持，钱从哪里来？笔者认为必须以改革创新的思路，加快构建多元投入机制，为乡村振兴注入"活水"。

一、当前乡村振兴投入保障机制存在的短板

金融支农体系日趋完善，资金规模稳步增加，涉农信贷产品推陈出新，创新推出"农业产业振兴信贷通"等无抵押免担保涉农信贷，财政安排风险缓释金撬动银行信贷资金，解决农业经营主体融资难题，但目前，乡村振兴资金投入还存在一些问题。

（一）**财政自给能力弱，人均投入水平偏低**

在做好"三保"和化解政府债务工作基础上，地方可支配财力十分有限，某市全市"三农"领域投入水平与全国、全省平均水平还有较大差距。

（二）**支出结构不尽合理，产业扶持政策亟待优化**

一是产业投入占比不高。大部分资金用于解决"两不愁三保障"和改善农村基础设施，投入农业产业发展的资金规模不高。二是资金投向不够均衡。财政资金扶持的农业产业仍集中在产业链上游的种植业、养殖业等第一产业，对限制农业产业发展的农产品深加工、冷链仓储物流等二三产业的扶持相对匮乏。

(三)客观制约"瓶颈"多,涉农金融产品普及度不高

一是涉农信贷放贷积极性受限。作为需求端的农村缺乏有效抵押物、良好的信用环境,作为供给端的金融机构不能根据农业农村的特点提供金融产品和服务,再加上终身追究机制的梗阻,一定程度上造成涉农信贷"扶大不扶小,扶强不扶弱"的情况,偏离了普惠制的轨道。二是农业保险局限性较大。目前,有的县"一县一品"特色农业保险试点范围有限、品种不多,而其他农业保险产品保费较高,农户参保意愿不高。三是PPP项目对社会资本吸引力不足。农业农村领域PPP项目大多属于纯公共产品项目,基本无收益或收益远远不能覆盖投入。该类型项目大多为政府付费项目,预期收益较低,对于社会资本吸引力不足。目前实施的项目大多仍为传统基础设施提升类项目。

(四)项目策划水平不高,发债规模与需求还有较大差距

某些省市农村基础设施基础较为薄弱,乡村振兴领域发行政府债券需求迫切,入库项目中城乡供水、医疗卫生、产业园区等领域能通过市场化融资的项目居多,而市政、交通道路类项目相对较少,反映出乡村振兴类项目策划质量不高,策划水平亟须提升。

二、完善乡村振兴投入保障机制的意见建议

(一)坚持财政优先保障,创新财政支持乡村振兴机制

一是做好"整合"的文章。落实中央、省、市探索建立涉农资金统筹整合长效机制部署,继续做好涉农资金统筹整合,强化行业内涉农资金源头整合、行业间涉农资金统筹使用,集中财力办大事。坚决贯彻落实"三农"工作"重中之重"和农业农村"优先发展"要求,在财政预算安排和支出上真正体现实施乡村振兴战略"优先保障"和"倾斜支持"。

提高产业投入占比,衔接推进乡村振兴资金和整合资金用于产业占比原则上不低于50%。支持优化农业产业结构,加大对农产品深加工、冷链物流体系等二三产业扶持力度,完善产业链条提升农产品附加值。二是做好"撬动"的文章。通过担保、贴息、以奖代补等方式,发挥财政资金的杠杆作用,促进金融和社会资本更多地投向乡村振兴。创新财政支农机制,放大财政支农政策效应,提高财政支农资金使用效益。稳妥做好"农业产业振兴信贷通",加强配套风险缓释金管理,提高不良贷款代偿效率,推动"农业产业振兴信贷通"高效投放,保障符合条

件的农业经营主体融资需求。推动农业保险"扩面、提标、增品",完善农业保险机制,努力建立多层次、高保障、符合农业产业发展需要和农民需求的保险产品体系。三是做好"开源"的文章。建立乡村振兴财政投入稳定增长机制,积极争取上级涉农重大项目、重大政策支持,"十四五"期间,市、县两级每年预算安排用于乡村振兴领域资金总量逐步提高。逐步提高土地出让收益用于农业农村的比例,至"十四五"末全市土地出让收益用于农业农村的比例达到50%以上。把政府债券资金作为乡村振兴多元投入的主要增长点之一,紧跟乡村振兴领域发债政策动向,及时掌握专项债券规模、支持领域和分配因素等动态情况。提高项目策划水平,委托专业机构对乡村振兴项目的投向领域、收益覆盖、收支平衡等进行专业把关,在政策允许范围内尽可能提升项目成熟度和发债成功率。运用好专项债资金作为项目资本金政策,腾出更多资金用于实体经济建设。

(二)坚持打通"最后一公里",创新金融服务乡村振兴机制

一是创新农村金融市场准入及产品服务。从整体上看,目前赣州市农村金融市场主体既包括农村信用社、村镇银行等地方法人金融机构,也包括大型银行的分支机构。但在乡镇一级往往只有一两家金融机构,竞争并不充分。应完善村镇银行准入条件,提高其县域和乡镇覆盖率。针对农业产业特点,发挥龙头企业对产业链上游农户的增信作用,积极发展供应链、产业链金融。

二是创新农村金融机构的激励约束机制。结合赣州实际,抓紧修订完善金融服务乡村振兴的指导意见,明确农村信用社、中国农业银行和中国邮政储蓄银行"三农"金融事业部、国家开发银行等在乡村振兴中的职责定位。

加强金融机构服务乡村振兴考核,将涉农贷款增量纳入年度考核指标,对涉农业务达到一定比例的金融机构实行差别化监管和考核办法,推动农村金融机构回归本源,把更多金融资源配置到农村经济社会发展的重点领域和薄弱环节。三是深化农村集体产权制度改革和信用环境建设。农村贷款难,梗阻在于农村缺乏有效抵押物、良好的信用环境。应理顺农村集体资产所有权关系,将集体资产按照资源性、经营性、非经营性分类登记,建立台账,摸清家底。在摸清家底的基础上,将农村集体经营性资产以股份或者份额的形式,合理量化到人、确权到户,发展多种形式的股份合作,让农民真正成为集体资产的所有者、管理者、受益者。深入开展以创建信用农户、信用村、信用乡镇为内容的农村信用工程创建活动,利用农村熟人社会的特点,建立激励约束机制。把诚实守信作为乡风文明建设的重要内容,提高农民的信用意识。

(三)坚持用好社会资本力量，创新社会参与乡村振兴机制

一是创新社会资本参与乡村振兴的准入机制。清除要素下乡的各种障碍，凡是法律没有明文禁止的领域，社会资本皆可参与。对积极投入乡村振兴事业的社会资本，应落实和完善融资贷款、配套设施建设补助、税费减免等扶持政策，增强社会资本信心。考虑到目前农村社会结构和管理体制的特殊性，应注重引导社会资本投向农村集体经济组织和农户干不了、干不好的领域。

如重点引导社会资本参与绿色农业、高标准农田、现代农业产业园、农产品物流交易平台等现代农业重点领域和薄弱环节。引导社会资本参与休闲农业和乡村旅游精品工程建设，推动建设一批设施完备、功能多样的休闲观光园区、培养基地、乡村民宿、特色小镇等。二是创新社会资本与农民的金融利益联结机制。社会资本参与乡村振兴应注重通过契约型联结机制带动农民，而不是替代农民、排斥农民。应通过产业链的合理分工带动农民发展现代农业，社会资本集中在农产品加工、农业服务业等环节，种养环节尽量由农户承担，走"公司＋农户""公司＋家庭农场"的道路，明晰产权、量化股权、按份分配，激发集体经济活力，实现社会资本、农村集体经济组织、农户三方利益共享。在土地资源释放环节，探索成立村集体公司或者与社会资本组建运营服务公司，通过通盘整治等措施，整理农村集体建设用地，将部分农村集体建设用地使用权进行流转或运营，获取稳定收益。

第二节 新型农业经营主体下建立健全金融惠农长效机制支持乡村振兴

一、中国农业农村现代化发展方向

我国当前仍属于中等收入国家。近年来我国农业支持保护制度不断健全，政策措施持续加力，农业生产稳定。但农村与城镇发展还存在不平衡不充分问题，如中西部和山区农村经济欠发达；农业劳动力高龄化，从事种植业劳动力季节性闲置，科学种田水平不高；抗旱、排涝水利设施投资不足，抗灾害能力弱；小农家庭经营为主体的农业产业化规模化程度低，农业投入产出比低；农业收入占农户家庭收入比重降低，农业就业吸引力低；农民人均收入和消费水平低于城镇；每年需要一定量大豆、玉米和猪牛肉进口，存在农副食品结构性供应隐忧。迫切

需要补齐农业农村短板弱项，推动城乡协调发展。

民族要复兴，乡村必振兴。首先需要稳住农业基本盘，立足国内自给，维持主要农产品种植和畜禽养殖规模，确保粮食安全、食品供给。其次坚持农业农村优先发展，农业现代化与农村现代化一体设计、一并推进，创新驱动，完善农村基本经营制度，科技兴农，深入推进农业供给侧结构性改革，宜农则农，宜林则林，宜牧则牧，促进农业高质高效发展，保障农产品供给。再次全面推进乡村产业、人才、文化、生态、组织振兴，打造宜居乡村，助推乡村振兴。最后加大政策性农业保护农村扶持力度，形成工农互促、城乡互补、协调发展、共同繁荣的新型工农城乡关系。

二、金融支持我国农业农村经济发展状况

(一)农业农村金融发展现状

农村金融是我国金融体系的重要组成部分，是支持服务"三农"的重要力量。近年来农村金融领域发生了重要变革，农业发展银行、农业银行、农商银行和邮政储蓄银行等涉农业务不断深化，农村金融产品和服务方式创新发展，信贷支持了农业和农村产业发展、农村基础设施建设，支持了农民进城镇购房购车等消费需求，网上银行和掌上手机银行已经普及至农村，"三农"金融需求得到有效满足。

(二)影响金融机构信贷支农投入制约因素

(1)农业的弱质性和农村弱势性与金融资本的逐利本性制约着金融机构涉农放贷积极性。农、林、牧、渔业受天气、环境等自然因素影响较大，市场价格波动大、盈利稳定性差。一些农村区域交通不便，水、电、气等生产要素供应不便，导致企业生产经营成本较高，市场竞争力总体偏弱。农业农村信贷风险偏高，信贷管理成本费用较高，制约了金融机构信贷投放积极性。

(2)农业生产装备和技术水平有待提高。我国多为小规模家庭经营，机械化自动化水平偏低，规模效应不强，农副产品原种研发力量薄弱。

(3)农业生产保障体系有待完善。农业保险力度和保险范围还有待扩大，特别是养殖业保险品种较少，最近这些年以来，农业生产时常受疫情困扰。部分农产品和畜禽产品市场价格波动起伏较大，甚至存在游资炒作现象，生产大起大落，良性市场运行调节机制和政府适度干预稳定机制有待进一步完善。

(4)农业农村贷款担保难、抵押难，导致贷款难。土地及房产产权等农村抵

押物受限且位置偏远，导致处置变现难、抵押率低。

（5）促进金融机构支农惠农的激励机制和约束机制有待稳定化、长效化。

（6）乡村基础设施欠账较多，贴近农村的富民产业需要进一步培育，离土不离乡的农民就业机会不充分，需增强农村留人聚气能力。

三、对农村普惠金融建设的调查与思考

陕西省平利县地处陕、鄂、渝三省交界的秦巴山区，是国家级贫困县。近年来，人民银行安康中心支行积极发挥金融服务牵头作用，引导和鼓励辖内金融机构不断改善农村金融服务，尤其是在"两学一做"学习教育活动中，通过依托农村各级基层党组织，把基层党组织的信息、组织、行政资源优势，与基层银行的资金、技术和风险管理优势相结合，打造出"金融机构基层网点＋基层党支部"的"双基联动"惠农服务模式，助推金融服务取得实效。近期，笔者深入到平利县进行专题调研认为，平利县的做法和经验不仅可复制推广，还为全国类似地区做好农村金融服务提供了借鉴蓝本。

（一）主要做法

1. 畅通渠道，惠农支付便利乡村百姓

平利县是国家级贫困县，也是典型的劳务经济大县。自20世纪90年代起，外出务工人员的劳务收入主要通过邮局汇单的方式寄回家乡，形象地叫作"邮包银行"。这种方式处理一笔汇款从寄到收，再到取款，少则半月之久，多则一两月，不仅环节多、时间长、成本高，而且保密性和安全性比较差。为探索农村普惠金融新路子，平利县各家商业银行积极响应人民银行号召，在全县启动了农民工银行卡特色服务，实现了农民工异地存款，在家乡金融网点取钱的愿望。虽然农民工银行卡降低了资金汇款成本，但农村金融服务网点少，存取款依然不方便。平利县开始推广POS机助农取款，将农村金融服务从金融机构网点向农民家门口延伸，实现了农民"打工地挣钱，家门口取款"愿望。为进一步改善农村支付服务环境，平利县又将POS机助农取款升级为金融便民服务站，通过与农村商店、小卖部合作，加密布点，把银行建在家门口，确保农民取款更方便、更快捷。平利县还在与湖北交界的关镇设立了跨区域助农取款服务点，实现了农民工取款跨省服务。

2. 精准施策，特色产业助推金融致富

近年来安康中支和辖区金融机构因地制宜，并与政府、企业、农户等主体合

作，通过"普惠金融"，大力支持当地特色产业发展，不断提升金融服务的精准度。通过充分调研，支持平利县政府出台了《平利县金融服务改革方案》，强力推进小额创业贴息贷款、富硒茶叶贷、种养殖贷等特色产业贷款政策的实施，为贫困户量身定做特惠金融产品，使贫困户能贷款、能发展、能支付，形成产业规模优势。同时，平利县还积极吸引国内知名电子商务阿里巴巴和京东签约入驻，将空间上的"万水千山"变为网络上的"近在咫尺"，使当地的农特产品走出山外，变成票子，既帮助了农民的产品销售，促进致富，又实现了信贷资金放得出、收得回、有效益的良性循环。全县各级金融部门延伸服务半径，将人员、资金、柜台、服务下沉到村到户，从农民思想观念、融资需求、理财方式等方面植入"金融芯片"，在相互对接中做"加法"。目前，平利县"平利女娲茶""平利绞股蓝"先后获得"陕西省名牌产品""中国驰名商标"。平利县还被农业部命名为国家现代农业示范区，并荣获"中国最美丽乡村"称号。

3. 拓宽内涵，"双基联动"增添服务功能

"两学一做"学习教育开展以来，安康中支与辖区金融机构会同地方组织部门、政府部门积极探索金融服务与基层党建的结合点，在助农取款服务点的基础上，试点推广"双基联动"营销贷款模式。通过实行"基层党组织"与基层银行业金融机构干部双向兼职，共同完成对农户和城镇居民的信用评级、贷款发放及贷款管理，为广大群众提供及时有效的信贷服务，不仅促进了农民产业发展，也为产业大户带动农民就业提供了资金支持，加快了特色产业和县域经济发展步伐。陕西省第一个"双基联动"工作站在平利县挂牌成立，随后在全县相继建成了规范化、标准化、智能化"双基联动"工作站，银行机构与行政村及居民社区签订了《农村金融"双基联动"合作协议》和《农村金融服务合同》，计划利用3年时间在全县搭建"建档标准化、产品多样化、服务精细化"的农村金融服务体系，实现"双基联动"工作站村村通、全覆盖，切实打通农村金融服务"最后一公里"。

4. 多方协作，政银企农合力组织推进

"双基联动"以"银行＋村委会＋农户"为基本模式，以"物理网点＋固定平台＋流动服务"为载体，延伸服务链条，提升服务质量，实现优势互补，资源共享，政银企农协作，双联双推。平利县"双基联动"基本模式可以归纳为"六双"：一是"双签"。银行机构与基层组织双方签订合作协议，明确权责，合作服务。二是"双办"。村委便民服务中心与基层金融服务网点双办合一，一站式服务。三是"双员"。银行派驻专职联络员，村组干部兼职联络员，共同负责"双基联动"工作

站的日常服务管理。四是"双责"。银行专职联络在做好信贷业务的同时要积极协助村委工作，村组干部"一岗双责"，兼职抓金融。五是"双审"。工作站审批的贷款被上级银行否决的，不得放贷；银行审批的贷款村组有不同意见，也不予放贷，共同审批，共同放贷，共同清收，共同担责，确保贷款"放得出、收得回、有效益"。六是"双评"。地方政府和组织部门将"双基联动"工作纳入年度工作考评，银行机构也要对工作站进行业务考核，双向考评，共同管理。

5. 责权明晰，制度办法保障惠农利农

平利县"双基联动"成功的基础在于"严格定责，适度放权，合理让利"。一是定责到人。平利县各级党委、政府以及组织、民政等部门将"双基联动"工作作为基层组织建设、党员干部管理以及为民办实事、办好事的重要内容，与年度其他重点工作同推进、同考核。制定出台了《"双基联动"工作方案》《"双基联动"工作站管理办法》等一系列规章制度，严格管理，定责到人。二是放权于村。为增强村组干部的工作责任感和积极性，简化信贷流程，更好地服务群众，在保证信贷风险可控的基础上，积极将贷前调查、评级授信以及放贷审批等权限适度下放，通过放权于村提高了办事效率，拓展了金融业务。据调查，实施"双基联动"放权于村后，全县贷款审批日程平均缩短5个工作日，不良贷款率下降多个百分点。三是让利于民。为发展普惠金融、特惠金融，平利县结合推进"双基联动"工作，积极开发特惠金融产品，让利于村、让利于民。如："全民创业产业贷"对诚信用户执行利率下浮，"富秦家乐卡"一次核定、随用随贷、余额控制、周转使用，精准扶贫"5321"贷款全额贴息等，最大限度地惠农、利农。

（二）工作成效

平利县"双基联动"与"两学一做"学习教育相结合，解决了"做什么"的问题。实施"双基联动"后，通过金融服务搭建起了党员干部为民服务平台，党员有作为，群众得实惠。"双基联动"解决了支农资金短缺问题。平利县通过"双基联动"工作站累计为贫困户发放贴息贷款，实现了全县十几个村如期致富。在"双基联动"信贷支持下，平利县社区工厂以及农村电商迅速崛起，走在全省前列。"双基联动"与惠农支付相结合，解决了惠农政策"直通车"问题。如平利县农商银行通过大力推进"双基联动"，赢得了政府和农民群众的信任和支持，取得了农村社保、合作医疗以及惠农补贴的独家代理权，既促进了该银行的业务拓展，又减少了惠农政策资金兑现的中间环节，让农民在家门口第一时间享受到各项惠农政策的温暖。

1. 政府赢民心

"双基联动"工作站的建立，进一步拓宽了政府、基层党组织、农村金融机构为民、便民、利民的"绿色通道"，农村金融覆盖面和可获得性大大增强，基层党组织的凝聚力和号召力不断提升。过去贷款办事"门难进、脸难看"现象，如今变成"只跑一次路，只进一扇门"；过去"贷款一百跑到天黑，贷款一千人情优先"，如今"贷款找支部，不跑冤枉路"。政府银行联手服务于民，让群众增强了对政府、基层党组织和金融机构的信任感和依赖感，群众获得了实惠，政府赢得了民心。

2. 银行占市场

"双基联动"将银行服务窗口延伸到了农户门口，大大增强了银行品牌效应和市场份额，壮大了银行经营实力。以平利县农商银行为例，通过加快设立"双基联动"工作站，在全县多家银行中脱颖而出。

3. 农民得实惠

"双基联动"有效解决了农民贷款难、贷款贵、贷款慢问题，让农民感受到普惠金融的春风。平利县老县镇老县村共有农户近一千户，建立"双基联动"工作站后，平利县农商行已对符合评级条件的五百户农户进行评级授信，贷款方面与年初相比贷款户数和贷款总额均实现了翻番。

4. 地方得发展

在平利县乡村，"双基联动"不仅作为金融服务的重要推手，为产业大户带动农民就业提供了资金支持，同时也加快了特色产业和县域经济发展步伐，随处可感受到所带来的可喜变化。平利县长安茶城位于长安镇高峰村，新入驻商家的大部分商户都是在该村"双基联动"工作的贷款支持下正常运营的。平利县城关镇药妇沟社区是全省社区工厂典范，也是该县电子商务孵化中心，社区"双基联动"工作站是他们得以发展壮大的坚强后盾。平利县老县镇锦屏社区是一个移民安置社区，社区的一半以上居户都是在"双基联动"工作站贷款支持下发展产业和从事经营的，从而实现了"搬得出、稳得住、能致富"目标。

(三) 工作建议

1. 进一步加强政银企农合作

开展"双基联动"关键在村委会，村委会是党和政府的基层组织，政银企农合作的紧密程度直接关系着"双基联动"效果。一是将"双基联动"工作作为民生工程纳入地方党的组织建设和政府日常工作议程，与政府年度重点工作同考核、同推进,长效管理,常抓不懈。二是将"双基联动"工作作为农村工作重点严格考核,对在"双基联动"工作中成绩突出的单位和个人,要在表彰奖励和个人职级晋升上给予重点倾斜,完善目标考核机制。"双基联动"工作不力的,要予以追责。三是各银行和金融机构要主动作为、主动服务,积极协助政府抓好地方经济建设,让政府看到实绩,让群众看到实惠,形成相互依赖、不可分割的协作共赢关系。

2. 不断加大各方投入

按照"银行投入为主,财政补贴为辅,社会各方支持"的总体要求,全方位、多渠道地解决好"双基联动"建设资金投入问题。一是要按照"谁投资、谁建设、谁受益"的市场化、商业化原则,充分发挥银行机构在"双基联动"工作中的投入主体作用。二是要积极争取将"双基联动"建设纳入民生工程、农村基础设施建设以及相关惠农项目补贴范围,符合条件的地区要及时申报争取"双基联动"财政专项补贴。三是要广泛争取社会各方资金支持,形成社会重视、群众支持、多方投入、共同建设的良好氛围。

3. 严格进行风险控制

一是要控制信贷风险。要落实好信贷责任追究机制,充分发挥村组干部人熟、地熟、情况熟的优势,共同做好贷前授信、贷款审批、贷后管理以及贷款清收等各个环节的工作,杜绝"超额贷""人情贷",降低不良贷款率。二是要控制好资金风险。通过制度的、物理的、技术的多重手段,建立完善可靠的信贷资金安全防护体系。三是要控制制度风险。特别是对"双基联动"工作站的专、兼职联络员要选择好、培养好、管理好,对工作站的管理既要适度"放权",又要严格"限权",严格做到用人得当,放权适度,管理规范,风险可控。

4. 探索建立长效机制

任何一个新生事物都有一个发展、完善和再完善的过程。"双基联动"工作要按照稳中求进、快步稳走的总基调,根据客户需求和工作实际,加快金融创新、机制创新、产品创新、理念创新以及管理创新,全面建立和不断完善"双基联动"工作长效管理机制,用制度约束行为,努力提高金融服务质量和水平,扩大市场竞争力和影响力,使其真正成为基层组织建设的新窗口,农村普惠金融的新平台,地方经济发展的新引擎。

四、增加信贷投入,建立长效机制,支持农业现代化促进乡村振兴

(一)农村金融机构履行好社会责任,加大涉农信贷投入力度

1. 扩大信贷总量,支持提升我国粮食和其他重要农产品供给保障能力

农业是国民经济基础产业,当前我国居民膳食由能吃饱向安全、营养、转变,食物消费结构变化引导农业生产结构变化。要确保对稻谷、小麦、玉米等大宗粮食作物稳产增产信贷供给,满足农户和农业生产单位购买种子、化肥、农业机械等生产资料信贷资金需求。大力支持大豆及饲料作物和棉花、油菜、花生等经济作物种植。支持蔬菜、瓜果作物种植及设施农业发展。

支持农村专业合作社和种粮大户农业规模化经营。支持养殖经验丰富、经历市场多轮考验的生猪、牛、羊、禽类、水产养殖大户和生猪、奶牛养殖企业生产经营,发展绿色健康养殖,保护基础产能,保障肉食鱼类牛奶等副食品供应。结合生态林建设,促进木本粮油和林下经济发展。各家金融机构产业和信贷政策应保持连续性改进完善,确保不发生规模性返贫。继续加大农户小额信用贷款发放力度,鼓励订单农业、农业财政补贴资金、农业保险作为主要风险缓释措施的信贷产品投放,缓解贷款抵押担保难问题。

2. 加大农业生产支持体系建设

围绕现代农业科技、生物技术和物质装备支撑,积极支持国家涉农重点研发项目成果转化、新型研发机构培育和农业科技企业成长;大力支持种植、水产、畜牧机械装备科技创新,推进规模化种植养殖,实现全程机械化、信息化、自动化。支持高标准农田基础设施建设,完善水利基础设施。支持粮食、畜禽等农产品良种繁育基地建设运营,研发推广高产优质抗病虫害农作物品种。择优支持农机专业户、农业植保、农业科技服务企业支农服务。

3. 支持畅通农产品流通渠道建设

围绕优化农产品贸易布局,积极支持全国农产品优势产区交易市场、全国骨干农产品批发市场建设,支持农业产业化龙头企业融入全球农产品供应链。支持农产品仓储设施建设和冷链物流业发展,支持农村电子商务建设,支持实施农产品进口多元化战略。择优支持农产品加工企业或购销企业实行农业产业化经营,完善与农户风险分担利益共享机制。

4. 大力支持富民乡村产业发展

产业旺是奠定乡村振兴的物质基础。没有产业发展作保障,农民就业增收没

保障，农村留人聚气没保障。金融机构要立足各地县域经济比较优势，因地制宜支持乡村特色产业发展。支持产业依托本地农业资源优势，支持农产品初加工和深加工，发展食品工业；支持产业集聚区和工业园区建设，推动适合当地产业布局、产品富有市场竞争力的工业企业发展；支持绿色低碳产业向中西部转移；支持城区工商企业向周边乡镇转移。择优支持旅游景区建设发展，支持休闲农业、观光农业和乡村旅游发展。积极支持县域医疗卫生行业，推进农村康养产业发展。支持环境友好型工业和服饰、工艺品制作等劳动密集型轻工业、服务业下乡，支持部分农民离土不离乡，大力发展县域第三产业，支持二、三产业企业布局农村，三产融合发展绿色农村。

5. 支持乡村基础设施建设

要让乡村城镇留住人，聚集产业，就要改善县域道路交通、能源电力、通信物流、供水排水、生态绿色等生产和生活基础设施供应能力。信贷优先支持国家电网等央企或行业骨干企业改进农村供电、供气、通信、交通物流条件，支持有财力支撑的县域推进农村供水、垃圾和污水处理、厕所改造等农村基础设施建设。

6. 支持县域城乡居民和农民消费信贷业务

我国乡村人口持续由偏远山区向乡镇、向县域、向城市、向大中城市梯次迁移，这种迁移带来较强的住房等消费信贷需求。要优选贷款对象，支持农民在城镇购买商品房，支持农民进城租房；支持城乡居民办理信用卡等消费信贷业务，支持财力较强的居民购置轿车或生产经营用货车；提供手机银行、微银行等线上金融服务，为县域城乡居民提供存款、中间业务、外汇、投资理财等金融服务。

7. **履行社会责任，实行信贷倾斜政策**

各家金融机构应当在贷款利率、信贷规模、贷款准入条件、担保方式、费用分配、人力资源等方面向农业农村倾斜。要优选贷款主体，掌握其经营模式、偿债资金来源，合理核定贷款额度，加强信贷管理，不过度授信，确保风险可控。要与政府等机构合作创新风险缓释措施，创新信贷产品。要实行线上办贷和线下现场贷前调查、贷后检查相结合，简便农户借款、还款手续，提高办贷效率。对"三农"贷款适度赋予贷款容忍度。

（二）完善支农体系，健全农村金融激励引导机制

政府综合运用财政、税收扶持政策和货币政策工具，帮助金融机构降低涉农业务经营成本并获得合理经济回报，实现支农服务的可持续性。国家财政部门要将行之有效的涉农贷款增量奖励、定向费用补贴、涉农贷款贴息等财政补贴政策

制度化长期化，稳定金融机构预期。对农村金融机构营业网点及涉农贷款利息收入，给予增值税及所得税减免优惠政策并固化。各级政府可增加财政资金投入，完善政策性融资担保公司、政府风险补偿基金管理，发挥杠杆作用，促进金融支农支持小微企业。人民银行对涉农贷款比重或额度较大的金融机构给予支农再贷款、再贴现扶助。

政府对涉农保险业务予以较大力度保险费用补贴，适度提高保险赔付力度，保持涉农保险业务经济可持续性。商品交易所、期货公司、保险机构、地方政府等应积极开展主要农产品"保险＋期货"金融创新试点工作，发挥期货对农户规避价格风险、保障收益作用。

(三)对农村金融机构实行异于城市的差异化监管制度，建立约束激励机制

建立由政府金融监管部门主导、农户或农村小微企业参与的农村金融机构支农惠农效果评估考核机制，按年对金融机构的支农服务规模、利率或费率水平、县域网点布局、服务满意度等指标考核，将考核结果作为享受国家扶持政策及物质和荣誉奖励依据。对履行支农责任良好的各类金融机构，制定和执行差别化的流动性风险监测指标，适当提高涉农贷款风险容忍度，优先支持达标金融机构增设网点，优先办理其金融服务市场准入事项。引导规范金融机构县域吸收的资金用于县域，扼制乡镇网点成为农村资金"抽水机"。定期对农村金融扶持政策的实施效果进行评估并持续予以改进。

(四)持续完善农村金融生态环境

省辖市及以上政府大数据资源管理等相关职能部门牵头加强农村居民信息系统建设，打通各部门各条线信息孤岛，实现信息应纳尽纳，规范数据统计口径，实现信息共享，方便金融机构创新开展农村线上信贷业务和各种金融服务。持续加强农村个人和法人征信系统建设，增大失信成本。完善农村金融机构权益保护机制，打击逃废债行为。加强农村金融消费者合法权益保护，畅通消费争议解决渠道。向农村居民普及金融业务知识，提高手机银行和互联网金融业务使用能力，增强反欺诈能力。

第三节　新型农业经营主体下金融风险生成机制与控制模式研究

长期以来，农村经济和农村金融发展存在均衡关系，农村金融发展不但会促进农村区域经济增长，解决贫困问题，还能显著提高农村生产效率，实现生产技术创新。但如今在农村金融发展中，监管制度不完善，激励体系不健全以及金融部门不良贷款比重偏离，也增加了农村金融的发展风险，所以农村金融部门要探究金融风险的生成原因，完善各项制度，健全安全风险控制体系，对各行各业的职能进行协调，在优化资金配置等方面推进农村金融和农村经济的协调发展。

一、中国农村金融风险生成机制

1. 不良资产风险

作为支持农村经济发展的媒介，中国农村金融在运营中存在一些风险，比如，各部门存在运营风险，不良资产和负债经营让金融部门发展越来越脆弱。同时，存在金融经济失调和生产风险。当代金融业在发展上依靠信用，因此负债经营是其显著特点，一旦资产在经营中出现损失，会增加对应的金融风险，再加上储存额度不多，支取频繁是农村家庭资产应用的特点，此举提高了金融部门负债业务的流动性，再加上农业生产具有周期性，农业信贷的投放回收期较长，农民获取信贷扶持之后，一旦无能力偿还，会提高处理抵押资产的难度，让金融部门资产流动性越来越差。

2. 经营管理风险

农村经营管理风险形式多元，很多农村信用资本经营如今陷入困境，在不良资产率上，农村信用合作社远超出商业银行，这种不良资产，不但让农村经济缺少动力，也为正常运营带来了危害。就以农村金融部门为案例，部门面临破产风险，内部管理者会倾向高风险，高回报贷款，这样增加了金融部门的运营风险，影响了农村的经济发展。除此之外，农村金融部门在经营上效率较慢，获取的经营效益较差，所以无法为农村经济持续保驾护航。

3. 农村金融发展失调风险

因农村具有较低的资源生产率，也会影响周边地区的储蓄能力。金融服务农业发展供给不足，无法为农业生产带来动力。同时，农村金融部门的金融服务落后于农业发展的需求，在农业基础设施，技术推广等方面，投放的时间、精力、财力不充足，也影响了农村金融的稳步发展。

二、中国农村金融风险控制对策

1. 构筑信贷担保体系，强化农业贷款支持

投资周期较长，自然风险较大，农户缺少抵押物是农业生产的特点，一般情

况下会以信用作为担保，风险较大，贷款额度不高，所以降低了农村金融部门参与涉农贷款的主动性。针对此现象，建议各级政府强化对农业贷款的税收和财政补贴力度，对农村金融部门做好扶持，鼓励引导部门积极开发针对农村弱势群体的全面多样的金融产品。政府也可鼓励部门向村民提供小额贷款，实施减税政策，在特定时长内免税，以此提高对"三农"的支撑力度。

要在农村营造良好的信用环境，地方政府在互联网+背景下善用科学信息技术手段，构筑征信体系，完善个人信用信息基础库，将农民的资料信用添加到此平台上，改善信贷双方信息不对称等问题。

健全农业保险机制，对农业风险予以分散，可借助多样化的保险产品，起到转移风险的作用，推进农村经济的稳步发展。除此之外，各级政府也要建设农村信用担保体系，构筑信用担保部门，在满足村民和企业的融资需求基础上，完善民间融资，拓展融资渠道，健全管理模式，推进民间金融的健康发展。

可以拓宽贷款范围，增加服务品种，如今在此种背景下，应调整农业发展银行的服务范围，将工作重心转移到对农业生产结构的调整以及对农业科技的推广和应用上，以此强化对农业产业服务的贷款强度。除此之外，也要创新金融手段，比如可以和农村金融部门联合，将市场作用发挥出来，给予他们信用支持，强化流动性，起到降低风险的作用。构筑产权制度，借助强制法规等方式，来明确银行法人财产应遵循的行为准则，提高制度稳定性，保障产权涉及的权利和内容，农村银行在发展中也要遵从以上法规条令制定统一的规则，保障银行法人财产的增值保值。

2. 构筑风险管理制度，进行监管约束

第一，对农村信用社做好监管工作，监管机构可实施风险政策，推进金融部门的健康发展。在内部营造规范，互相约束的发展氛围，确保金融部门和农村信用社稳步发展。农村信用社也要构建高效且集中的控制体系，引导内部员工改革经营理念，强化风险意识。农村金融部门要创新内部控制体系，健全激励制度，科学划分会计、信贷体系的范围，梳理各岗位职责，基于横向、纵向等角度做好监督和制约工作。要求各岗位职责分离，在信贷角度做到审贷分离，会计人员在工作中严格实施内部管理制度，将责任落实到个人。金融部门要定期举办培训，在内部实施资格认证制度，开展技能，纪律等教育工作，让每一位员工具有爱岗敬业，文明守纪的精神，提高他们的道德素养。

第二，监管部门设立严谨的市场准入条件，吸引优质的金融部门进入市场，

增加对农村金融的供给，监管部门也要对金融部门的建立流程严格审批。为了提高金融部门的质量，降低潜在风险，监管部门要选择真正服务"三农"的民间部门。

最后，监管部门要确立约束和监管的内容定位，实施监管对策，将内部监督和外部管理的作用发挥出来，让风险管理制度贯穿始终。比如村镇银行可由董事会行使决策和监督的职能。小额贷款企业可由利益主体有关者派遣监督人员来履行职能。政府要出台针对性的法律和政策，对失信人员严厉打击，做好法治建设，营造良好的经济秩序。

3. 做好金融创新，支持农业发展

提升农村金融竞争力的主要因素即创新，这就需要金融部门要调查市场需求，研究出服务"三农"的金融产品，在满足村民多样化的金融需求上推进金融服务的创新。金融部门可拓宽融资渠道，将地理优势和金融部门的灵活性发挥出来，探寻涉农信贷，创新推出多样化的金融产品。农业生产具有弱质性，所以金融部门可发展客户群，将目光集中在乡镇中小型企业以及收入微薄的村户上。

基于资金需求角度来探究，农业整体资金需求量随年递增，但是农村金融部门在发展中还存在较多风险，这就需要各级政府要基于农村经济协调发展等角度优化，升级农村产业和结构，提高农村经济和金融发展的创新性。同时，农村产业和结构在发展阶段中，也要结合各地条件和发展的特点，选择适合本区域发展的产业，以此促进农村金融的健康发展。农村经济产业也应发展属于自身的特征和优势，保障农村经济发展可长时间保持生命力。各级政府在推进农村区域发展的同时，要改革创新农村金融，做好信用体系建设，健全经济组织架构，比如可以构筑农业信贷风险分担以及转移制度，拓宽信贷产品形式，提高对农村金融部门的抵御风险强度，将农业发展存在的信贷风险控制在一定范围之内，比如针对养殖业，可降低村户受到的自然风险，可实施农业保险入户，降低因意外、自然风险蒙受的经济损失，保障村户稳步收益。

村民抵押物不足，具有较低的担保能力，针对此现象，建议农村金融部门可结合不同区域的政策，应用土地使用权和经济林权等抵押方式，拓宽服务范围，并结合各地特点，发展自下而上的深化模式。

总的来说，健全金融体系，便于金融部门吸纳储蓄资金并将其转化投资，推进经济进步。除此之外，农村也要实现技术创新，带动区域经济发展。

农村金融发展不但可以推进区域消费增长，提升农村经济，改善贫困问题，还能提高村民的收入。但农村金融如今还存在较多风险，例如，不良资产风险、经营管理风险以及金融发展失调风险等，因此，有必要规范外部市场，做好配套改革，完善信用体系，构筑风险管理机制，进行资金配置，扩大储蓄规模。除此之外，农村金融部门也可将媒介作用发挥出来，建立资金优势，为金融资产规模扩张奠定坚实的基础。各级政府要营造良好的信用环境，在风险监管制度，信用机制建设等几方面发挥作用，实现资金累积，推进当代农业技术的改革，提升生产效率，促进农村经济稳步发展。

第四节　新型农业经营主体下支农支小再贷款的机构内部传导机制

国家高度重视小微企业和"三农"发展的问题。支农、支小再贷款是我们解决好小微企业、"三农"等普惠领域融资难、融资贵的问题，支持"三农"及小微企业发展的有力抓手。再贷款自设立以来，在引导地方法人金融机构扩大涉农及小微企业信贷投放，降低"三农"、小微企业融资成本发挥了积极的作用。但是在政策传导的过程中，也遇到了一些问题。

一、支农、支小再贷款在金融机构内部传导的影响

1. 促进金融机构信贷结构优化调整

一是贷款投向结构的变化。支农、支小再贷款分别要求金融机构运用再贷款资金发放涉农贷款及普惠口径小微贷款、民营企业贷款；要求贷款金融机构运用再贷款资金优先和主要用于发放贫困地区贷款。金融机构在使用再贷款过程中受到再贷款政策的影响，侧重对再贷款支持的贷款种类进行投放，信贷结构也随之优化。

二是贷款期限结构的调整。由于再贷款的放款期限多为一年，所以促进了短期贷款的投放。

2. 降低贷款利率，助推实体经济发展

支农、支小再贷款对金融机构运用再贷款资金发放贷款均有利率限制，在降低涉农、小微企业融资成本方面取得了良好的效果。

3. 提高了金融机构的资金实力，加强了银行与企业的联系

支农再贷款的使用解决了部分银行营运资金紧张的问题，有效提高了信贷投

放能力，巩固了县域信用联社及村镇银行农村金融主力军的地位。金融机构通过发放低利率明确投向用途的支农、支小贷款，也密切了金融机构与企业的联系，在传播人民银行政策导向的同时，也为金融机构树立了良好的社会形象。

二、支农、支小再贷款在投放中遇到的问题

1. 再贷款质押方式降低了再贷款发放效率

当前的再贷款政策要求金融机构借用再贷款，要提供合格的质押品，包括有价证券及信贷资产。在实际操作中遇到的问题主要有以下四方面。

一是金融机构质押中债公司的债券，需要在质押手续办理前将相关材料原件邮寄到中债公司，邮寄大概要经历三天左右的时间，所以在实际操作中采取先签质押合同、借款合同，邮寄资料，办理质押，在增加业务流程的同时也延长再贷款发放时间。

二是质押经过评级的信贷资产，但是由于需要第三方机构评级，金融机构在内部评级系统录入企业信息到完成企业评级需要好几个月时间。但是很多金融机构在不需要再贷款的时候对于录入企业信息存在顾虑，不愿意预先录入，这就出现了办理再贷款的没有经过评级的信贷资产可供质押的情况。

三是部分金融机构和所在地人民银行首次使用质押信贷资产办理再贷款业务，存在畏难情绪。

四是第三方质押担保在实际操作中存在困难。第三方机构虽然与借款行存在一定联系，但均属于独立法人，这就导致第三方机构出于对自身风险的控制及审批的需要，对给其他金融机构做担保存在抵触情绪。

2. 金融机构借用再贷款动力不足

一是金融机构自有资金较为充裕。近年来数次释放了大量资金，按照准备金率调整上旬一般存款余额算术平均值计算，金融机构可用资金增多。二是当前经济下行压力持续，加之环保政策收紧等多种因素综合导致企业贷款需求减少。三是当前的"贷款不出县"的政策、银行业金融机构同业竞争愈加激烈，以及银行出于对风险的把控加强审批等多种因素都对金融机构信贷投放产生消极影响，也打击了金融机构使用再贷款的积极性。

3. 支小再贷款对增加普惠小微信贷投放成效不明显

其主要原因以下两个方面：一是小微企业缺乏专职财务人员，无规范的财会管理制度，现金交易频繁，财务报表与数据不规范，致使银行难以准确掌握其

财务真实状况,降低了小微企业从银行融资的可能性。二是部分小微企业主信用意识薄弱,缺乏诚信意识,企业逃废银行债务时有发生,导致小微企业整体形象差,社会信誉度不佳,从而金融机构产生"惧贷"现象,影响了普惠小微企业信贷投放的增长。

4. 支小再贷款限额种类与需求不匹配,限制了支小再贷款的投放

当前支小再贷款限额主要为先贷后借按月报账模式限额,要求金融机构根据当月发放的小微、民营企业贷款余额新增情况申请。部分金融机构在今年款投放增速放缓,有些月份甚至为负数的情况下,不适合在该种模式下使用支小再贷款。而适合金融机构当前情况的先贷后借按年报账模式以及先借后贷模式限额非常紧张,导致今年支小再贷款新增额为零,支小再贷款业务发展受到限制。

三、助推支农、支小再贷款良性发展的建议

1. 在保留现有质押方式的同时,恢复信用方式或第三方担保方式办理再贷款工作

建议根据金融机构 MPA 评级结果以及央行内部评级结果,分情况讨论。对连续三季度 MPA 考核达标且央行评级为 1 至 5 级的机构,允许其通过信用方式借用再贷款,其他金融机构则维持现有质押方式不变。这样就实现了确保央行资金安全与提高再贷款发放效率的统一。

2. 加强部门协调,组织关于信贷资产质押方式办理再贷款的业务培训

征信部门和信贷部门联合组织业务培训,在解决金融机构在开户、公示、登记等缓解遇到的问题的同时,也明确所在地人民银行的业务检查关键点,规范业务流程,提高再贷款办理效率。

3. 综合采取多种措施,发挥支小再贷款作用

小微企业信贷投放方面的作用一是严格支小再贷款审批程序及使用检查。在支小再贷款发放要求上明确限制对普惠小微贷款新增情况下降的金融机构申请再贷款。对使用支小再贷款的金融机构,在支小再贷款使用过程中普惠小微贷款余额出现下降的,要采取警示、约谈等方法督促其改正。二是鼓励金融机构创新业务种类。根据地方经济特点及小微企业贷款运行规律,设计精准对接普惠领域小微贷款需求的产品体系。充分利用手机银行、网上银行、第三方平台等电子化工具,使业务办理更加便捷、高效。三是增强征信宣传,完善征信管理体系。优化信用环境,提高小微企业主信用意识。通过完善征信体系建设,帮助银行掌握小

微企业真实的财务状况，为其发放小微企业贷款提供有力的外部支持。

四、优化运用再贷款发放贷款定价机制研究

再贷款是我国央行重要的货币政策工具。近年来，我国新增再贷款主要用于促进信贷结构调整，引导扩大县域和"三农"领域的信贷投放。为使行文更为简洁，在没有特别指明的情况下，我们讨论的再贷款仅限于支农再贷款。支农再贷款管理由"限投向"转向"限投向、限利率"（其后的扶贫再贷款也沿用了该管理模式）后，支农再贷款的需求趋弱，其信贷引导功能弱化。因而，应该优化运用再贷款发放贷款定价机制，引导金融机构更好地运用央行政策资金，实现信贷调控目的。我们以河南省为例，调查了"限投向、限利率"对中间需求和最终需求的影响，以及增强试点地区金融机构定价弹性后支农再贷款的运用绩效，提出了优化运用再贷款发放贷款定价机制的政策建议。

（一）从"限投向"到"利率、投向双限"的嬗变

自人民银行开办以来，对支农再贷款的投向就有明确的要求，这也是信贷调控的应有之义。再贷款的制度供给方面最引人注目的变化是从"限投向"跃迁至"投向、利率双限"模式。《中国人民银行关于完善信贷政策支持再贷款管理，支持扩大"三农"小微企业信贷投放的通知》，要求利用支农再贷款发放的"三农"贷款利率加点幅度在实际支付的各期限档次支农再贷款利率上加点不得超过几个百分点。

（二）设定贷款利率上限有悖于市场化改革

近年来，再贷款在央行货币政策操作中的作用更加突显。全国支农再贷款数额较大，对支持"三农"有重要的意义，对使用其发放贷款的最高利率予以限制，本意是解决涉农领域的"融资贵"问题。但政府隐性补贴一般会导致较低的还贷率，而且低利率的信贷资金并不一定使普通农户真正受惠。所以，一般市场经济国家，中央银行只调整再贷款的基础利率，而让商业银行自己决定零售存贷款利率。日本是大规模运用再贷款的国家，早年日本银行的再贷款政策近乎直接地对企业产生了作用，即日本银行通过对商业银行的直接贷款为企业提供了大量的资金。同时，日本银行通过其他的一系列政策工具（如窗口指导）加强对商业银行和企业资金流向的控制。

但是，其未直接限制运用再贷款发放贷款的利率。有人对支农再贷款本身利率形成机制提出了质疑，其贷款发放贷款的定价机制，逐渐消除利率上限政策带

来的不利影响。

作为资本市场当中最后的管制利率,不利于推进市场化改革,同时也大大降低了支农再贷款的政策效果。再进一步思考,严格限制金融机构运用再贷款发放贷款的利率,更有悖于市场化原则,更不利于发挥金融机构支农的主动性。从再贷款使用的实践来看,使用再贷款发放贷款的利率由央行设定上限,金融机构为争取最大利益一般也按照上限发放贷款,再加上部分央行分支机构或金融机构对使用央行再贷款发放的贷款进行创新,比如推出的"央贷扶""项目直贷"等产品,容易产生人民银行是第一贷款人的错觉,对贷款的按期回收将产生一定影响。

因而,在我国利率市场化全面推进的背景下,也应积极优化使用再贷款发放贷款的定价机制,逐渐消除利率上限政策带来的不利影响。

(三)政策建议

制度规则深刻影响着金融机构对再贷款的需求以及金融机构对弱势领域的支持行为。在当前"利率、投向"双限模式下,再贷款的中间需求受到抑制。由于金融机构使用再贷款的数量不足,人民银行因而缺乏足够的引导手段,诱导金融机构直击涉农领域融资难的核心,即扩大对这些领域的信贷数量。因而,央行要从再贷款的制度供给入手,放宽对使用者定价的约束,指导金融机构在再贷款的基础上创新多样化的信贷产品,不断提高其支持的精准度,以更加市场化的途径实现信贷结构调控的目的。为此,提出以下建议。

1. 适当提高加点弹性

按照测算,金融机构的贷款管理成本、税费成本,再加上贷款预计损失、计提拨备,其成本会超过百分之几。要适当提高金融机构使用再贷款资金发放贷款加点的弹性,使绝大多数金融机构实际发放的贷款利率落入再贷款需求的绿灯区,调动金融机构参与扶持弱势领域的积极性和主动性。因而建议再贷款的加点幅度提高百分点,这样既能保证使用再贷款的金融机构有适度的利润,又保证了使用央行再贷款资金发放的贷款的利率不高于涉农贷款的平均利率。

2. 建立再贷款"事前承诺-事后评估"制度

一是事前承诺。人民银行可以规定:支农再贷款用于农户的比例、最高加点幅度。金融机构可以按照本单位的经营策略和县域经济的实际,对再贷款的投向做出申请承诺,并执行相应的最高利率。二是事后评估。再贷款到期后,由借用再贷款金融机构的所在地人民银行分支机构进行支持效果评估,对达到承诺效果的,按照其申请再贷款时人民银行认可的加点幅度执行。对未达到承诺效果的,按照最高加点不超过某个百分点执行，多收利息部分以罚款的形式上缴国库。

3. 创新再贷款使用效果评估指标体系

在放松利率限制的同时，加大对使用再贷款投向的引导，提升支农的精准性。人民银行及其分支机构要通过重点考核使用再贷款的机构每季度"涉农贷款占全部贷款的比重"等指标，督促金融机构提高支农、支小的精准程度，充分发挥再贷款的政策引导作用。

4. 用好宏观审慎评估（MPA）激励约束机制

适当提高"央行资金运用"分值在宏观审慎评估中所占的权重，使运用再贷款规范，支农效果显著的金融机构更容易取得"A"档。对于未使用或使用央行资金不规范的金融机构适当扣减"央行资金运用"得分值，从而督促其积极落实央行的信贷政策。

第五节 农村产业融合中金融利益联结机制的差别化构建

金融利益联结机制是农村一二三产业融合的核心问题。当前，我国农村一二三产业融合在多方发力的作用下，融合进程逐渐加快，融合质量不断提升，各类新型农业经营主体发挥引领、示范作用，带动小农户参与农村一二三产业融合，与小农户建一二三产业融合涉及的领域更为广泛，不仅有基于产品的融合，还有基于农业农村资源要素的融合、基于农业农村服务的融合等。涉及的利益相关主体更加多元，利益关系也更加多样。面对农村一二三产业融合更加多元的融合类型、更加复杂的利益相关主体，处理好新型农业经营主体与小农户的关系，引导建立稳定高效的金融利益联结机制，是当前农村一二三产业融合需要着力关注的问题。

一、农村产业融合中金融利益联结机制的基本分析框架

金融利益联结机制是市场经济下，各参与主体都是"理性经济人"，他们为了共享利益而相互协作结成利益共同体，由于各参与主体的利益方向并非完全一致，因此，稳定而紧密的金融利益联结机制就是通过制度设计激励和约束利益相关主体的行为选择，在满足整个利益共同体利益最大化的同时，实现各利益相关主体的个体利益最大化。

1. 不同的融合领域，金融利益联结的核心点不同

与农业产业化相比，农村一二三产业融合的特点在于实现了新的要素价值的凸显、产业链价值链提升以及分工细化下服务方式的创新。因此，可将农村一二三产业融合的领域划分为基于要素的融合、基于产品的融合、基于服务的融合三种。

(1) 基于要素的融合。主要指农村资源资产运营领域。即农户将手中的土地、房屋、林权、集体建设用地以及设施大棚等资源资产通过转让、租赁、入股、合作经营等方式参与到三产融合中，实现有限资产和资源在农村领域的融合发展，新型农业经营主体与农户建立了以产权为纽带的利益联结，农民获得的收益主要来自租金、入股收益、分红以及务工收入等。

(2) 基于产品的融合。主要指农业产业化经营领域。表现为依托农产品加工业，促进二产前延后展，向前链接一产，向后延伸三产，使产业链价值链呈前延后展融合态势。以产品为主的融合，利益核心点是产业链地位，分配关系由双方拥有要素的稀缺性、资产投入等市场化因素决定。

(3) 基于服务的融合。主要指农业农村服务业领域。最突出的表现为农业与服务业的融合，通过发展农业生产性服务业，引导农户实现农业"服务外包"，为解决"谁来种地""如何种地"等问题提供出路。围绕服务领域的融合，利益核心点是服务方式以及合作的交易成本。

2. 不同的金融利益联结组织模式

利益参与主体不一，各利益主体在利益和权力博弈中的话语权和主导权不同，利益分配、利益调节也不尽相同。基于要素的融合中，利益参与主体涉及政府、企业、村集体、农户等，由于目前我国农村产权市场不是一个完全市场，相关的资源要素流动受到一定限制，在这种制度安排下，政府需要在利益分配、利益保障等方面发挥保障作用。基于产品的融合中，利益参与主体主要是龙头企业、合作社、农户。由于信息不对称、小农户与龙头企业在谈判地位上的不对等以及农产品市场体系尚不健全，农户一方多处于弱势地位，需要着重维护小农户的合法利益。基于服务的融合中，利益参与主体主要涉及农民合作社等各种社会化服务组织和小农户，提供的农业农村公共服务产品具有较强的公益性和外部溢出效应。

二、不同融合领域金融利益联结机制的差别化构建路径

（一）要素融合领域

根据各参与主体在融合中的功能与定位，要素融合中新型农业经营主体与小农户利益联结的组织模式主要有政府主导、村企合作、村集体自主经营三种。政府主导的利益联结的特点是发挥政府在利益联结中的利益保障、利益调节的作用，表现为政府负责对村进行统筹规划，以项目等方式引入企业共同参与，经营上遵循市场规律，实现资源资产要素在农村的综合开发利用，推动农村三产融合发展。如北京市房山区的农宅变为统一经营，按照"修旧如旧、翻建如旧"的风格，建设具有古朴风格的"第三空间"民俗度假区。佛子乡政府成立乡资产经营公司，与社会资本合作，按照乡资产经营公司与社会资本相应的出资份额共同组建第三空间旅游发展有限公司。村落建设用地和闲置农宅资源统一流转到村集体，按照村落建设用地的征占保护价、闲置农宅的价格进行资产量化，由村集体用量化资本金与第三空间公司进行合作建设。在利益分配上，每年按量化资本金的收益率作为集体财产经营性收入，再按村集体和农户相应的分账比例，十分之二作为集体经营性收入积累使用，其余分配给村集体经济组织成员。目前该项目已在试点村流转农宅多余套，有效促进了农民增收。二是村企合作的"村集体＋企业＋农户"的利益联结模式。一般由村集体与引进企业共同合作开发农村三产融合项目，实现互惠互利的共赢发展。三是村集体自主经营的"村办企业＋农户"的利益联结模式。一般为有条件的村集体牵头组建或直接兴办等方式，成立经营性村办企业发展产业融合项目，形成村企互动、产业带动的格局。总体来看，政府引导型金融利益联结机制的优势在于，通过政府的参与引导，可以着眼于指定长远发展规划和综合利用方案，有利于资源的统筹安排和整理利用，同时政府主导的利益联结能保障建立相对合理的利益分配机制，保障农民权益。村企合作型金融利益联结机制的优势在于通过企业的市场化运作，使村集体资金规模有限、专业人员缺乏、管理经营不足的现象得到有效解决。村集体自主经营型金融利益联结机制的优势在于保障村集体在产业融合中的主体地位，农户可以获得更多的产业融合增值收益。

（二）产品融合领域

依据龙头企业、合作社、农户三者之间的博弈关系，产品融合领域利益联结的主要模式可分为龙头企业占优、社企平等、合作社占优三种类型。一是龙头企

业占优的企农利益联结模式。龙头企业拥有对合作社所交售的农产品标准、产品定价的话语权，合作社扮演着企业农产品提供者和生产基地管理者的角色。由于市场风险多集中在龙头企业一方，产业链的增值利益主要由龙头企业获得，而农户在享受低风险的同时，获得的产业链的后端增值收益也较少。二是社企平等的企农利益联结模式。龙头企业与合作社在产业链条中有着相对平等的市场地位，两者可以通过平等对话就合作社所交售农产品标准、价格等内容进行协商，农户成员相对容易获得合作社的经营利润，较有可能获得不错的利润返还。从新型农业经营主体的发育阶段看，主要针对发展水平较好的合作社，发展不太需要依附于某个龙头企业。从农产品的行业特征看，在畜产品、蔬菜、水果等产业比较普遍，畜产品、蔬菜、水果的市场化程度较高，合作社可以在产业链中绕开龙头企业自我开辟销售渠道，因此增强了合作社与龙头企业在市场谈判中的话语权。三是合作社占优的企农利益联结模式。一般针对发展水平较好的合作社，合作社及其所代表的农民成员拥有对产业链条的优势利益控制，产业链的增值收益归合作社全体成员所有。总体上看，在基于产品的融合中，农户处于农产品生产环节，龙头企业等新型经营主体处于农产品加工、销售环节，分别发挥着农户在劳动、土地密集型领域和新型经营主体在资本和技术密集型领域的组织优势，形成产业链整体效益的最大化。从交易成本的角度而言，龙头企业与农户建立利益联结关系，就是为了寻找一种降低交易费用的制度安排。但是由于龙头企业与农户之间的经营规模差异，信息不对称等因素造成合同契约对双方的约束力不对称，农户在交易中常处于弱势地位。按照激励约束相容的原则，需要政府更多的介入对利益主体的激励机制和利益主体违约的制衡机制，促进龙头企业与农户建立稳定而紧密的金融利益联结机制。

（三）服务融合领域

以农业生产性服务业为例，主要为农业合作社、龙头企业、专业服务公司等社会化服务组织与小农户对接，采取社会化服务组织＋农户、社会化服务组织＋合作社＋农户等方式，为小农户提供农业生产服务。较为常见的利益联结模式主要有保底产量型和保底产量型＋分红两种，如北京福兴顺农机服务专业合作社将农户的零散土地集中起来开展土地托管，通过契约的形式保障农户的权利和收益。在利益分配上，不论地力等级，每户均保证获得每亩玉米产量、小麦产量的保底收益，超出保底收益部分仍全归农民所有。合作社统一为农户提前垫付化肥、农药、机耕费等费用，待秋收后从销售中扣除每亩的全程托管费用以及垫付的成本费用，剩余的全部归农民所有。农户将土地进行全程托管后，平均每户实现了增收。总体上看，在农业农村领域，将部分农业生产性服务和农村生活性服务交由合作社、社会化服务组织来供给，在生产和经营上是更有效率的。

三、不同融合领域金融利益联结机制存在的问题

从产业融合的不同领域看，当前农村一二三产融合中金融利益联结机制存在的主要问题表现为以下几个方面。

1. 要素融合领域农村产权不清、要素市场定价体系不完善，资产增值收益分配需要合理引导

农村土地、房屋等资源资产的开发利用，需要明晰的产权主体以及相应的权益，但目前我国农村集体产权制度改革尚未到位，农村集体经济组织成员权界定不清的问题一直没有得到很好的解决，在利益分配过程中容易导致利益分配主体不清晰，引发矛盾纠纷。

不少企业在投资民宿时出现企业与农户、村委会之间关于土地以及房屋产权的各种问题，极大增加了企业资本进入农村开发产业融合项目的成本。此外，农村资源要素市场定价体系不完善，尤其是一些古民居、古村落的历史价值没有得到足够的重视和保护，造成村集体和村民利益受损。

2. 产品融合领域契约的约束力不强，对失信违约方的利益制衡有待强化

在基于产品的融合中，龙头企业与农户的利益联结关系多为契约型的半紧密联结关系，契约的稳定性不强。表现为当产品市场价格较高时，不少农户以各种理由不按合同规定销售农产品。而当产品市场价格低于合同价格时，又出现龙头企业以产品质量不过关等各种理由拒绝收购，利益主体违约现象较多。究其原因，在于政府在引导龙头企业与小农户建立金融利益联结机制时，往往忽视了对利益双方具有约束的惩罚机制的建设，对违约方缺乏有效的制衡机制，对失信违约的惩罚措施或惩罚力度尚不能起到制约的作用。

3. 服务融合领域农业农村公共服务多兼具营利性和公益性，有必要对供给主体给予合理补偿

围绕农业农村服务的融合有两个显著的特点：一是服务对象多为小农户，服务小农户的多样性、个性化需求，造成交易成本高，花费精力大；二是服务产品多具有一定的公益性和外部性。如社会化服务组织在生产托管中提供的农技、农资、信息服务等产生了较强的外部溢出效应。因此，应注重对参与农业农村公共

服务的服务供给主体给予激励效应，鼓励其带动更多的农户建立稳定紧密的合作关系，为农业农村提供更多的服务。

四、完善农村产业融合中稳定紧密金融利益联结机制的建议

围绕农村一二三产融合的不同领域，建议从产权制度改革、利益约束和利益激励等方面构建稳定而紧密的金融利益联结机制。

1. 深化农村产权制度改革，健全农村要素市场定价体系和产权市场交易体系

产权明晰是建立合理金融利益联结机制的前提。通过产权界定厘清利益分配主体关系，实现集体资产合法收益的有效分配。明晰村集体和村民的各项权能，厘清一户多宅和一宅多户现象中存在的产权纠纷问题。建立科学合理的资源要素评价标准，完善农宅及其周围生态环境、历史文化等配套资源的市场定价体系，为资产折价量化和赋予农民股份权能提供参考标准，保障农民利益。

2. 着力提升农民的组织化程度，强化小农户的利益保障和违约方的失信惩罚

大力发展农民专业合作社联合社，发挥联合社在降低交易成本、提高议价能力、扩大合作社业务范围等方面的作用。鼓励将信贷资金、政策奖励资金、产业发展资金等资金股权量化到农户，提高农户在产业融合中的股份占比，增强小农户话语权。加强农村信用体系建设，将企业与农户的行为与信用挂钩，作为各项政策优惠奖励的参考依据。

3. 创新农业农村公共服务合作方式，强化对服务供给方利益的合理补偿

发挥政府资金的引导和撬动作用，采取投资补助、财政贴息、以奖代补、先建后补等方式，支持企业参与农业农村服务业发展。大力推进政府购买服务，探索新型农业经营主体合理收益的政府和社会资本合作模式，建立运营补偿机制，保障企业获得合理投资回报。对参与农业农村公共服务领域产业融合项目的企业，在用电用地等方面给予优先保障。

参考文献

[1]李晓龙.农村金融深化农业技术进步与农村产业融合发展[M].北京：经济管理出版社，2021.

[2]刘际陆.金融发展下农村信贷约束与农户借贷行为研究[M].长春：吉林大学出版社，2021.

[3]王信.中国农村金融服务报告2020[M].北京：中国金融出版社，2021.

[4]张龙耀，彭澎.乡村振兴背景下的农村金融调查[M].北京：中国农业出版社，2021.

[5]龙海波.中国农村金融发展报告2019－2020[M].北京：中国发展出版社，2021.

[6]王亮亮.中国农村合作金融发展问题研究[M].北京：中国金融出版社，2021.

[7]李虹.农村金融体系的功能缺陷与制度创新——基于重庆市农村金融实践的思考[M].成都：西南财经大学出版社，2021.

[8]王修华.从排斥到包容：中国农村金融转型研究[M].北京：中国社会科学出版社，2021.

[9]杨菁.农村数字普惠金融创新发展研究[M].北京：中国金融出版社，2021.

[10]张旭娟，刘泽东.农村金融差别监管法律问题研究[M].北京：法律出版社，2020.

[11]范知智.金融发展权视角下农村金融法律制度研究[M].沈阳：沈阳出版社，2020.

[12]范香梅.农村金融包容性发展的机制创新与政策研究[M].北京：人民出版社．

[13]陈方.精准扶贫精准脱贫百村调研·文池村卷：农村金融精准扶贫[M].北京：社会科学文献出版社，2020.

[14]叶慧敏.基于农户融资约束缓解的农村金融增量改革研究[M].徐州:中国矿业大学出版社,2020.

[15]高向坤.农村经济发展的金融支持研究[M].长春:吉林大学出版社,2020.

[16]袁丽蓉,许金兰.精准扶贫视域下的农村财政与金融联动支农实现路径探究[M].北京:中国纺织出版社,2020.

[17]吴俊杰,高静,季峥.农村经济发展的金融支持研究[M].杭州:浙江大学出版社,2020.

[18]孙国珍.农村金融改革与创新发展[M].北京:九州出版社,2020.

[19]曾维莲.西藏农村金融发展理论与实践[M].昆明:云南人民出版社,2020.

[20]余臻蔚.农村金融改革与扶贫机制探索[M].北京:现代出版社,2020.

[21]张欢欢.农村居民金融素养[M].武汉:武汉大学出版社,2020.

[22]赵天荣.农村小型金融组织发展的问题研究[M].北京:中国社会科学出版社,2020.

[23]蒋远胜,吴平.农村金融改革与乡村振兴:2019天府金融论坛暨西部农村金融论坛[M].成都:西南财经大学出版社,2020.

[24]张天佐.农业支持保护与农村金融保险[M].北京:中国农业出版社,2020.

[25]王信作.我国新型农村金融机构的发展特征及政策效果研究[M].成都:西南财经大学出版社,2020.

[26]易远宏主.农村财政与金融[M].国家开放大学出版社,2020.

[27]祁瑞雄,陈淑珍,齐龙,蒋丽娴.资源型经济转型背景下大同煤业产能优化与地方经济发展关系研究[J].山西大同大学学报(自然科学版),2020,36(05):41-45.

[28]祁瑞雄,齐龙,陈淑珍.大同市能源清洁高效利用综合补偿机制的构建探索[J].商业经济,2020(09):19-20+26.

[29]祁瑞雄.大同市资源型经济转型背景下同煤集团战略选择路径研究[J].商业经济,2020(04):28-29+162.

[30]祁瑞雄.煤炭企业低碳转型发展中环境效益评价体系的构建[J].时代金融,2014(15):129+131.

[31]Qi, R. (2020). Does the Cumulative Effect of R&D Investment Exist in High-Tech Enterprises? —Empirical Evidence from China A-Share Listed Companies. Open Journal of Business and Management, 8(03), 1122.

[32]Qi, R., & Qi, L. (2020). Can synergy effect exist between green finance and industrial structure upgrade in China? . Open Journal of Social Sciences, 8(08), 215.

[33]Qi, R., Xu, D., & Wu, H. (2021). Research on the Promotion and Development of Yungang Cultural Industry by Business Model Innovation under the Background of Digital Technology. Open Journal of Social Sciences, 9(5), 627-638.

[34]Qi, R., Wang, J., Chang, R., & Shen, Y. (2021). The Impact of Financial Disintermediation on the Credit Business of Chinese Commercial Banks. Open Journal of Social Sciences, 9(12), 288-298.

[35] Qi, R., Chang, R., Xu, D., & Wu, H. (2021, December). Business Model Innovation of Yungang Cultural Industry Based on the "Internet +" Format Perspective. In 2021 3rd International Conference on Economic Management and Cultural Industry (ICEMCI 2021) (pp. 3067-3072). Atlantis Press.

[36]Qi, R., Zhang, L., Liu, Y., Lu, H., Liu, Z., & Shen, Y. (2022, March). The Dynamic Impact of Financial Disintermediation on Credit Business of Chinese Commercial Banks Macro Data from China's Capital Market. In 2022 7th International Conference on Financial Innovation and Economic Development (ICFIED 2022) (pp. 2361-2366). Atlantis Press.